JN308973

# 日本の
# 国債・地方債と
# 公的金融

代田　純［編著］

税務経理協会

まえがき

よう。しかし，財政力が弱い市町村には，こうした改革は不可能であろう。郵貯と簡保が2007年度から新規の地方債引受を停止するが，公的資金による地方債引受が必要である。

第8章（小西担当）では，アメリカの国債と外国人投資家について分析した。日本の国債保有が公的部門や公的金融に偏重している一方で，アメリカの国債保有では外国人の比重が極めて高い。アメリカでは家計部門が1990年代後半から住宅借入れ等を背景にして資金不足部門となり，政府部門とならび，海外資金によってファイナンスされている。

第9章（代田担当）では，全体の総括として，国債と地方債の削減に向けての政策を提示した。国債や地方債が債務である以上，将来の税収を前どりしていることに変わりはない。歳出削減で財政赤字の縮小が求められる。公共事業入札や資材調達など，改革の課題は多い。

本書執筆の過程では，多くの方にご教示を得てきた。特に国債や公的金融に関して，岩波一寛中央大学名誉教授，龍昇吉氏（旧日本開発銀行，立命館大学），中島将隆甲南大学教授には，編著者が大学院生であった時期から学恩を受けてきた。あらためて，先生方に感謝する。

また金融学会や金融システム研究会で，編著者のほか執筆者一同がアドバイスを受けている学兄として，井村進哉中央大学教授，斉藤美彦独協大学教授，齊藤正駒澤大学教授にも感謝する。本書の企画段階から，税務経理協会の新堀博子さんにはお世話になってきた。執筆者に大学院生を含む，本書の出版を引き受けていただいたことに深謝する。

本書の編著者である代田は(財)日本証券経済研究所の客員研究員であり，須藤時仁同研究所研究員とは，研究を共にすることが多い。また編著者が立命館大学国際関係学部に勤務していた時期に，小西宏美駒澤大学非常勤講師（2007年4月より駒澤大学専任講師の予定）は立命館大学大学院生であった。さらに編著者が立命館大学から駒澤大学に移籍した2002年に，勝田佳裕君が経済学研究科修士課程に入学し，2006年11月には博士論文が受理されるに至った。勝田君は2007年4月より，駒澤大学非常勤講師の予定である。

本書は平成18年度駒澤大学特別研究出版助成金によるものである。助成金の申請と交付にあたり，小杉修二駒澤大学経済学部長のほか経済学部教員各位にも謝意を表したい。

2006年11月

執筆者を代表して
代田　純

# 目　次

まえがき

## 第1章　日本の国債と地方債の累積と問題点

- **はじめに** …………………………………………………………… 1
- **Ⅰ　日本の財政と公債残高** ………………………………………… 2
  - （1）　突出する公債残高………………………………………… 2
  - （2）　90年代における歳出膨張………………………………… 4
- **Ⅱ　日本の金融市場と公債** ………………………………………… 9
  - （1）　日本銀行による買い切りオペ…………………………… 9
  - （2）　銀行による国債保有の増加……………………………… 10
  - （3）　財政投融資改革と郵貯・簡保…………………………… 12
  - （4）　外国人と個人による国債保有…………………………… 14
- **Ⅲ　公債累積の解決に向けて** ……………………………………… 16

## 第2章　国債保有と発行政策をめぐる国際比較

- **はじめに** …………………………………………………………… 19
- **Ⅰ　日米英で発行されている国債の種類** ………………………… 19
  - （1）　割引国債…………………………………………………… 20
  - （2）　固定利付国債と物価連動国債…………………………… 21
- **Ⅱ　保有構造** ………………………………………………………… 23
  - （1）　日　　本…………………………………………………… 23
  - （2）　アメリカ…………………………………………………… 25
  - （3）　イギリス…………………………………………………… 27

## Ⅲ　発行政策 ……………………………………………………29
　（1）　日　　　本 …………………………………………30
　（2）　アメリカ …………………………………………32
　（3）　イギリス …………………………………………35
## Ⅳ　まとめ ………………………………………………………37

# 第3章　中央銀行によるオペレーションの国際比較

## Ⅰ　日本銀行のオペレーション ………………………………39
　（1）　売買によるオペレーションの区分 ……………40
　（2）　期間によるオペレーションの区分 ……………41
　（3）　オペレーションと金利への影響 ………………43
　（4）　量的緩和政策 ………………………………………44
　（5）　資金供給のオペレーション ……………………47
　（6）　資金吸収のオペレーション ……………………50
## Ⅱ　連邦準備制度のオペレーション …………………………51
　（1）　フェデラル・ファンドとオペレーション ……52
　（2）　レポオペとリバースレポオペ …………………53
　（3）　アウトライトのオペレーション ………………55
## Ⅲ　イングランド銀行のオペレーション ……………………57
　（1）　レポオペ ……………………………………………62
　（2）　アウトライトオペ …………………………………63

# 第4章　中央銀行と国債保有

## Ⅰ　はじめに ………………………………………………………67
## Ⅱ　日本銀行が保有する国債 …………………………………67
　（1）　発行年限別構成の推移 ……………………………68

（2）　残存期間別構成の推移 …………………………………………69
　　（3）　日銀乗換の増加の意義 …………………………………………70
**Ⅲ**　連邦準備制度・イングランド銀行が保有する国債 …………74

## 第5章　郵便貯金と国債

**■**　はじめに ……………………………………………………………………81
**Ⅰ**　財政投融資の改革 …………………………………………………………83
　　（1）　改革前の財政投融資 ………………………………………………83
　　（2）　改革後の財政投融資 ………………………………………………86
　　（3）　財政投融資の出口問題 ……………………………………………89
**Ⅱ**　国債発行市場の変貌 ………………………………………………………91
　　（1）　シ団引受方式の終焉 ………………………………………………91
　　（2）　公募入札への移行と公的部門引受 ………………………………93
　　（3）　国債保有における公的金融 ………………………………………95
**Ⅲ**　郵便貯金の資産運用と国債 ……………………………………………100
　　（1）　経営体としての郵便貯金 …………………………………………100
　　（2）　郵便貯金の資産構成 ………………………………………………102

## 第6章　財政投融資改革と簡易保険の国債保有

**■**　はじめに …………………………………………………………………109
**Ⅰ**　財政投融資の計画外短期運用の膨張 …………………………………110
　　（1）　財政投融資の改革 …………………………………………………111
　　（2）　財政投融資の計画外短期運用 ……………………………………114
　　（3）　財政融資資金と国債オペレーション ……………………………119
　　（4）　郵政民営化 …………………………………………………………122
**Ⅱ**　簡保の資産運用 …………………………………………………………123

|         （1）資産運用の概要 ……………………………………………123
|         （2）資産と負債の期間ミス・マッチ ……………………………126
|         （3）簡保と評価損問題 ……………………………………………128
| Ⅲ 簡保の証券投資と将来像 …………………………………………129

## 第7章　地方債の改革と公的資金

| はじめに …………………………………………………………………135
| Ⅰ 地方債の増加と地方財政の逼迫 …………………………………136
|         （1）地方債を取り巻く環境変化 …………………………………136
|         （2）地方債増加と借り入れ先 ……………………………………137
|         （3）地方財政の歳出構造 …………………………………………141
|         （4）地方財政の歳入構造 …………………………………………145
| Ⅱ 政府系資金の資産運用 ……………………………………………151
|         （1）簡易保険の資産運用 …………………………………………151
|         （2）政府系資金と公募地方債 ……………………………………153

## 第8章　アメリカ国債と外国人投資家

| はじめに …………………………………………………………………163
| Ⅰ アメリカの財政赤字ファイナンスと外国人投資家 ……………164
|         （1）財政赤字と国債発行残高の拡大 ……………………………164
|         （2）米国債投資家の推移 …………………………………………166
| Ⅱ 外国人投資家の米国債投資と経常赤字ファイナンス …………168
| Ⅲ 外国人の米国債投資と家計部門の過剰消費 ……………………174
| Ⅳ むすび―過剰消費国アメリカとそれを支える日本 ……………180

## 第9章　国債と地方債の削減に向けた政策提言

- はじめに……………………………………………………………………185
  - （1）　国債の発行額減額は可能 ……………………………………185
  - （2）　地方債削減は税源移譲で ……………………………………188
  - （3）　公的金融の存在価値は残る …………………………………189
  - （4）　特別会計の剰余金を活用する ………………………………191
  - （5）　日銀の国債買い切りオペを減額し，公募地方債をオペ対象
    とする ……………………………………………………………192
  - （6）　郵貯・簡保の国債引受額を減額し，資産運用を多様化 ……193
  - （7）　地方債の引受先として地方公営企業等金融機構を活用する ………195

参　考　文　献 ……………………………………………………………197

# 第1章

# 日本の国債と地方債の累積と問題点

## はじめに

　わが国の公債残高（国債，地方債を中心とした，公共部門によって発行された債券を指す）が国際的に見ても，極めて高い水準にあることは，しばしば指摘されている。公債残高の増加は，債券市場の拡大につながり，一面では証券市場の発展ともなる。しかし他面では，政府債務の増加であるから，いずれは増税か，インフレによる実質償却か，もしくは歳出削減による返済を余儀なくされる。これらの選択肢のいずれもが，国民経済にとって痛みを伴うことは自明である。

　本章では，日本の公債残高が国際的に見て，突出していることを確認する。ついで日本の公債残高が国際的に突出した背景について検討する。国債については，日本銀行による量的緩和政策と買い切りオペ，そのもとにおける商業銀行による国債保有増加，さらには郵貯・簡保など公的金融による保有が大きな受け皿となった。他面では，外国人や個人による国債保有は，国際比較すると，著しく低い。

　地方債については，1990年代における内需拡大策で，地方の単独公共事業が大幅に増加したことが，大きく影響している。その後，地方債残高増加により公債費負担が増加し，利払い負担が問題化した。地方債は，従来，郵貯や簡保といった政府系資金によって支えられてきたが，政府系資金のシェアは低下し

ている。代わって市場公募や銀行など民間資金が増加している。

現在わが国では，プライマリー・バランスの黒字化といった議論がなされているが，海外の経験も視野に入れつつ，国債と地方債を合わせた公債残高の削減を図ることは不退転の課題であろう。

# Ⅰ 日本の財政と公債残高

## （1）突出する公債残高

日本の公債残高はすでに1980年代の後半においても，国際的に見ると高い水準にあった[1]。1988年時点でＯＥＣＤ加盟国の公債残高対ＧＤＰ比率では，ベルギーが125.4％，カナダが70.9％，デンマークが71.6％，オランダが84.4％，アメリカが64.8％であった。これに対し，日本は74.1％であり，これらの諸国と同様に高い水準にあった。しかし，1988年時点では，国際的に見ても突出しているとは言い難かった。ベルギー，オランダといった「超大国」ならぬ公債「超高国」があったからである。もっとも，1988年時点での日本に関するデータには，旧国鉄などの「隠れ債務」は含まれておらず，これらが1990年代後半以降に顕在化し，データに含まれることとなる。

しかし，その後，日本の公債残高は，いわば「独歩高」の様相を呈した。図表1－1が示すように，カナダの場合，公債残高の対ＧＤＰ比率は1995～1996年の100％前後をピークとして漸次低下を続けた。デンマークも1993年の90.4％をピークとして低下してきた。図表1－1には掲載されていないが，ギリシャは1995年以降データが算出されており，1995年に114％であり，2001年には131％まで上昇したが，2006年には123％まで低下した。またＥＵのなかで公債残高が高水準で，ユーロ導入にあたり問題視されてきたイタリアも，1995年には122％であり，1998年には132％まで上昇したものの，2006年には122％まで低下した。このようにＥＵでは公債残高の抑制に成功している国が多い。ただし，ドイツやフランスなど，ＥＵの基軸国では逆に公債残高が増加してい

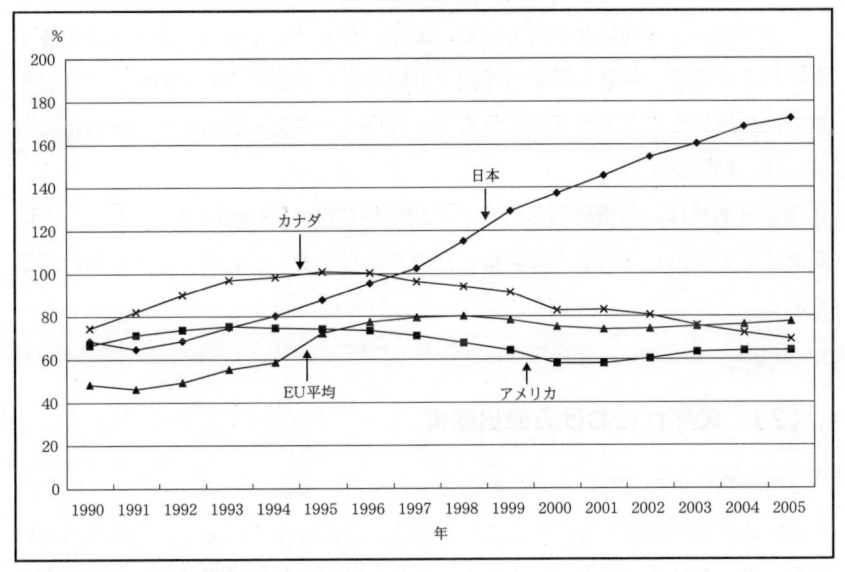

図表1-1　政府債務残高の対GDP比率

(出所)　OECD資料から作成。

る。

　他方、イギリスでは1988年に42％であり、1997年には53％まで上昇した。その後、2001～2003年に41％台へ低下したが、2006年には50％へ上昇した。またアメリカも同様な推移をたどり、1988年に65％であったが、1993年には75％まで上昇、2000～2001年には58％まで低下したが、2006年には再び64％へ上昇した。

　したがってベルギー、デンマーク、フィンランド、オランダ、スペイン、スウェーデンなどEU加盟国で公債残高の削減に成功している。他方、独仏や英米など、G7を構成するような諸国では近年共通して公債残高の増加が読み取れる。しかしこうしたG7諸国の場合でも、50～75％といった水準への上昇であり、日本の175％（2006年）への上昇は突出している。しかも、この日本の公債残高には、財投債が含まれていない。財投債が除外される理由としては、財投債による調達資金は財政投融資を通じて、実物資本形成に資するから、とさ

れている。しかし，建設国債もこの点は同じであるのに，建設国債はOECDベースでの公債残高に含まれている。また，そもそもISバランスで財政赤字をとらえる場合，投資と貯蓄の差額で財政赤字を把握するのであり，実物資本投資に公債による資金が支出されることは自明の前提と思われる。財投債の除外には，疑問が多い[2]。

なぜ日本では，公債残高の対GDP比率が175％（財投債を除く）といった国際的に見て突出した水準まで累積したのであろうか。これが以下での検討課題である。

## （2） 90年代における歳出膨張

公債残高の国際比較からする突出をもたらした要因として，第一に，90年代において財政の歳出が膨張したことがある。財政赤字を削減し，公債残高を抑制する第一歩は歳出の削減であろう。しかし日本では歳出削減という動きが作用しにくく，実態として財政が膨張しやすいと見られる。

図表1－2は一般政府支出（国と地方の合計）の対GDP比率を国際比較したものである。これによると，ユーロ圏では1988年に47.7％と相対的に高水準であったが，1993年における51.9％をピークとして低下し，2000年には46.3％まで低下した。したがってユーロ圏では1988年から2000年までの期間において1ポイント程度低下したこととなる。ユーロ圏は周知のように，マーストリヒト条約によって「収束」（コンバージェンス）条件を決めており，財政赤字の対GDP比率3％以下，政府債務残高の対GDP比率60％以下といった項目がある。加盟国は条約に規定される収束条件を遵守せざるをえない。もちろんドイツのように2002年から財政赤字の対GDP比が3％を超えて違反している事例はあるが，少なくともEU加盟国やユーロ参加国に財政赤字や政府債務の削減努力を強いるものとなる。

またアメリカでも一般政府支出の対GDP比率は1988年における36.2％から，2000年には34.2％と低下傾向を示している。このためOECD平均の同比率も

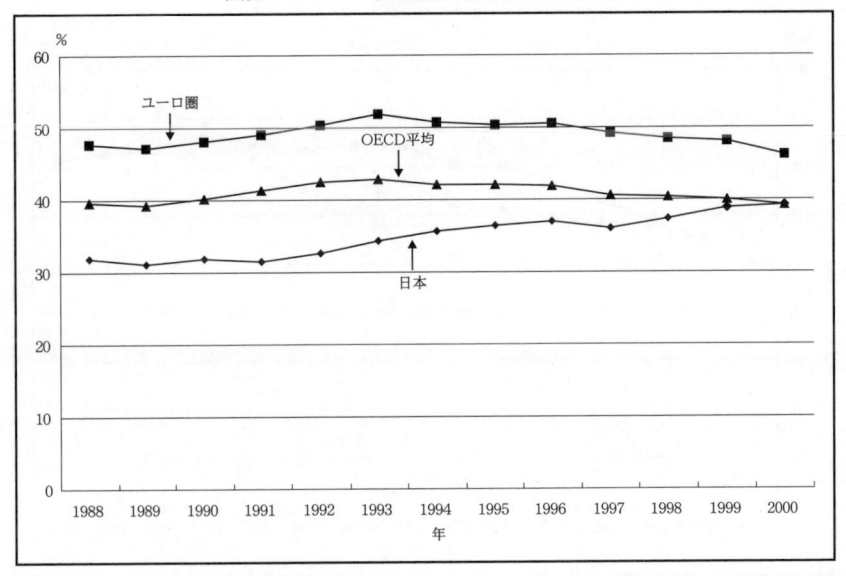

図表1-2　一般政府支出の対GDP比率

(出所)　OECD資料から作成。

1988年の39.6%から2000年には39.2%と同水準で推移，もしくは低下している。

　他方，日本では1988年に一般政府支出の対GDP比率は31.9%とEU平均に比して低い水準にあった。しかし1992年の32.6%から上昇が目立ち，2000年には39.2%まで上昇した。1988年から2000年にかけての比較では，7ポイント以上の上昇になるが，OECD加盟国としては，他に例を見ない上昇である。韓国が日本に次ぐが，1988年から2000年にかけて5ポイントの上昇であった。日本の1990年代における一般政府支出の増加が，2000年以降における公債残高の突出につながったことが読み取れる。

　1990年代における日本の一般政府支出の増加をもたらした要因は，地方政府主導型の公共事業が一因であろう。図表1-3は国と地方の歳出額を1988年度以降について指数化（1988年の歳出額を100とする）したものである。国と地方の歳出額には地方交付税交付金など重複分がある。しかし図表1-3では，この重複部分を削除しないで，比較している。この比較によると，1990年代を通じ

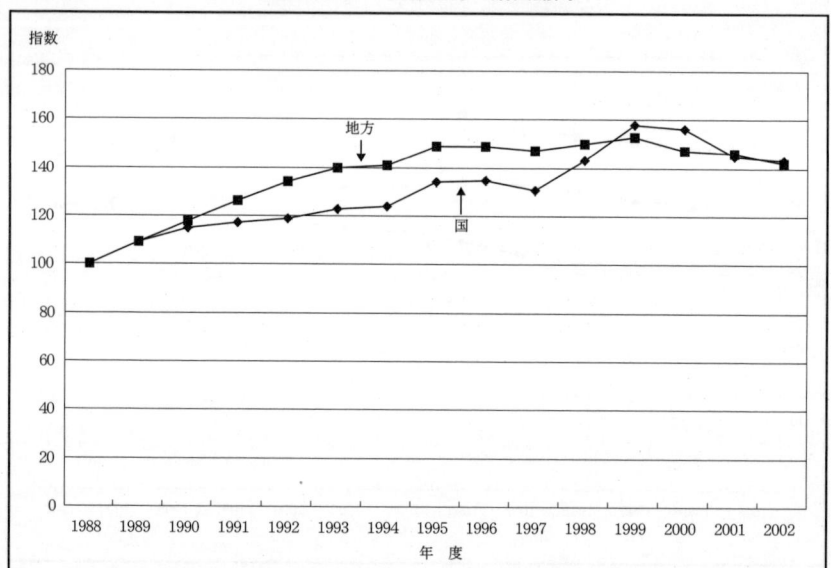

図表1-3 国と地方の歳出動向

(出所) 参議院『財政関係資料集』から作成。

て地方財政による歳出増加が，国による歳出増加を上回っていたことがわかる。1988年度における歳出を国と地方についていずれも100とした場合，1995年度に国の歳出は134となったが，地方の歳出は149にまで達している。地方の歳出は1997年度に147，1998年度に150と高い水準で推移している。その後，2000年度以降，三位一体改革につながる動きが強まり，地方の歳出がやや抑制されることとなった。しかし1990年代に，対米関係もあり内需拡大策がとられ，地方政府の歳出が膨張していったことが，この時期における一般政府支出の増加を規定していた。もっとも，国の歳出が増加していないわけではない。国による歳出も増加したが，地方が一層顕著であった。

　こうした関係は金額ベースで見ても，同じである。1988年度から1998年度まで，地方財政の歳出額は国の歳出額を上回っていた。差額がひろがった1995年度の場合，国の歳出額が86.5兆円であったが，地方の歳出額は98.9兆円であった。今日の三位一体改革でも指摘されているように，国と地方の財政関係は，

業務量(歳出額)が6(地方)対4(国)であるのに,税収が4対6であることに問題がある。1990年代から地方の歳出が国よりも膨張し,一般政府支出が増加してきた。

では1990年代に地方政府中心に増加した歳出の内容は何か。図表1-4は地方(都道府県と市町村の合計)による歳出の主要経費について,1990年代からの構成比率の推移を見たものである。これによると,1990年代において最も構成比率が高かった経費は建設費であり,1992年度から1996年度までの5年にわたり30〜35%といった高い比率を占めている。建設費とは普通建設事業費であり,補助事業と単独事業,そして国直轄事業から構成されている。補助事業とは国から補助金がついて建設する事業であり,単独事業とは地方公共団体が単独で実施する建設事業である。しかし地方による単独事業にあたっては,多くの場合に地方債の起債が「許可」されて,地方債によって単独事業は資金調達されていた。この単独事業が1990年代の地方公共団体による建設費のなかで,過半

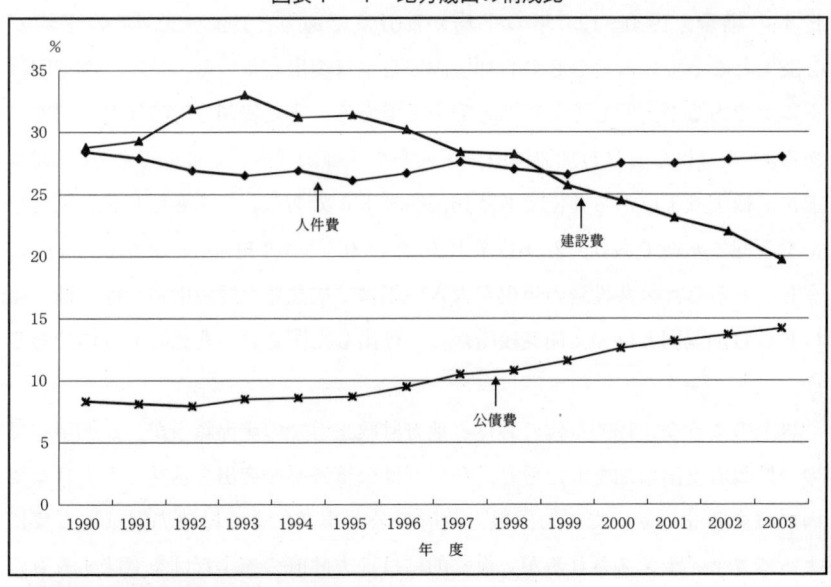

図表1-4　地方歳出の構成比

(出所)『地方財政白書』から作成。

を占めていた。1995年度の場合，建設費約31兆円のうち，単独事業は約17兆円を占めていた。この単独事業は地方債によってファイナンスされるが，単独事業の多くが基準財政需要に算入されるため，地方債の多くが地方交付税交付金によって元利償還が「政府保証」されてきた[3]。

1990年代には，貿易黒字の拡大等によって，アメリカから内需拡大策が要求されていた。しかしすでに国の財政は赤字が大きかったため，主として地方公共団体によって公共事業の増額が担われた。地方は財源に乏しかったため，地方債の起債が認められ，その地方債の元利償還は地方交付税交付金によって支えられてきた。したがって，最終的には国の財政負担も増加し，国債の増発圧力も強まることとなった。その後，地方公共団体には地方債の増発によって，年々公債費負担が重くのしかかってきた。この結果，地方公共団体の財政破綻が注目されることとなった。

日本の一般政府による公共投資の高さは国際的に見て突出してきた。ＯＥＣＤによる公共投資の対ＧＤＰ比率を国際比較した資料がある[4]。これによると，日本の場合，1990〜1997年の平均が7.61％であり，1998〜2004年の平均が6.38％となっている。ＯＥＣＤ加盟国で日本は突出している。日本に次ぐ国はトルコであるが，同じく6.19％と5.24％である。また韓国も5.07％と5.63％である。トルコはＯＥＣＤ加盟国中，1人あたり純国民所得が最低であり6,383米ドル，韓国は下位から6位であり16,669米ドルである。日本もＯＥＣＤ平均をやや下回る水準であり，22,617米ドル（いずれも2003年現在）となっている。こうしてみると，公共投資の規模が大きい国は，成熟した経済構造の国ではなく，ＯＥＣＤ加盟国とはいえ開発段階から抜け出した国といった見方も可能であろう。

以上のような，1990年代における地方財政主導での歳出膨張が，1990年代での一般政府支出増加をもたらし，ひいては公債残高の突出を誘発した大きな要因ではあるまいか。ただし，地方政府の公共事業による財政赤字は地方債によってファイナンスされるが，最終的には地方政府の赤字だけを意味するものではない。すでに指摘したように，地方交付税交付金によって地方債が元利償

還を「保証」される限り，国の歳出によって支えられてきたためである。

プライマリー・バランス（ＰＢ）とは，「財政赤字－利払い費」であるが，2003年度の場合，国と地方を合計したＰＢは27.4兆円であるが，うち国のＰＢは28.6兆円となっている。地方政府は利払い費を除くと黒字であった。またＩＳ（貯蓄・投資）バランスで見ても，同じく国と地方の合計で38.7兆円赤字であったが，国が35.5兆円を占めていた[5]。しかし，こうした国の財政赤字の一因は，地方による公共事業と地方債，そして地方交付税交付金の三点セットであった。

## II 日本の金融市場と公債

### （1） 日本銀行による買い切りオペ

以上のような財政の歳出面での動向が，公債の供給面での要因であったとすれば，需要面では以下に見るような金融市場の事情が大きく影響している。

日本銀行がゼロ金利政策から量的緩和政策と，超金融緩和政策をとり続けてきたことが，公債残高の国際的突出をもたらした要因として大きい。超金融緩和の政策手段として，国債の買い切りオペがフルに活用されてきたからである。もっとも日本銀行としては，流動性の供給のために国債買いオペを実施しているのであり，国債市場の安定化やその消化といった側面は否定してきた。しかし，結果として，日本銀行による買い切りオペが国債市況の下支えをし，またその消化に寄与してきたことは否定できないところであろう。

日米欧の中央銀行のなかで，買い切りオペ自体は特殊日本的な政策手段ではない。アメリカの連邦準備も長期的な国債を含み，買い切りオペを実施している。他方，欧州の中央銀行は概して買い切りオペには慎重であり，イングランド銀行の場合，買い切りオペは大蔵省証券（ＴＢ）などで残存期間が短いものに限定してきた[6]。これは短期金利の調節が中央銀行の金融政策の役割であり，長期金利に関与することは中央銀行にとって本来の責務からの逸脱と考えられ

てきたためと推定される。

しかしアメリカの場合，ニューヨーク連銀がオペを担当し，ＳＯＭＡ(System Open Market Account) という勘定で，オペの買取国債を保有している。ＳＯＭＡによる国債保有額の合計は7,609億米ドル（2006年8月9日現在）であるが，これはレポオペによる一時的保有額も含んでいる。7,609億米ドルのうち，305億米ドル（2005年年末現在）がレポオペによる一時的保有額である[7]。差し引き約7,300億米ドルが買い切り（アウトライト）オペによる保有額となる。ＳＯＭＡ勘定のうちＮＹ連銀の本体勘定には2,975億米ドルが計上されている（アウトライト分）[8]。半分以上がＴノートとＴボンドである。このほか，ＴＢ（財務省証券）を2,770億ドルほど保有している。アメリカの場合も，10年債で残存期間が9年を超える新発債に近いものも保有（買い切り）されている。しかし相対的には残存期間構成は平準化されている。ニューヨーク連銀がホームページ上に公表している保有国債の満期構成を見ると，残存満期が5年を超える国債は530億ドル程度であり，18％程度である。またＳＯＭＡ勘定で7,609億ドルの保有額であるが，ニューヨーク連銀で2,975億ドルが保有されており，同連銀の総資産3,610億ドルの82.4％にあたる。確かに連銀の場合も，買い切りオペによって総資産の80％以上が国債となっているが，総資産の規模自体が日銀に比較して小さい。

日本銀行は2005年12月末現在での総資産残高が155兆6,071億円となっているが，これはドル換算すると1兆4,146億ドル（1ドル＝110円）である。中央銀行の資産規模自体が日本の場合，非常に大きい。そして155兆円の総資産について，うち99兆円が国債（ＦＢを含む）となっている。こうした日銀の資産規模の肥大化は，国債買い切りオペが頻繁に実施されたことに起因していよう。

### （2） 銀行による国債保有の増加

日銀信用が国債を軸として拡張するに伴い，民間銀行による国債保有も増加した（図表1－5参照）。全国銀行による有価証券保有額は1997年度には132兆円

であったが，2003年度には179兆円まで増加し，有価証券に占める国債の比率は同じく25.3％から49.8％まで上昇した。金額にして56兆円程度，銀行が国債を買い増したことになる。

銀行が国債を買い増した要因としては，以下の諸点が指摘できる。第一に，銀行は1990年代以降，構造的に貸出難に直面していることである。そもそも1980年代以降，設備投資の減速傾向のなかで，企業の資金需要は後退してきたが，80年代後半のバブルで一時的に貸出は回復した。しかし1990年代以降，再び貸出は伸び悩み，他方で預金はそこそこ増加する傾向が続いた（預金の貸出超過傾向）。銀行は運用先に苦慮しており，国債は格好の運用対象となった。

第二に，1990年代は銀行にとって不良債権問題がのしかかった時期であり，不良債権の抑制のため，中小企業向け貸出などが削減された。第一点とも関連しつつ，こうした貸出抑制の反面で，銀行にとって国債は「不良債権化」するリスクがない運用対象となった。銀行にとって中小企業等に貸し出した場合，

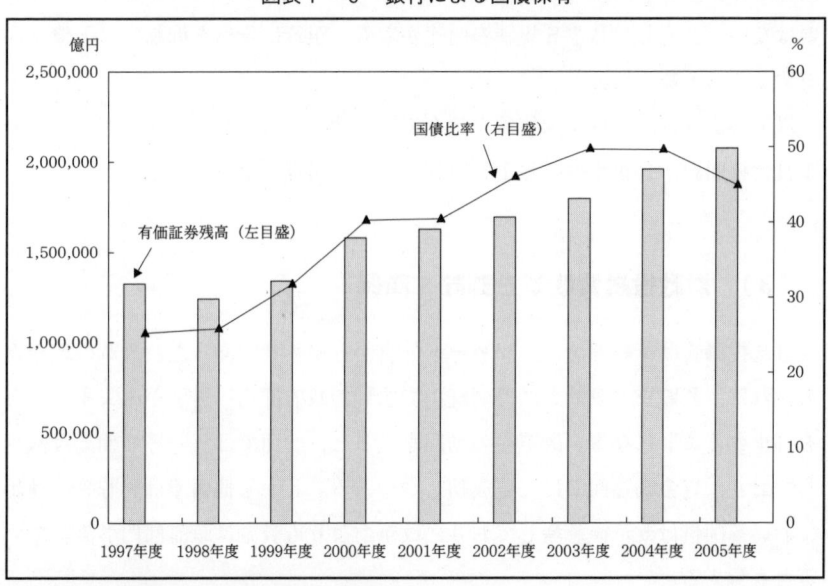

図表1－5　銀行による国債保有

(注)　国債比率＝保有国債÷保有有価証券
(出所)　全銀協資料から作成。

金融庁の指導もあり担保価値が下落すると，貸出先に担保の積み増しを要求するか，貸出を回収する必要がある。いずれも対応できない場合には，不良債権として区分することとなる。地価の下落が続いた時期には，貸出担保の価値低下は不可避であったから，こうした流れは必然であった。他方，日銀が買い切りオペで「買取」を保証し，価格上昇している国債にはこうしたリスクはなかった。

第三に，日銀が買い切りオペで買い取る場合，市場実勢に比べ，高めで買い取るため，銀行にとって国債は利益が保証されていた。日銀が国債オペを市場にオファーした場合，市場から応札があるのは，市場にとって収益につながるからである。

第四に，BIS規制によって貸出はリスクに算入されるが，国債はリスクフリーに区分されており，BIS規制の関連からも国債は有利な運用対象であった。リスク資産としての貸出は，総資産に算入され，自己資本比率を低める要因となる。しかし国債の場合には，リスクフリーであり，総資産に算入する必要はない。こうしたBIS規制の関連からも，銀行は貸出を抑制し，国債を保有することとなった。

以上のように，銀行が国債保有額を増加させた要因として，構造的な貸出難，不良債権問題，日銀オペ，BIS規制といった諸点を指摘できる。

## （3） 財政投融資改革と郵貯・簡保

財政投融資改革の理念は，マネーを「官から民へ」であった。改革の理念からすれば，郵貯など公的金融機関経由で広義の政府部門へ資金が流入することを抑止することになる。改革後の動向を見ると，一面では郵貯等の残高は減少しており，資金調達面では一定成功しつつある。しかし他面では郵貯等の運用において国債は改革後急増しており，改革前よりも資金は政府部門へ流れているとも言える。

郵貯の主力貯金は定額貯金である。定額貯金は特殊な金融商品で，預け入れ

から半年経過すれば出し入れ自由という「流動性」と，預け入れ時の金利が最長10年継続するという「高利回り」が同時に備わっていた。1990年代前半に金利が上昇した時点では，郵貯の定額貯金には巨額の資金流入が発生した。10年間にわたる高利回りを求める資金が流入したためである。

しかし巨額の資金流入が，郵貯の収益に必ずしもプラスとはならなかった。かつて郵貯は財投に全額預託義務があり，運用利回りは財投の預託・貸出金利であったためである。したがって郵貯の利鞘＝財投の預託・貸出金利－郵貯金利となり，郵貯金利に対応して財投の預託・貸出金利が上昇しなければ，郵貯の利鞘は悪化を余儀なくされる。財投の預託・貸出金利は旧大蔵省によって実質決定されていた（近年は国債利回りに連動）。

こうした事情から郵貯は自主運用を要求し，利鞘の改善を指向してきた。この延長線上で，財政投融資改革によって郵貯は全額自主運用が可能となった。とはいえ，経過措置として国債の購入と保有が決められている。また郵貯にせよ，簡保にせよ，株式の直接的な保有は従来不可能であった。企業の国有化を意味するからである。株式保有は信託勘定を通じた一部に限定されてきた。また直接的な貸出も不可能であった。こうした条件と制約のなかで，郵貯と簡保の資産において国債が急増することになった。

簡易保険の主力保険は養老保険であった。簡易保険は養老保険を含めて，保険金額の上限額を1,000万円としてきた。ただ養老保険の特質は，満期を迎えた時点での満期保険金も1,000万円であり，これに加えて，さらに運用成果が上乗せされた。したがって養老保険は保険であるが，貯蓄性を兼ね備えていた。他方，民間生命保険では支払った保険料が全額払い戻されることは通常ありえない。民間保険では，保険料から経費を差し引き，その残額が満期（もしくは解約）保険金となるからである。運用によって，ある程度補うことは可能であるが，職員経費などの部分を近年の低金利環境で完全に補完することはありえない。したがって民間保険では，支払った保険料を満期保険金が下回る。

また民間保険では保険金額が高いものの，保険料も高い。他方，簡易保険では保険金額が低いものの，保険料も安い。このため加入者は手軽に加入が可能

であった。さらに加入時に民間保険では健康診断が義務化されているが、簡易保険では免除されてきた。こうした事情から簡易保険へ加入者は増加してきた。簡易保険は財政投融資に「協力」という形での資金運用預託であった。財投改革前まで、財政投融資に簡保から年間6兆円程度が預託されていた。改革後、簡保から財政融資資金への預託は1兆～1兆6,000億円程度に縮小した。

しかし、郵貯にせよ、簡保にせよ、財政投融資への新規預託は大幅に減少したものの、かつての預託金が返済されてくる。財政投融資の改革前に、郵貯や簡保から預託された資金が、預託期間終了後に返済されてきた。この資金額は莫大であり、ストックベースでは簡保で約16兆円、郵貯で約130兆円であった。郵貯の場合、預託金が巨額であり、一挙に全額が返済されたわけではない。しかし郵貯の場合でも、2002年度から2004年度にかけて約50兆円返済された。この巨額の資金は、経過措置という事情もあり、実質的に国債保有の受け皿となった。

以上で見てきたように、日本の公債残高が国際的の突出する水準まで高まったことは、財政の歳出が削減しにくかったこと（地方政府の公共事業と地方債、地方交付税交付金の関係が大きい）、金融市場において日銀の買い切りオペが買い支えたこと、この下で民間銀行が国債を積極的に保有したこと、郵貯や簡保といった公的金融がまた国債保有を積み増したこと等々が主要な要因であろう。

## （4） 外国人と個人による国債保有

以上のように、日本では日銀や民間銀行、公的金融による国債保有比率がかなり高い反面、外国人や個人による保有は従来低調であった。最後に、この問題について触れておきたい。また、日銀の量的緩和やゼロ金利の終焉のなかで、外国人や個人の動向が国債市場において鍵となるであろう。

まず外国人投資家であるが、日本の国債における保有シェアは4.3％（2004年12月現在、日銀発表、速報ベース）と言われている。これはアメリカやイギリスに比較しても、非常に低いシェアである。アメリカ国債は日本や中国などのアジ

アマネーや，中東のオイルマネーがかなり保有しており，外国人の比率は47.5％（市場性国債）となっている。他方，イギリスの場合にも，ポンドがユーロ未参加ということで，ポンド建てのイギリス国債がリスク分散の観点から好まれることもある。このため，イギリス国債の約18％（2004年現在）が海外投資家（外国人）によって保有されている。しかるに，日本国債における外国人の保有シェアは4％台である。

また日本の株式保有構造において，外国人の保有シェアは26.7％（2005年株式保有調査）となり，過去最高を更新し続けていた。株式の場合，外国人はドルベースでみた時価ポートフォリオを基本として，組み入れ比率を検討している。近年では，日本企業の企業業績回復を背景にして，日本株が買われてきた。これは国債の場合と，大きなコントラストを成している。

外国人が日本の国債を購入しない要因としては，以下の諸点が指摘できる。第一に，日本国債の利率（クーポン）や利回りが著しく低いことであり，この点が最も影響しているようだ。2000年以降，ユーロ圏の平均長期金利（OECD）は5.4％（2000年）から3.4％（2005年）へ低下してきた。同じくアメリカの長期金利も，6％から4.3％へ低下してきた。他方，日本の長期金利は1.7％から1.4％へ低下してきた。大枠として，ほぼ日本とアメリカの長期金利には3～4％の金利格差が存在してきた。こうした国際的に低いレート（長期金利）では，為替面から若干のプラスがあるにせよ，外国人投資家は日本国債に食指を動かそうとはしない。第二に，外国人投資家については，利子源泉課税が非課税となっているが，その非課税措置を受けるためには，本人確認が必要であり，その事務手続きが煩雑と指摘されている。この点は財務省も意識しているようで，改善されつつある。したがって主因はクーポンや利回りが低いことにあるようだ。外国人による日本国債投資を促進するためには，金利動向が鍵となるであろう。

ついで個人による国債保有であるが，最近個人向け国債によって，個人による国債保有が増加していることは事実である。個人向け国債は2003年に導入された変動金利型（10年債）と，2006年から開始された固定金利型（5年債）の2

タイプがある。個人からすれば，第一に金利が銀行預金に比較して高いことが魅力であろう。個人向け国債の金利は，変動型（10年債）で利率1.13％（2006年8月現在）となっているが，基準金利（10年長期国債入札利回り）から0.8％差し引いて決定されている。2006年8月時点で，銀行定期預金金利は10年据え置きでも0.75％であり，やはり個人向け国債の金利は相対的に高い。変動型の場合，インフレに応じて，金利が変動するわけで，個人の国債保有者からすれば，リスクが極めて小さいことになる。また売却して換金する場合にも，金利が2回分差し引かれるが，売却損が発生することはない。これは通常の国債であれば，流通市場で売却されるため，損失が発生するリスクがあるものの，個人向け国債は実質的に国が買い取るためである。このように，個人向け国債は個人投資家にかなり有利に設計されている[9]。

したがって個人が日本国債の保有シェアを高める可能性はあると見られる。

# Ⅲ　公債累積の解決に向けて

最終章で日本の公債問題を解決する道すじを探ることになるが，ここで簡潔にのべておくこととする。第一には，やはり歳出削減であろう。歳出削減というと，公共事業に加え，社会保障関係などが対象になりやすい。しかし一概に社会保障関係の支出が削減されることには問題が多い。例えば，医師の診療報酬引き下げなどについても，小児科や産婦人科など医師の不足が指摘されている領域で，拍車をかける恐れがある。また地域医療も近年，崩壊の危機と言われている。したがって社会保障の領域でも，削減にあたり，個別の検討が不可欠である。また公的金融についても，国の出資や貸付を見直す必要がある。しかし，国民経済的に役割が終わったものと，依然としてニーズがある分野を一括して縮小することには問題がある。公的金融機関が大企業向けに貸出することには，誰もが疑問を禁じえない。しかし，格差社会と言われるなか，公的な金融機能は依然として必要であろう。

第二には，地方債累積の背景には，国と地方の財政関係の歪みがある。国が公共事業を地方財政主導で増加させ，地方債発行を国が「許可」し，その地方債に地方交付税交付金をつけることで，「暗黙の政府保証」を与えてきた関係である。また「暗黙の政府保証」は「あいまいな政府保証」であり，長期にわたり国が地方の債務を負担するわけではない。地方が公共事業を行う場合には，地方が自己責任で，自己財源で実施することが原則であろう。しかし，税源が国に集中し，交付税交付金や補助金で地方に再配分される図式では，絵に描いた餅である。国と地方の財政関係の見直しが必要である。

　第三には，税制改革を抜きにはできない。税制改革というと，消費税引き上げが注目されやすい。しかし，同時に法人税減税が進められていることも忘れるべきではない。小泉政権から安倍政権への流れで，税法上の減価償却促進や，研究開発費控除が拡大されつつある。他方，消費税増税や所得税の各種控除圧縮という方向で，家計の負担は増加が見込まれている。公債は租税収入の前取りであり，公債累積により，増税の必要は不可避である。こうした状況において，税制改革の理念と将来像が明確にされるべきである。

　第四には，日本の金融構造を転換することである。日本銀行が国債を買い切りオペの対象としてきたことは，日本銀行の意図はともかく，財政と国債発行を支えてきたこととなる。そもそも主要国で中央銀行の金融政策において，国債オペレーションが中心となっているが，買い切りオペについては国によって違いが大きい。日本やアメリカでは買い切りオペが増加してきたが，ＥＵではレポオペ（売り戻し条件付の買いオペ）が中心である。買い切りオペの見直しはいずれ課題となろう。また郵貯や簡保など公的金融の運用も，国債偏重から転換されるべきである。

　以下，各章において詳細は論じられよう。

〔注〕

1) 特に断らない限り，「公債残高」はOECDのエコノミック・アウトルックによる一般政府ベースのデータを指す。したがって，中央政府，地方政府，社会保障基金の統合勘定となる。社会保障基金は年金が大きな位置を占めている。海外諸国では多くの場合，年金は賦課方式であるが，日本の場合，「修正積立方式」である。こうした年金制度の差異も一因となって，日本では社会保障基金は黒字傾向にある。したがって日本の場合，一般政府ベースでの赤字は，中央政府と地方政府，特に中央政府が中心である。

2) 新藤宗幸，『財政投融資』，東京大学出版会，2006年もこの点を指摘している。「財政投融資債は，政府金融の財源であり将来利子をつけて償還されるから，税で返済する国債などの長期債務とは異なるとの理由による。」（同書，2ページ）と説明している。

3) この地方債に関する「政府保証」については，多様な議論がある。政府による保証を重視し，地方債務の原因を国の政策に求める議論は，山本 淳，「地方財政改革議論に跋扈する誤解を正す」（『金融財政事情』，2006年9月18日号）のように，「地方の累積債務を増大させる政策（地方債を用いた一種の立替）があったから地方債の元利償還に対する交付税措置がある」とする（同，28ページ）。しかし，政府による保証を疑問視する立場からは，大野明子，「地方債の安全 その欺瞞と不安」（『週刊 東洋経済』，2006年9月9日号，106ページ）のように，国による財源保障について法律に根拠条文がない，単年度の保障にすぎない，夕張市のように実質公債費比率や赤字比率による起債制限が機能しなかったことを指摘している。

4) OECD, *Economic Outlook*, No.78を参照。

5) IS（貯蓄・投資）バランスで財政赤字を見ることは，国際的にはかなり認知されている。日本でいえば，一般会計が経常収支であるが，まずこの経常収支尻が基本になる。経常収支尻で黒字であれば，貯蓄が形成されており，貯蓄で投資がまかなえているか，が問われる。投資は資本収支（日本では財政投融資が該当）における支出であるが，経常収支の黒字で資本収支の投資がまかなえれば，ISバランスでも黒字となる。しかし経常収支の黒字で資本収支の投資がまかなえないと，公債発行（ISバランスでの赤字）となる。イギリスの財政制度はISバランスに基づき，経常収支と資本収支に区分されてきた。

6) 詳細は，代田・勝田，「国債オペに関する日本とイギリスの比較」，『証券経済研究』，第50号，2005年6月。

7) http://www.ny.frb.org/markets/soma を参照。

8) 勝田佳裕，「日本銀行の国債オペレーションによるイールドカーブへの影響」，駒澤大学『経済学論集』，第38巻1・2号合併号，2006年，および内田浩行，「米国における財政収支・連邦債務構造の動向」，日本銀行ワーキング・ペーパー，2000年を参照。

9) 日本経済新聞，2006年8月27日付。むしろ個人向け国債は発行体である国にとってコスト高という指摘がある。

# 第2章 国債保有と発行政策をめぐる国際比較

## はじめに

　本章では，国債の保有構造を日本，アメリカ，イギリスの3カ国で比較・考察する。各国の保有構造には固有の特徴があるが，なぜそのような特徴が生じるのかを探るために，発行政策についても分析する。なお，本章で考察の対象とする国債は市場で取引される市場性国債であり，例えば日本で発行されている個人向け国債のような市場取引のない非市場性国債は除く。

　保有構造の比較と分析に入る前に，日米英でどのような種類の国債が発行されているのかを見ておこう。

## I 日米英で発行されている国債の種類

　一口に国債といっても，実は様々な種類がある。大別すると，割引国債，固定利付国債，物価連動国債，変動利付国債に分けることができる（財務省[2006]）。割引国債とは，額面を下回る価格で発行され，途中での利払いは行われず，満期時に額面金額で元本が償還される国債（債券）である。固定利付国債とは，満期まで定期的（通常半年ごと）に，発行時にあらかじめ決められた利率（クー

ポンレート）で計算された利子が支払われ，満期時に額面金額で元本が償還される国債である。変動利付国債は，適用される利率が一定のルールに基づき変動する国債である。物価連動国債は，利率は固定されるが，物価の動向に連動して元金額（元本）が増減し，あわせて利子も増減する国債である。

　日米英に共通して発行されている種類は割引国債，固定利付国債，物価連動国債である。アメリカには変動利付国債の発行制度がない。日本とイギリスにはその発行制度があるものの，現在発行している国は日本（15年変動利付国債）だけである。そこで，以下では，割引国債，固定利付国債，物価連動国債について3カ国を比較してみよう。

## （1）割引国債

　日本では，2002年以前は3年物または5年物の割引国債が発行されていたが，現在では年限1年以下の短期国債（ＴＢ）のみ発行されている。この結果，発行されている割引国債は3カ国ともＴＢのみである。しかし，その年限や発行頻度においてアメリカ，イギリスと日本とではやや異なる。

　アメリカとイギリスにおけるＴＢの発行枠組みは非常によく似ている。発行の中心は年限6カ月以下で，さらに1カ月物，3カ月物の発行頻度が毎週と高い（アメリカでは6カ月物も毎週発行されている）。また，ＴＢの定期発行以外に，国庫の資金フローを円滑にするための短期国債が適宜発行される。

　日本の場合は6カ月物または1年物のみ発行されており，他の2カ国に比べて期間の長いものが中心である。また，発行頻度も月次ベースで少ない。こうしたアメリカ，イギリスと日本との違いは，ＴＢの性格の相違によるものであろう。アメリカとイギリスではＴＢが国庫の資金繰り債と位置付けられているのに対して，日本では借換債と位置付けられている。このため，日本の制度には不定期に発行されるＴＢはない。日本では国庫の資金繰り債として政府短期証券（ＦＢ）が発行されているが，これは法律上国債ではない（ただし，実態的には国債と異ならない）。ＦＢは3カ月物が毎週定期的に発行されるほか，2カ月

物(または6カ月物)が国庫の状況に応じて適宜発行され,これがイギリスの短期TBまたはアメリカの資金管理短期証券(CMB)に対応している。

## (2) 固定利付国債と物価連動国債

固定利付国債と物価連動国債の商品性および発行制度は日本,アメリカとイギリスとで大きく異なる。第一に,イギリスの場合,発行年限(新発債として発行されたときの発行から償還日までの期間)が正確に5年,10年となっているわけではない。つまり,イギリスでは厳密に発行年限を固定するのではなく,償還までの期間が短期(1－7年),中期(7－15年),長期(15年超)という概念で国債を発行しているようである。これは,イギリスでは元来国債の満期が無期限(永久債)か有期限かの区別が主であったことのほかに,発行において新発債の発行より既発債のリオープン(ある国債を既発行銘柄と同一の条件で発行し,その発行した銘柄と既発行銘柄とを銘柄統合すること)が中心であることによるものであろう[1]。

第二の大きな相違点は,年間および四半期ベースで入札予定は公表されるが,総入札回数および時期は必ずしも既定ではなく年間総発行予定額によって比較的変化しやすいことである。

以上説明したように,イギリスの発行年限は日本やアメリカに比べかなり多様である。しかしながら,各銘柄の残高は少ないわけではなく,リオープン制度を積極的に活用することによって流動性を確保している。この発行方法の特徴(つまり発行年限が長いほどリオープンによって当該銘柄の残高が増加していく)に加え,後述するように中心的投資家が保険会社,年金基金といった長期投資家であることから,既発債(固定利付国債,物価連動国債とも)の銘柄数や残高を見ると,発行年限が15年超の長期債の割合が高い。さらに,2005年度から発行年限が40～50年の超長期固定利付国債および物価連動国債も導入された。また,物価連動国債の物価調整に関して,従来では8カ月のラグ(遅れ)をおいた小売物価指数(RPI)を用いていたが,2005年度から3カ月のラグをおいたR

ＰＩで調整する新型の物価連動国債が発行されている。ただし，これによって既発行の物価連動国債のリオープンが妨げられるわけではない。

現在，アメリカで発行されている固定利付国債の年限は2・3・5・10・30年と，中期債が中心である。従来，発行年限が20年の長期債が発行されていたが，1986年1月を最後に発行されていない。発行が停止されている期間から判断して，20年債は制度的に廃止された可能性が高い。また，30年債も国債の要発行額減少を理由に2001年8月から発行が停止されていたが，2002年度以降財政赤字が拡大したことを受けて2006年2月から発行が再開された。また，2007年から発行頻度を現在の年2回（リオープンを含む）から4回（同）に引き上げる予定である。

物価連動国債は1997年1月に導入され，歴史は長くない[2]。年限としては5・10・20年が発行されているが，銘柄数，残高から判断すると10年債が中心である。30年債は固定利付国債の場合と異なり2001年10月を最後に発行が停止されたままである（2006年9月時点）。

日本で現在発行されている固定利付国債の年限は2・5・10・20・30年であり，そのうちのベンチマーク（市場で中心となるもの）年限も含めて，アメリカとイギリスが採用している年限とほぼ同様である。1990年代後半および2000年までは年限が非常に多様化していたが，1999年に5年物と30年物の固定利付国債を導入してから徐々に年限を整理し，上記の年限に集約した。それでも，1990年代前半まで長い間にわたり10年固定利付国債の発行が中心だったため，現在でも10年債の残高が他の年限より圧倒的に大きい。一方，物価連動国債は2004年3月に導入されたばかりであり，年限も10年しかない。

## II 保有構造

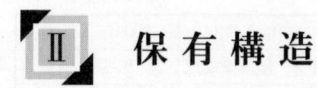

### (1) 日　　本

　図表2－1は1990年代以降の日本における国債の保有構造を示したものである。2005年末の数値には財投債を含んでいるが，非市場性の個人向け国債は除いている。

　日本の顕著な特徴は公的部門の保有比率が極めて高いことであり，2000年代には50％以上を占めている[3]。なかでも，郵便貯金（現ゆうちょ銀行），簡易保険（現かんぽ生命），財政融資資金（旧資金運用部）などの公的金融機関は35％前後を占め，最大の国債保有者である。また，「中央政府等」の部門も2000年代に入って保有比率を急速に高めている。ここで，最大の保有機関は中央銀行（日本銀行）であり，同部門の60～90％を占めているが，2000年代に入ってから社会保障基金（主として公的年金）による保有の増加ペースが著しい。

　こうした公的部門の趨勢とは逆に，民間金融部門の保有比率は伸び悩んでいる。保険会社，年金基金，（投資）信託をあわせた機関投資家の保有比率は15％前後で変動しているものの，民間で最大の国債投資家である銀行等の保有比率は，1990年代半ば以降20％前後で安定的に推移している。この結果，銀行等と機関投資家をあわせた保有比率は1990年3月末から2005年末にかけて43.5％から33.4％へ低下している一方，公的部門のそれが42.3％から57.2％へ上昇しており，前者の保有比率低下を後者がカバーしている格好である。

　ここで補足データとして1997年度末以降の公的金融機関（郵貯，簡保，財融資金），銀行（長期信用銀行，都市銀行，信託銀行），保険会社（生命保険，損害保険）の残存期間別保有構造を見てみると，公的金融機関と民間金融機関とでは顕著な相違が見られる。まず公的金融機関は，1997年度末から2004年度末にかけて，残存期間が1－5年のゾーンの保有比率が急上昇（26.7％→45.2％）した半面，5年超のゾーンが急速に低下（48.1％→28.4％）している。特に10年超のゾーン

図表2－1　市場性国債の保有構造（日本）

（単位：億円，％）

| 保有者 | 1990年3月末 保有額 | 構成比 | 1995年3月末 保有額 | 構成比 | 2000年3月末 保有額 | 構成比 | 2005年3月末 保有額 | 構成比 |
|---|---|---|---|---|---|---|---|---|
| 公的部門 | 688,816 | 42.2 | 922,747 | 44.1 | 1,906,786 | 51.3 | 3,756,678 | 57.2 |
| 　中央政府等 | 80,847 | 5.0 | 176,185 | 8.4 | 529,090 | 14.2 | 1,537,349 | 23.4 |
| 　　中央政府 | 13,120 | 0.8 | 9,800 | 0.5 | 3,514 | 0.1 | 3,478 | 0.1 |
| 　　社会保障基金 | － | － | － | － | 104,758 | 2.8 | 594,085 | 9.0 |
| 　　中央銀行 | 67,727 | 4.2 | 166,385 | 7.9 | 420,818 | 11.3 | 939,786 | 14.3 |
| 　地方公共団体・公的金融法人 | 1,028 | 0.1 | 571 | 0.0 | 2,175 | 0.1 | 9,605 | 0.1 |
| 　公的金融機関 | 606,941 | 37.2 | 745,991 | 35.6 | 1,375,521 | 37.0 | 2,209,724 | 33.6 |
| 　　郵便貯金 | 45,720 | 2.8 | 174,798 | 8.3 | 281,095 | 7.6 | 1,207,178 | 18.4 |
| 　　簡易保険 | | | | | 261,374 | 7.0 | 566,287 | 8.6 |
| 　　財政融資資金（旧資金運用部） | 555,961 | 34.1 | 566,077 | 27.0 | 798,979 | 21.5 | 431,123 | 6.6 |
| 　　政府系金融機関 | 5,260 | 0.3 | 5,116 | 0.2 | 34,073 | 0.9 | 5,136 | 0.1 |
| 銀行等 | 504,356 | 30.9 | 456,226 | 21.8 | 680,985 | 18.3 | 1,299,808 | 19.8 |
| 機関投資家 | 205,420 | 12.6 | 445,846 | 21.3 | 587,273 | 15.8 | 891,442 | 13.6 |
| 　保険会社 | 58,935 | 3.6 | 225,152 | 10.8 | 347,488 | 9.4 | 587,202 | 8.9 |
| 　年金基金 | － | － | － | － | 144,866 | 3.9 | 227,681 | 3.5 |
| 　投資信託以外の信託 | 101,975 | 6.3 | 181,070 | 8.6 | － | － | － | － |
| 　投資信託 | 44,510 | 2.7 | 39,624 | 1.9 | 94,919 | 2.6 | 76,559 | 1.2 |
| その他民間金融機関 | 11,803 | 0.7 | 71,545 | 3.4 | 132,656 | 3.6 | 108,335 | 1.6 |
| 個人・対家計民間非営利団体 | 122,888 | 7.5 | 42,330 | 2.0 | 188,432 | 5.1 | 189,505 | 2.9 |
| 民間非金融法人 | 97,697 | 6.0 | 154,949 | 7.4 | 2,347 | 0.1 | 7,760 | 0.1 |
| 非居住者 | | | | | 216,872 | 5.8 | 316,070 | 4.8 |
| 合計 | 1,630,980 | 100.0 | 2,093,643 | 100.0 | 3,715,351 | 100.0 | 6,569,598 | 100.0 |

注：1）　自国通貨建て。時価ベース。なお，四捨五入のため，各項目の合計と小計・合計の数値とが一致しない場合がある。
　　2）　2005年12月末の数値は財投債を含むが，個人向け国債は含まない。
　　3）　その他民間金融機関の内訳は，合同運用信託，ノンバンク，ディーラー・ブローカー，単独運用信託，非仲介型金融機関である。
（出所）　日本銀行，『経済統計月報』および同行のHPに掲載されているデータ（資金循環表）から作成。

はもともと保有比率が低かったが，さらに低下して2004年度末には2％を下回った。

　一方，1997年度末から2005年度末にかけて，銀行は5年以下のゾーンで保有

比率が上昇（46.0%→78.8%）しているが，10年超のゾーンも上昇（0.1%→10.3%）している。また，保険会社においては5年以下のゾーンは保有比率が大きく変わらない（37.0%→32.1%）反面，10年超のゾーンでの上昇（11.3%→34.9%）が顕著である。つまり，公的金融機関は1990年代後半から期間選好を一方的に短期化しているが，民間金融機関は長期債への選好も強めているのである。

これまでの説明から，日本における保有構造は次のようにまとめることができる。第一に，元来公的部門の保有比率は高かったが2000年代に入り一段と高まり，反面，保険等の機関投資家を中心に民間金融機関のそれは低下した。第二に，1990年代後半以降，公的金融機関の期間選好は一方的に短期化しているが，民間金融機関は長期債への選好も強めている。

## （2） アメリカ

図表2－2は1990年代から2005年度末までの市場性国債の保有構造の推移を示したものである。日本および後述するイギリスの保有構造に比べ，アメリカは投資家の保有比率が大きく変化していることに特徴がある。変化が最も顕著な投資家は非居住者であり，1990年度末の20.2%から2005年度末には47.5%まで拡大した。また，政府・中央銀行の保有比率も2000年代に入って上昇しているが，地方公共団体を含めた公的部門で見ると大きな変化はない[4]。

一方，民間金融機関の保有比率は低下している。預金機関（銀行等）は1990年代半ばまで10%超の保有比率であったが，その後低下に転じ2005年度末には3.1%まで下落した。また，年金基金（地方公共団体が運営するものを含む），保険会社，投資信託をあわせた機関投資家の保有比率も同様の傾向をたどっており，1990年代前半には25%前後を維持していたが，2005年度末には15.3%となった。

上記の分析に基づくと，アメリカにおける国債市場のポイントとなる投資家は非居住者である。しかしながら，非居住者による米国債の残存期間別保有残高のデータは公表されていない。そこで補助的なデータからそれを推測してみよう。

図表2－2　市場性国債の保有構造（アメリカ）

(単位：10億ドル，％)

| 保有者 | 1990年9月末 保有額 | 構成比 | 1995年9月末 保有額 | 構成比 | 2000年9月末 保有額 | 構成比 | 2005年9月末 保有額 | 構成比 |
|---|---|---|---|---|---|---|---|---|
| 預金機関 | 214.8 | 10.2 | 330.8 | 10.1 | 220.5 | 7.3 | 125.0 | 3.1 |
| 機関投資家 | 556.9 | 26.4 | 805.0 | 24.5 | 612.1 | 20.1 | 622.2 | 15.3 |
| 　保険会社 | 136.4 | 6.5 | 245.2 | 7.5 | 113.7 | 3.7 | 158.2 | 3.9 |
| 　年金基金 | 272.9 | 12.9 | 348.2 | 10.6 | 293.0 | 9.6 | 215.9 | 5.3 |
| 　（民間） | 126.5 | 6.0 | 141.9 | 4.3 | 115.2 | 3.8 | 161.3 | 4.0 |
| 　（地方公共団体） | 146.4 | 6.9 | 206.3 | 6.3 | 177.8 | 5.9 | 54.6 | 1.3 |
| 　投資信託 | 147.6 | 7.0 | 211.6 | 6.4 | 205.4 | 6.8 | 248.1 | 6.1 |
| その他 | 421.4 | 19.9 | 806.7 | 24.6 | 514.8 | 16.9 | 430.9 | 10.6 |
| 公的部門 | 492.0 | 23.3 | 559.7 | 17.1 | 658.1 | 21.7 | 957.7 | 23.6 |
| 　中央銀行・政府 | 246.0 | 11.6 | 368.7 | 11.2 | 502.7 | 16.5 | 736.5 | 18.1 |
| 　地方公共団体 | 246.1 | 11.6 | 190.9 | 5.8 | 155.4 | 5.1 | 221.2 | 5.4 |
| 非居住者 | 427.8 | 20.2 | 779.5 | 23.8 | 1,032.5 | 34.0 | 1,929.6 | 47.5 |
| 合計 | 2,112.8 | 100.0 | 3,281.6 | 100.0 | 3,038.0 | 100.0 | 4,065.4 | 100.0 |

注：1）　自国通貨建て。額面ベース。なお，四捨五入のため，各項目の合計と小計・合計の数値とが一致しない場合がある。
　　2）　市場性国債の保有のみをデータから推計。
　　3）　その他には公的企業，ブローカー・ディーラー，事業会社（法人格の有無を問わない）などを含む。
（出所）　U.S. Department of Treasury, *Treasury Bulletin,* Federal Reserve Board (FRB), *Flow of Funds Accounts* から推計。

　後述するように，イギリスでは2000年3月末まで国債を含めイギリスの政府債務に係る投資家別・残存期間別保有状況を公表していた。米国債に関するものではないが，非居住者にとって米国債も英国債も外国債である点では同じであることから，補助データとしてこれが最も参考になろう。そのデータによれば，非居住者は短中期を選好することが見出される。

　第二の補助データとして，米国債の最大の保有国の1つである日本の金融機関の外国債券（証券）に関する運用を調べてみよう。ここでは，1997年度末以降の郵便貯金・簡易保険，銀行（長期信用銀行，都市銀行，信託銀行）および保険会社（生命保険，損害保険）の外国債券（損保は外国証券）の残存期間別保有残高の推移を調べてみた。とれるデータはいずれも外国債券（または証券）に関する

ものであり，米国債以外の債券（損保の場合は株式）も含むが，米国債が中心であろう。各金融機関の残存期間別保有比率を10年以下と10年超に分けて10年以下の比率を見ると，郵貯・簡保で90％以上，銀行で70％前後，保険会社で80％前後と高い。したがって，日本の金融機関による外国債券（証券）の運用は，少なくとも1990年代後半以降で見る限り短期および中期が中心と言えよう。ただし，近年の傾向で見ると，銀行と保険会社，つまり民間金融機関はこの比率が低下傾向にある。

以上，2つの補助データから，米国債の主要な投資家となっていった非居住者の投資スタンスは短中期が中心と推測される。

## （3） イギリス

図表2－3は1990年代から2005年末までの市場性国債の保有構造を示している。まず大きな特徴として機関投資家，特に保険会社と年金基金の保有比率が圧倒的に大きく，1990年代後半以降両者をあわせて50％以上を占めている。

一方，銀行，住宅金融組合の保有比率は低下傾向にあるものの，非居住者の比率は1990年代後半から上昇テンポが上がり，2005年末には20％を超えた。なお，地方公共団体と公的企業を含めた公的部門の比率が前述したアメリカや日本と逆に1990年代後半から低下し，かつその水準も両国に比べて極めて低いことは特徴的である。

ここで，保有構造の特徴を理解するため，日米と同様，投資家別の残存期間別保有状況を調べてみた。現在，イギリスではこのデータは公表されていないが，2000年3月末まではイングランド銀行（BOE）が毎年 *Quarterly Bulletin* に国債を含む政府債務の投資家別・残存期間別保有状況を公表していた（ただし，政府保有も含めたデータは1999年3月末までしか公表されておらず，2000年3月末は市場保有分のみ）。そこで，このBOEのデータに基づいて投資家別期間選好の特徴を見てみよう。

1990年代における投資家別の残存期間別保有状況は，時期によって変化して

図表2－3　市場性国債の保有構造（イギリス）

（単位：億ポンド，％）

| 保有者 | 1990年3月末 保有額 | 構成比 | 1995年3月末 保有額 | 構成比 | 2000年3月末 保有額 | 構成比 | 2005年12月末 保有額 | 構成比 |
|---|---|---|---|---|---|---|---|---|
| 銀行 | 81 | 5.9 | 223 | 9.2 | 112 | 3.7 | 95 | 2.0 |
| 住宅金融組合 | 48 | 3.5 | 53 | 2.2 | 7 | 0.2 | 14 | 0.3 |
| 機関投資家 | 579 | 42.4 | 1,328 | 55.0 | 1,830 | 60.8 | 2,559 | 54.2 |
| 　保険会社 | 349 | 25.6 | 827 | 34.3 | 1,027 | 34.1 | 1,512 | 32.0 |
| 　年金基金 | 224 | 16.4 | 467 | 19.3 | 760 | 25.2 | 897 | 19.0 |
| 　　地方公共団体 | 24 | 1.8 | － | － | － | － | － | － |
| 　　その他公的部門 | 47 | 3.5 | － | － | － | － | － | － |
| 　　民間部門 | 153 | 11.2 | － | － | － | － | － | － |
| 　投資信託 | 5 | 0.4 | 33 | 1.4 | 43 | 1.4 | 151 | 3.2 |
| 　　インベストメント・トラスト | 1 | 0.1 | 21 | 0.9 | － | － | － | － |
| 　　ユニット・トラスト | 4 | 0.3 | 12 | 0.5 | － | － | － | － |
| 個人・信託 | 117 | 8.6 | 107 | 4.4 | 253 | 8.4 | 315 | 6.7 |
| 非金融事業法人 | 17 | 1.2 | 20 | 0.8 | 9 | 0.3 | 195 | 4.1 |
| その他居住者 | 146 | 10.7 | 228 | 9.5 | 93 | 3.1 | | |
| 　公的トラスト・非法人団体 | 7 | 0.5 | 3 | 0.1 | － | － | － | － |
| 　その他 | 139 | 10.2 | 225 | 9.3 | 93 | 3.1 | － | － |
| 公的部門 | 200 | 14.6 | 101 | 4.2 | 141 | 4.7 | 385 | 8.2 |
| 　中央政府・中央銀行 | 196 | 14.3 | 92 | 3.8 | 109 | 3.6 | 359 | 7.6 |
| 　地方公共団体 | 2 | 0.1 | 1 | 0.1 | 2 | 0.1 | 3 | 0.1 |
| 　公的企業 | 3 | 0.2 | 7 | 0.3 | 30 | 1.0 | 23 | 0.5 |
| 非居住者 | 179 | 13.1 | 355 | 14.7 | 566 | 18.8 | 1,158 | 24.5 |
| 　国際機関 | 8 | 0.6 | 10 | 0.4 | 5 | 0.2 | － | － |
| 　中央銀行 | 81 | 5.9 | 130 | 5.4 | 163 | 5.4 | － | － |
| 　その他非居住者 | 90 | 6.6 | 214 | 8.9 | 398 | 13.2 | － | － |
| 合計 | 1,366 | 100.0 | 2,415 | 100.0 | 3,010 | 100.0 | 4,721 | 100.0 |

注：1）　自国通貨建て。1999年3月末までは額面ベース，2005年12月末は時価ベース。なお，四捨五入のため，各項目の合計と小計・合計の数値とが一致しない場合がある。
　　2）　市場性国債のみの保有構成。
　　3）　中央銀行は1998年3月末まで公的部門に含まれていたが，1999年3月末から銀行部門に変更された。したがって，1999年3月末以降の銀行部門には中央銀行を含む。
　　4）　2005年12月末の数値は Debt Management Office (DMO)，Office for National Statistics (ONS) の資料からの推計値。ノンバンク，証券ディーラーなどのその他金融機関は非金融事業法人・その他非居住者（合計）の分類に含まれる。
（出所）　Bank of England (BOE)，*Quarterly Bulletin*，DMO，*Quarterly Review*，ONS，*Financial Statistics* から作成。

いるものの，投資家ごとに残存期間の短期（5年以下），中期（5年超15年以下），長期（15年超）で以下のような選好があることが見出される[5]。

民間金融機関は，銀行，住宅金融組合と機関投資家（保険会社，年金基金，投資信託）とで明確に期間選好が分かれている。前者は短期志向であり，後者（特に保険会社と年金基金）は中長期志向である。これは，銀行の負債の中心が預金という短期性資金であるのに対して，保険会社や年金基金の主たる負債は長期性資金に依存しているためであろう。

一方，個人・信託，その他居住者（非金融事業法人等），非居住者および公的部門は短中期志向である。これらの主体は概して市場性国債への投資額が少ないといった理由に加え，個人の場合には家計全体で見たとき住宅ローンのような長期性負債が少なく，また公的部門は資産運用を目的としていないといった特性を有するほか，非居住者の場合は金利変動リスクに加え，為替変動リスクも負うため短中期を選好するのであろう。

## III 発行政策

前節では各国の保有構造の特徴を説明したが，この特徴は発行政策とどのような関係があるのだろうか。本節では，各国の発行政策の特徴について考察する。ここで，発行政策とは，政府が資金調達する場合に発行する国債の種類およびその年限構成に関する政策と定義する。ただし，国際比較のために次のような調整を施した。第一に，対象とする国債種類を市場性国債のみとするが，TBは除外した。3カ国ともTBの発行比率は決して低くないものの，除外したのは以下の理由による。日本ではTBは借換債として発行され，国庫の資金繰り債としては別途FBが発行されているが，これは法律上国債と定義されていない。一方，イギリスとアメリカではTBが国庫の資金繰り債として発行されているため，概念を統一して国際比較するためには日本のFBを国債とみなして含めるか，または3カ国ともTBを除外して比較する必要がある。しかし，

本章の主たる対象は国債であることから，国債として定義されていないFBはここでの考察対象に含めるべきではなく，したがって3カ国で概念を統一するためにTBを除く市場性国債を考察対象とする。このため，本節以降で「発行政策」または「発行構成」という場合，TBを除いた国債に関するものとして定義する。

第二に，短期債，中期債，長期債の定義をイギリスのそれに合わせて発行から償還日までの期間が各々1－7年，7-15年，15年超に統一した。

## (1) 日　　本

日本における発行構成は図表2－4のようになっている。この図表には物価連動国債も含んでいるが，日本で物価連動国債が導入されたのが2004年3月であるため，以下では固定利付国債，変動利付国債，3・5年割引国債を合計した発行構成のみ考察する。

図表2－4を見ると，1998年度までは中期債の発行構成比が高かったが，1999年度から2001年度にかけて短期債の構成比が急上昇した後，安定的に推移している。そこで，短・中・長期債の発行構成比を1998年度前後で分けて分析すると，前期（1990-98年度）から後期（1999-2005年度）にかけて，短期債の発行構成比が大きく上昇した反面，中期債のそれが大きく低下したことが見出された。

発行政策が中期債偏向から短期債と中期債のバランス発行に変更された要因として国債発行額の増加が1998年度以降加速したこともあろうが，主たる理由として次のようなことが考えられる。日本では戦後，長期信用銀行（旧日本興業銀行，日本長期信用銀行，日本債券信用銀行）が長期産業資金を供給する役割を担い，その資金調達手段として利付金融債および割引金融債を発行していた。その中心年限は1年（割引金融債）と5年（利付金融債）である。1965年度に戦後はじめて国債が発行されるまで，この金融債が日本の債券市場の中心にあったことから，競合を避けるため国債は当初7年固定利付国債，後に10年固定利付国債を中心に発行し，短期のゾーンでは5年割引国債と4・6年固定利付国債

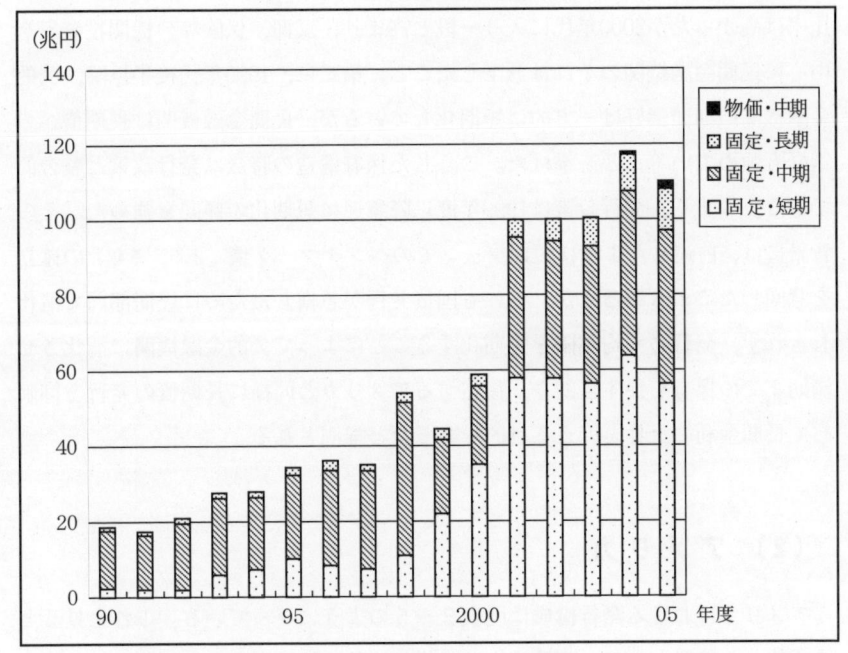

第2章 ■ 国債保有と発行政策をめぐる国際比較

図表2-4　年限別発行構成（日本）

注：1）　短期：7年以下，中期：7年超15年以下，長期：15年超。　額面ベース。
　　2）　「固定」には変動利付国債，3・5年割引国債を含む。
　　3）　財政年度は当年4月から翌年3月まで。
（出所）　日本証券業協会『公社債便覧』，財務省資料から作成。

を少額発行するという政策を採っていた。しかし，経済構造の変化（資本蓄積の増大）に伴い，都市銀行を中心に普通銀行が長期産業資金の供給を賄えるようになると，長期信用銀行の存在意義，つまり金融債の意義も薄れてきた[6]。さらに，世界の先進国のほとんどは5年を国債のベンチマーク年限とし，さらにアメリカなどは2年または3年もベンチマーク年限に定めていることもあり，日本の財政当局はTB以外の割引国債および4・6年固定利付国債を整理する一方，1999年度以降5年固定利付国債の発行を開始し，さらに2年固定利付国債の発行を増加することによって短期ゾーン（日本の定義では中期）でのベンチマーク債の確立を図ったのであろう。

前節において，日本の保有構造の特徴として，第一に，元来公的部門の保有比率は高かったが2000年代に入り一段と高まり，反面，保険等の機関投資家を中心に民間金融機関のそれは低下したこと，第二に，1990年代後半以降，公的金融機関の期間選好は一方的に短期化しているが，民間金融機関は長期債への選好も強めていることを挙げた。こうした保有構造の特徴は発行政策と整合的である。つまり，発行政策は1999年度以降急速に短期化の傾向を強めた。その背景には，前述したように短期ゾーンでのベンチマーク債（2年，5年）の確立を意図したこともあろうが，他にも国債発行が急増したために民間部門で消化しきれず，発行の平均年限を短期化することによって公的金融機関に消化させ満期までの保有を促す目的や，後述するアメリカと同様に長期債の発行を抑制して長期金利の上昇を抑える目的もあったと推測される。

## （2） アメリカ

アメリカにおける発行構成は図表2－5のようになっている。これを見ると，まず第一の特徴として，商品構成は，物価連動国債の導入が1997年1月と歴史が比較的浅いためか，国債発行額に占める割合がイギリスに比べて低い。1997年度－2005年度の平均で5.4％しかなく，最も高いときでも8.7％（2005年度）である。

第二の特徴は，固定利付国債の中でも短期債の構成比が極めて高いことである。この傾向は国債発行額の多少と関係ないように見えるが，細かい変化をとらえるため，発行額の多少と短・中・長期債の構成比の変化を分析してみた。アメリカの場合，発行額の変化が滑らかであるため，発行額の緩やかな上昇期（1990－97年度），下降期（1998－2001年度），上昇期（2002－05年度）に分けた。なお，短・中・長期債の構成には物価連動国債も含めている。分析の結果，次のような特徴が見出された。

最大の特徴は，国債発行額の多少にかかわらず短期債の発行構成比が80％前後と高いことである。しかし，発行額が低下してくると長期債ならびに物価連

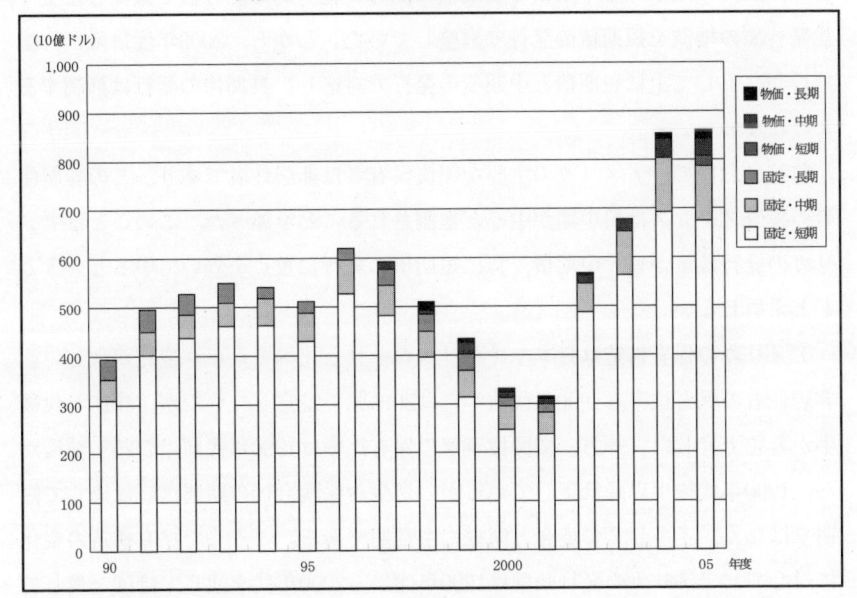

図表2－5　年限別発行構成（アメリカ）

注：1）　短期：7年以下，中期：7年超15年以下，長期：15年超。収入金ベース。
　　2）　財政年度は前年10月から当年9月まで。
（出所）　U.S. Treasury, *Treasury Bulletin* から作成。

動国債の構成比が上昇する傾向が見られる。ただし，2002－05年度の上昇期は固定利付国債に関して年限が15年超の長期債はまったく発行されておらず，長期債の発行は20年物価連動国債のみである。2001年に30年物国債の発行を停止したとき，政府は国債発行額が低下したためと説明しており，この説明自体が政府の発行政策における短期債志向を表わしている。2002年度以降発行額が急増していることを受けて2006年2月から30年固定利付国債の発行が再開され，さらに2007年からはその発行頻度が上がる予定となっている。しかし，30年物価連動国債についてはいまだに発行停止が解除されていないことから，長期債の構成比は90年代の水準にまで至らない可能性が高い。

　以上の分析から，アメリカにおける発行政策は短期債をベースとしている点では変わらないものの，2002年度を境に次のように変化したと推測される。つ

まり，2001年度までは中期債と長期債に関して絶対的な発行額を確保した上で，総発行額の増減を短期債の発行で調整していた。しかし，2002年度以降は，総発行額に応じて主に短期債と中期債の発行で対応し，長期債の発行は抑制するようになっている。

　前節において，アメリカの主要な国債保有者は非居住者であり，この非居住者の投資スタンスは短中期が中心と推測されることを述べた。このことはアメリカの発行政策が短・中期債，特に短期債の発行に重点を置いているということと矛盾しない。

　アメリカの保有構造は日本やイギリスのそれと比べてかなり変化が激しい。非居住者の保有比率も1990年代前半には20％強で安定していたが，1990年代後半から急上昇した。一方，機関投資家の保有比率は1990年代前半の25％前後から，1990年代後半以降低下しているが，米生命保険会社の期間選好は決して短期ではなく，イギリスの場合と同様に中長期である。こうした保有構造の変化に対して，アメリカの発行政策は1990年代から2000年代を通じてほぼ一貫して短期債が中心である。このことは，非居住者による米国債の投資が活発化したから短期債中心の発行政策を採ったというより，財政当局の発行政策が短期債志向であったために機関投資家を中心に期間選好のミスマッチが生じる一方で，短中期を選好する非居住者の需要を促したことを示していよう。実際，米生命保険会社が保有する債券のうち残存期間20年超の構成比を公共債と民間債で比べると，公共債は1993年末から2004年末にかけて32.0％から18.8％へと低下しているのに対して，民間債は同期間に17.2％から15.6％と大きく変化していない。これは生保の期間選好が変化したのではなく，長期国債の供給が少ないため，長期民間債等で補っていることを示している。

　アメリカの財政当局がこのような短期債に偏った発行政策を採っている理由として，順イールド・カーブの下では短期債を発行する方が長期債を発行するより金利（利払い）コストを削減できることがある（Sill [1994]）。さらに，特に財政が悪化している時期には長期債の発行を抑えることによって長期金利の上昇を抑制する意図もあったと推測される[7]。

## （3） イギリス

イギリスでは現在でも国債管理政策の目的に合致した発行政策を模索中であるが，イギリスの債務管理庁（DMO）が過去の発行政策を分析したところ，次のような方針が採られてきたとしている（DMO [2004], pp.31-43）。

① 普通ギルト債とそれ以外の市場性国債（TB，物価連動国債）の負債（残高）構成が約3：1の比率を維持するよう国債発行の構成を考える。

② 普通ギルト債の発行において短期債，中期債，長期債の発行構成比を均等とすることを基本とするが，各ゾーンの国債に対する需要の強弱も考慮する。

③ （中長期的に）イールド・カーブの形状の変化は予想できないため，発行時のイールド・カーブの形状は短・中・長期債の発行構成を決定する際に考慮しない。

これらの方針は，イギリスの財政当局がこれまで極めて機械的に発行構成を決定してきた印象を与えるが，現実には投資家が特定の残存期間を選好する傾向を有することは否定できないため，各国債に対する需要動向は考慮してきたとしている。

1990年代以降の発行構成を見る限り，上記方針の①と②は概ね当てはまるようである（図表2-6）。しかし，仔細に見ると，国債発行額（前述の定義よりTBを除く，以下同）の多少によって発行構成に特徴が見出されるようである。そこで，年間（年度ベース）国債発行額を200億ポンド未満，200億ポンド以上400億ポンド未満，400億ポンド以上の3つの区分に分け，各区分に含まれる年度の国債発行額の発行構成を分析してみた。

分析の結果，年間の国債発行額が少ないほど物価連動国債の構成比ならびに長期債の発行構成比が高いという明確な傾向が見出された。イギリスで発行されている物価連動国債はほとんどが長期債であることから，イギリスにおける発行政策の特徴は，長期債の発行をベースとし，国債の年間発行額が増加する

図表2－6　年限別発行構成（イギリス）

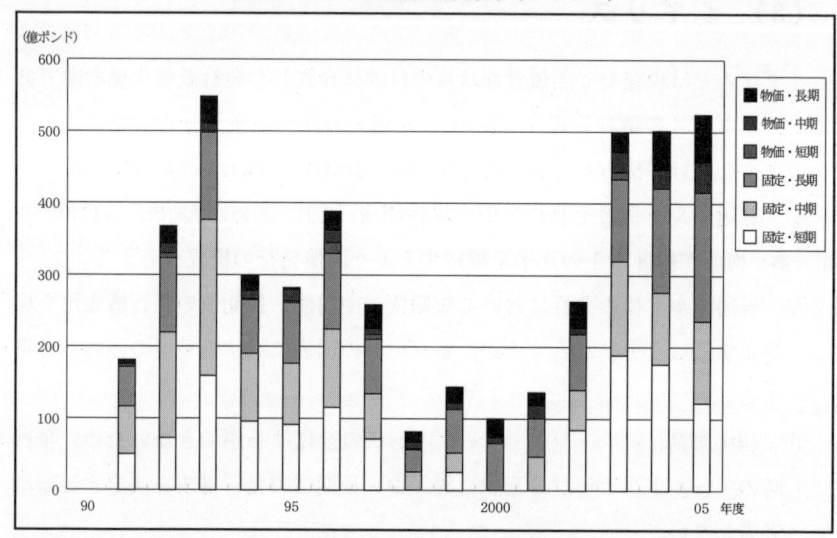

注：1）　短期：7年以下，中期：7年超15年以下，長期：15年超。収入金ベース。
　　2）　財政年度は当年4月から翌年3月まで。
　　3）　1990年度は本文で定義した意味での発行はなかった。
　　4）　1991年度から1997年度の内訳は推定。
（出所）　DMO資料，ONS, *Financial Statistics* から作成。

と短期債と中期債，特に短期債の発行を積み上げる方針を特徴としているといえる。

　この長期債を発行のベースとする発行政策は，前節で説明したように国債の中心的投資家がほぼ一貫して保険会社，年金基金といった中長期の期間選好を持つ投資家であることと整合している。つまり，イギリスの発行政策を決める主因は需要構造にあるといえよう。

　以上，狭義の発行政策を国別に考察してきた。総じてみると，3カ国に共通していることは，理由は各国各様だが，国債発行額が増加すると短期債の発行比率が上昇するということである。須藤［2004］の分析では，国債発行額が増加している時期には，政府は借換リスク抑制などの観点から長期債の発行比率

を上昇させることが合理的である一方，国債の投資家は信用リスクなどの観点から短期債に投資することが合理的であることが示されている。この分析結果に基づけば，3カ国の発行政策は需要要因に促されていることになる。しかしながら，短・中・長期債の発行構成比の水準は日本，アメリカとイギリスとでは大きく異なっている。これは国債に対する中心的な投資家，別言すれば保有構造（需要構造）が各国で相違するためと考えられる。

## IV まとめ

　本章では，国債の保有構造ならびに発行政策を国別に考察してきたが，最後に保有構造と発行政策との関連を整理しておこう。まず，イギリスでは機関投資家，特に保険会社，年金基金といった長期運用を志向する投資家の保有比率が高い。また，アメリカと日本では各々非居住者，公的金融機関（および銀行等）といった，運用スタンスが短中期の投資家の保有比率が高い。一方，各国の発行政策は，イギリスが短・中・長期債のバランス発行を基本としながらも長期債の発行に重点を置いているのに対し，アメリカと日本では短期債の発行に重点が置かれているまたは重点が移されてきている。したがって，各国の発行政策は概して保有構造と整合的である。

　しかしながら，保有構造と発行政策との因果関係は必ずしも3カ国で同じではない。イギリスでは保有構造が90年代以降で見る限り安定的であり，したがって発行政策は需要に主導されていると推測される。一方，アメリカと日本の場合，保有構造は90年代後半からまたは2000年代に入って変化してきている。これは，前述したように，アメリカでは利払いコスト抑制と長期金利の上昇抑制，日本では大量発行された国債の消化と長期金利の上昇抑制というように目的は異なるものの，各国の目的に応じた発行政策に促されて保有構造が変化したものと推測される。アメリカと日本の発行政策が短期債に傾いた結果，両国とも民間金融機関の保有比率が低下したが，アメリカではモーゲージ担保証券（M

BS）や社債といった民間債等が長期国債の代替資産として機能している一方，日本にはまだそのような市場が育っていない。この点は今後の日本の課題であろう。

〔注〕
1) リオープンの場合も，短期，中期，長期のゾーンを目安に発行される。
2) イギリスでは1981年3月から物価連動国債（インデックス債）を発行しており，最も歴史が長い国の1つである。
3) 厳密には，市場性国債の保有構造から見た場合に，日本の公的部門の保有比率は英米のそれに対して極めて高いということになる。しかし，英米では社会保障基金などの政府部門向けに非市場性国債を発行するなど，政府債務に占める非市場性国債のウエイトが高い。
4) 地方公共団体が運営している年金基金は機関投資家に含まれ，また公的企業はその他に含まれるため，公的部門の範囲がイギリス，日本と異なる。前者については国債の保有目的があくまで運用であることから公的部門に再分類していない。前者を公的部門に含めた場合，その保有額は2005年度末で1兆123億ドル，構成比24.9%となる。また，後者については公的企業の保有比率を推計するためのデータがなく，しかもその額は大きくないと推測されるため，統計の原典どおり「その他」に含めたままとした。
5) ここでは概略だけ述べる。投資家ごとの詳しい分析は須藤［2003］第7章を参照されたい。
6) あおぞら銀行（旧日本債券信用銀行）の普通銀行転換により，2006年4月以降，業態としての長期信用銀行は存在しない。
7) 武田［2003］は，市場による財政収支の悪化予想が長期金利を有意に上昇させることをアメリカのデータで示した。

# 第3章

# 中央銀行によるオペレーションの国際比較

## I 日本銀行のオペレーション

　日本銀行は，わが国の中央銀行として金融政策の運営を図っている。金融政策とは，日本銀行がオペレーション（公開市場操作），公定歩合操作，預金準備率操作という政策手段を用い，「物価の安定を図ることを通じて国民経済の健全な発展に資すること」を目的として行われる政策のことであり，日本銀行法の条文では，「通貨および金融の調節」という表現で規定されている。かつては公定歩合操作が金融政策の中核的手段であったが，1994年10月以降はオペレーションが金融政策の中核的な手段となっている。金融政策の基本的な方針は，定期的に開催される日本銀行政策委員会の金融政策決定会合で決定される。

　日本銀行法では，金融政策の目的を「物価の安定を図ることを通じて国民経済の健全な発展に資すること」と定めているが，日本銀行が金融政策によってその目的を達成するために直接コントロールする対象は，従来は短期金融市場金利であった。ここでいう短期金融市場金利とは，具体的には無担保コール翌日物金利のことである。しかしながら，バブル崩壊後の物価の継続的下落に対して，それを防止し，持続的経済成長のための基盤を整備する観点から，日本銀行は2001年3月19日に金融政策の主たる操作目標を従来の無担保コール翌日物金利から日本銀行当座預金残高に変更した。いわゆる量的緩和政策の採用で

ある。また同時に，操作目標の変更を「消費者物価指数（全国，除く生鮮食品）の前年比上昇率が安定的にゼロ％以上となるまで，継続すること」も決定した。

　日本銀行政策委員会の金融政策決定会合では，金融経済情勢の分析が行われた後，その情勢に対する適切な金融市場調節方針（ディレクティブ）が決定される。日本銀行は，日本銀行政策委員会の金融政策決定会合で決定されたディレクティブを実現するために，銀行券や国庫金の受け払いによって生じた日本銀行当座預金の変動に対応する形で，オペレーションや貸出を行うことを通じて日本銀行当座預金の増減の調節を図っている。このような操作は，金融調節と呼ばれる。金融調節の実務は，日本銀行金融市場局が担当している。2003年度末以降においては，原則として貸出に依存せず，オペレーション中心の金融調節が行われている。

## （1）　売買によるオペレーションの区分

　オペレーションには，資金供給オペレーション（以下，買いオペ）と資金吸収オペレーション（以下，売りオペ）の2種類がある。買いオペは，金融機関が保有している国債等を日本銀行が買い入れるオペレーションである。日本銀行による買いオペの結果，日本銀行当座預金の残高は増加する。なぜなら，日本銀行が買いオペで金融機関が保有している国債等を買い入れる場合，その代金は，国債等を日本銀行に対して売却した金融機関が日本銀行に保有している当座預金に入金されるからである。売りオペは，日本銀行が保有している国債等を金融機関に対して売却するオペレーションである。日本銀行による売りオペの結果，日本銀行当座預金の残高は減少する。なぜなら，売りオペで日本銀行が保有している国債等を金融機関に売却した場合，その代金は，国債等を日本銀行から買い入れた金融機関が日本銀行に保有している当座預金から支払われるからである。

　買いオペは，さらに買い切りオペレーション（以下，買い切りオペ）と買現先オペレーション（以下，買現先オペ）に分類される。売りオペは，さらに売り切

りオペレーション（以下，売り切りオペ）と売現先オペレーション（以下，売現先オペ）に分類される。

　買い切りオペとは，金融機関が保有している国債等を日本銀行が買い切るオペレーションのことで，日本銀行は買い入れた国債等を後日金融機関に売り戻す必要はない。そのため，買い切りオペが行われた際に増加した日本銀行当座預金残高は，一定期間後も変化しない。買現先オペとは，将来の特定日に売り戻す条件を付して日本銀行が金融機関から国債等を買い入れるオペレーションのことである。買現先オペの実行日には資金が供給され，日本銀行当座預金の残高は増加する。しかし，売戻日には資金が吸収され，日本銀行当座預金の残高は減少する。

　売り切りオペとは，日本銀行が保有している国債等を金融機関に売り切るオペレーションのことで，日本銀行は売却した国債等を後日金融機関から買い戻す必要はない。そのため，売り切りオペが行われた際に減少した日本銀行当座預金残高は，一定期間後も変化しない。売現先オペとは，将来の特定日に買い戻す条件を付して日本銀行が金融機関に国債等を売却するオペレーションのことである。売現先オペの実行日には資金が吸収され，日本銀行当座預金の残高は減少する。しかし，買戻日には資金が供給され，日本銀行当座預金の残高は増加する。

## （2）　期間によるオペレーションの区分

　オペレーションは，長期オペレーション（以下，長期オペ）と短期オペレーション（以下，短期オペ）に分類されることもある。長期オペは，主に銀行券など中央銀行の安定的な負債に対応するものとして長期的に資金を調節するためのオペレーションである。買い切りオペや売り切りオペが長期オペにあたる。1999年2月のゼロ金利政策採用以降は，長期国債の買い切りオペが多いというのが日本銀行によるオペレーションの特徴である。他方，短期オペは，主として一時的な資金過不足に対応するためのオペレーションである。売戻条件付買入オ

ペレーションである買現先オペや，買戻条件付売却オペレーションである売現先オペが短期オペにあたる。

　長期オペは，短期オペを補完する役割を担っている。金融調節において長期オペを行えば，一度に長期間にわたる資金供給を行うことができ，短期金融市場において巨額の短期オペを頻繁に行う必要がなくなる。その結果,「中央銀行のオペにより短期金融市場における金利形成を歪めることを回避できるとともに，オペにかかる中央銀行・民間金融機関双方の実務負担も軽減することができる[1]」と考えられる。日本銀行は，オペレーションの対象となる市場に対して中立であることを基本としていると主張している。ただし，長期オペには，中央銀行の資産の固定化につながり，その規模が安定的な負債に見合わないものになると，資金過不足の変動にあわせて柔軟に金融調節を行うことがより難しくなるというデメリットもある[2]。

　量的緩和政策採用以降，日本銀行当座預金残高目標を達成するために大量のオペレーションが実施されている。その主な手段として，短期オペが用いられてきた。しかし，巨額の日本銀行当座預金残高目標を達成するためには，短期オペのみでは対応できなくなった。その結果生じたのが，札割れと呼ばれる現象である。札割れとは，日本銀行がオペレーションの入札の実行を通知した際に，オペレーション対象金融機関から申し込まれた金額が入札予定額に達しないことである。資金供給オペで札割れが生じているということは，オペレーション対象金融機関に十分な資金がすでに行き渡っているということであり，オペレーション対象金融機関が日本銀行によるオペレーションに応じようとしなくなる（札割れが発生する）ほど，日本銀行が豊富に資金供給を行っていることを意味する。そのような状況において更に日本銀行当座預金残高を増加させるために実施されているのが，長期国債の買い切りオペである。短期オペにおいて札割れが生じているにもかかわらず，長期オペによって日本銀行当座預金残高を増加させることができていることから，日本銀行がオペレーション対象金融機関に対して長期国債の買い切りオペを実施する際にインプリシットな（暗黙の）補助金が発生しているのではないかという指摘がなされている。つま

り，日本銀行が長期国債の買い切りオペを実施する際に，オペレーション対象金融機関が有利になるようなレートで入札が行われているのではないかという指摘である。

## （3） オペレーションと金利への影響

　日本銀行当座預金の残高が増加すると，どのようなことが生じるであろうか。日本銀行当座預金の残高は，金融機関が日本銀行に保有している当座預金残高の合計である。日本銀行当座預金は当座預金であるため，利子はつかなかった（2008年より超過準備分に付利）。金融機関が日本銀行に保有している当座預金額が所要準備額を超過している場合，超過分をそのままにしておいても利子はつかないため，金融機関はその超過している資金を運用しようとする。金融機関が余剰資金を運用する市場がインターバンク市場であり，インターバンク市場での主要な金利がいわゆる無担保コール翌日物金利と呼ばれるものである。

　資金供給オペと資金吸収オペは，ともに日本銀行の誘導金利である無担保コール翌日物金利を目標水準で安定的に推移させるために行われる。無担保コール翌日物金利が日本銀行の目標水準より高い場合，日本銀行は資金供給オペを行い，日本銀行当座預金の残高を増加させる。日本銀行当座預金の残高が増加するとインターバンク市場は資金超過となり，供給過多により無担保コール翌日物金利は低下する。一方，無担保コール翌日物金利が日本銀行の目標水準より低い場合，日本銀行は資金吸収オペを行い，日本銀行当座預金の残高を減少させる。日本銀行当座預金の残高が減少するとインターバンク市場は資金不足となり，需要過多により無担保コール翌日物金利は上昇する。

　日本銀行によるオペレーションの目的は，無担保コール翌日物金利を誘導目標の水準で推移させることである。誘導目標が5％の時に無担保コール翌日物金利が5.1％であれば，日本銀行は資金供給オペを行い，日本銀行当座預金の残高を増加させ，無担保コール翌日物金利を誘導目標である5％の水準に保とうとする。逆に，誘導目標が5％の時に無担保コール翌日物金利が4.9％であ

れば，日本銀行は資金吸収オペを行い，日本銀行当座預金の残高を減少させ，無担保コール翌日物金利を誘導目標である5％の水準に保とうとする。

バブル崩壊後，日本銀行は公定歩合（現在，基準割引率および基準貸付利率に名称変更）を段階的に引き下げた。1994年9月までは，公定歩合が金融政策の主な手段であった。オペレーション（公開市場操作）が金融政策の主な手段となり，民間銀行の金利が完全に自由化され，操作目標が無担保コール翌日物金利となった1994年10月以降も，日本銀行の無担保コール翌日物金利の誘導水準は段階的に引き下げられ，その目標を達成するようなオペレーションが行われた。

1999年2月に，日本銀行はゼロ金利政策を採用するに至った。ゼロ金利政策とは，日本銀行が操作目標である無担保コール翌日物金利を，取引手数料を除いて実質ゼロに誘導するという政策のことである。日本銀行は，資金供給オペを行い，日本銀行当座預金の残高を増加させることで，操作目標である無担保コール翌日物金利をゼロ近辺で推移させた。ゼロ金利政策は，2000年8月に一旦解除された。しかし，その後，このゼロ金利政策の解除とアメリカにおける景気後退が相まってわが国の景気が悪化したことから日本銀行は再度ゼロ金利政策に復帰した[3]。それでも日本経済に対する効果がそれほどなかったように見えたことから，最終的には量的緩和政策を採用するに至った。

## （4）量的緩和政策

日本銀行は，2001年3月19日に開かれた政策委員会の金融政策決定会合において，金融調節の主たる操作目標を，それまでの無担保コール翌日物金利から日本銀行当座預金残高に変更することを決定した。いわゆる，量的緩和政策の採用である。量的緩和政策とは，資金供給オペを大幅に増額することで，日本銀行当座預金残高を増加させ，実体経済に影響を与えようとすることを目的として導入された政策のことである。実体経済への影響の具体的な例は，第一に短期金利を長期間維持することによる長期金利の低下（時間軸効果），第二にポートフォリオ・リバランス効果，第三に期待効果である。

量的緩和政策の期待された第一の効果が，短期金利を長期間維持することによる長期金利の低下である[4]。長期金利を決定する理論として有力であるのが，金利の期間構造に関する期待理論である。金利の期間構造に関する期待理論とは，長短の市場相互間で活発な金利裁定取引が行われる結果，長期金利は将来の予想短期金利の平均（短期金利をつないだもの）に予想短期金利の不確実性への対価であるリスク・プレミアムを加えたものに決定されるという理論である。すなわち，この理論は，満期の異なる同種の債券の間で完全に裁定が働くということを前提としている。この理論に従えば，1年物金利は，1年後の予想短期金利にその不確実性に伴うリスク・プレミアムを加味したものとなる。この場合，リスク・プレミアムを一定と仮定すれば，ターム物（長期）金利は短期金利の予想の変化を反映して変動することになる。例えば，10年物の長期債券を購入して満期まで保持するというプランAと，満期1年の短期債券を1年ごとに買い替えていくプランBがあるとする。もし，長期債券の利回りが高く，プランAがプランBより大きな収益を得ることができれば，投資家は全員長期債券を購入し，誰も短期債券を購入しないであろう。その結果，長期債券の価格は上昇し（長期金利は下落），短期債券の価格は下落する（短期金利は上昇）。プランAとプランBの収益率が等しくなり，結局，長期金利は短期金利の平均（短期金利をつないだもの）に落ち着くことになる。この理論に基づけば，量的緩和政策によってゼロ金利を維持し，それが長期間継続すると市場参加者が予想すれば，短期金利の平均となる長期金利も低位で推移させることができることになる。これが，量的緩和政策の期待された第一の効果であり，時間軸効果とも呼ばれる。

しかしながら，金利を決定する理論については，期待理論とは違い，満期の異なる同種の債券の間での裁定が完全に働かないということを前提とした理論もある。そのような理論の代表的なものに，流動性プレミアム仮説がある。流動性プレミアム仮説とは，短期債券と長期債券では流動性の程度が異なり，完全に代替的ではないとする理論であり，期待理論に相反する理論である。ここでいう流動性とは，債券を現金化することが容易であるかどうかを示す概念で

ある。ある債券を容易に現金化することができる場合，その債券は流動性が高いという。ある債券を容易に現金化することができない場合，その債券は流動性が低いという。経済に不確実性が存在し将来金利が上昇する可能性がある場合，短期債券よりも長期債券に価格が大きく下落するリスクがある。長期債券の価格が低下しているなかで長期債券を売却しようとすれば，その長期債券を保有する投資家は少ない現金しか手に入れることができない。そのため，長期債券の価格が低下しているなかでは長期債券を容易に現金化することができないであろう。すなわち，長期債券は短期債券よりも流動性が低いため，そのような流動性の低さに対するプレミアムが長期債券には要求されると考えるのが流動性プレミアム仮説である。

　金利を決定する理論として，市場分断仮説と呼ばれるものもある。この理論は，投資家や資金調達企業が特定の投資資金調達期間を選好するため，市場が分断されていると仮定する理論である。例えば，5年後に耐久消費財を購入しようとしている個人が短中期の投資を好むのに対し，企業は資金調達の安定性を重視して長期の資金調達を好むかもしれない。したがって，市場分断仮説では，特定期間への選好から期間の異なる債券が不完全な代替性しかもたない場合には金利裁定は完全には働かず，期間の異なる債券の市場ごとの需給によって金利が決定されると考える。

　量的緩和政策の期待された第二の効果が，ポートフォリオ・リバランス効果である。ポートフォリオ・リバランスとは，金融機関のポートフォリオが変化することを意味する。日本銀行当座預金には，2008年まで金利は付かなかった。金利の付かない日本銀行当座預金に資金が積み上がれば，金融機関はより有利な運用先を求めて貸出，債券投資，株式投資などに余剰資金を回すと考えられる。金融機関がより有利な運用先を求めて貸出，債券投資，株式投資などに余剰資金を回す結果，金融機関のポートフォリオが変化する。例えば，金融機関が貸出を増加させればそれと同時に預金も増加し，結果としてマネーサプライも増加する。マネーサプライの増加は，物価を上昇させる効果があると考えられる。また，金融機関の余剰資金が国債投資に向かえば，マネーサプライの増

加とともに，長期金利の指標となる新発10年物国債発行時利回りの低下という効果も期待される。新発10年物国債に対する需要超過により，新発10年物国債の価格が上昇（金利は低下）すると考えられるからである。新発10年物国債の金利の低下は，長期金利の低下を意味する。長期金利が低下すれば企業はより低利で資金を調達することができ，調達した資金で経済活動を行えば実体経済が活発化すると考えられる。金融機関の余剰資金が株式投資に向かえば，株価上昇という効果が期待できる。株価上昇により投資家の含み益が増加すれば，所得効果により消費支出の増加，ひいては国内経済の活性化につながると考えられる。これが，量的緩和政策の期待された第二の効果である，ポートフォリオ・リバランス効果である。

量的緩和政策の期待された第三の効果が，期待効果である。これは，日本銀行が資金供給を増加させることで，人々が物価上昇や景気回復を予想し，企業や家計の景気に対する見方が改善されることで，企業の設備投資や個人消費が改善することを期待したものであり，それによって実体経済に影響を与えることができると考えられた。

## （5） 資金供給のオペレーション

2006年4月3日現在の日本銀行の資金供給および資金吸収のためのオペレーションの具体的な手段は，次の通りである。資金供給の手段として，国債買現先オペ，短国買入オペ，ＣＰ等買現先オペ，手形買入（全店買入・本店買入）オペ，国債買入オペがある。資金吸収の手段として，国債売現先オペ，短国売却オペ，手形売出オペがある[5]。

まず，資金供給手段としてのオペの概略を説明する。

第一に，国債買現先オペである。国債買現先オペは，2002年11月に従来の国債借入（レポ）オペおよび短国買現先オペに代えて導入されたオペである。国債買現先オペは，日本銀行が利付国債，割引短期国債（ＴＢ），および政府短期証券（ＦＢ）を売り戻し条件付きで買い入れることによって資金を供給するオペ

レーションである。オペレーションの期間は1年以内である。

　第二に，短国買入オペである。短国買入オペは，1999年に開始されたオペレーションである。短国買入オペは，日本銀行が残存期間2カ月～1年程度の割引短期国債（TB）および政府短期証券（FB）を買い切ることによって資金を供給するオペレーションである。買い切りオペレーションであるため，オペレーションの期間はない。ただし，短期オペレーションの中では比較的長い期間の資金供給手段としての性格をもっている。これまでの短国買入オペの経験から比較的札割れしにくいと認識されており，高水準の当座預金残高目標を達成する上で重要な役割を担っている。短国買入オペは，日本銀行当座預金増減の数日単位の変動をならすというよりは，日本銀行当座預金増減の数カ月単位の変動をならすことを意識しながら必要かつ安定的な資金を供給する目的で活用される。量的緩和政策採用後は長期国債買い切りオペが中心であるが，手形買入オペと同様，引き続き資金供給オペレーションの主要な手段である。

　第三に，CP等買現先オペである。CP等買現先オペは1989年に開始されたオペレーションである。CP等買現先オペは，日本銀行が発行者の信用度，市場性，その他の適格基準に照らして適格と認め，満期が1年以内に到来するCP等を売り戻し条件付きで買い入れることによって資金を供給するオペレーションである。信用度において適格とされるためには，債務者の財務内容から，元利金の支払いが確実であると日本銀行に認められる必要がある。また，格付機関から格付を取得している場合には，その格付等債務者に関する事情を勘案し，元利金の支払いが確実であると日本銀行に認められる必要がある。市場性が適格とされるためには，金融市場における取引実態等に照らして，売却による資金化が容易であると日本銀行が認めるものであることが求められる。その他の適格基準として，①円建てであること，②国内において発行，振出または貸付等が行われたものであること，③準拠法が日本法であること，④日本銀行による担保権その他の権利の行使に支障がないと認められること，が求められる[6]。オペレーションの期間は，3カ月以内である。

　第四に，手形買入オペである。手形買入オペは1972年に開始されたオペレー

ションである。手形買入オペは，金融機関以外で十分な信用力を有する者が振り出した手形や国債等の有価証券を担保に，オペレーション対象先が振り出した満期が1年以内に到来する為替手形を日本銀行が買い入れることによって資金を供給するオペレーションである。オペレーションの期間は，1年以内である。手形買入オペには，本店買入オペと，全店買入オペがある。全店買入オペは，日本銀行の本店または支店の当座預金取引先を相手方として実施する手形買入で，幅広い金融機関等に比較的長い期間の資金を安定的に供給することを目的としたオペレーションである。本店買入オペは，日本銀行本店の当座預金取引先のみを相手方として実施する手形買入で，比較的短い期間の資金を供給することを目的としたオペレーションである。

　第五に，国債買い切りオペである。国債買い切りオペは，1966年に開始されたオペレーションである。国債買い切りオペは，日本銀行が利付国債（2年債，4年債，5年債，6年債，10年債，20年債）を買い切ることによって資金を供給するオペレーションである。買い切りオペレーションであるため，オペレーションの期間はない。2006年1月1日現在の国債買入額は月額1兆2,000億円である。1回のオペレーションで1兆2,000億円の買入を行っているわけではない。1回3,000億円のオペレーションを月4回行っている。

　日本銀行は，2002年1月15，16日に開催された政策委員会の金融政策決定会合において，金融調節の一層の円滑化を図る観点から，国債売買における売買対象を，それまでの「利付国債のうち発行後1年以内のものを除く」から「発行後1年以内のもののうち発行年限別の直近発行2銘柄を除く」に変更することを決定した[7]。この変更は，同月17日から実施された。この変更を受けて，日本銀行は，同月16日までは売買対象外であった銘柄を実際に買い入れた。このことは，2002年1月10日現在と2002年2月12日現在における，日本銀行が保有する国債（10年債）の銘柄別残高を比較することで確認できる[8]。

　しかしながら，日本銀行は無制限に国債買入を続けることができるわけではない。いわゆる「日銀券ルール」の存在がある。日銀券ルールとは，日本銀行が保有できる長期国債の残高の上限を日本銀行券発行残高までとするものであ

る。この制約は,「日本銀行が保有する資産の固定化を回避し,金融調節の機動性を確保するとともに,日本銀行による長期国債買入額の増加が国債価格の買い支えや財政ファイナンスを目的とするものではないという趣旨を明確にするためのものである[9]」。日本銀行によると,日本銀行が保有する長期国債の残高が日本銀行券発行残高を下回っていれば,日本銀行は国債価格の買い支えや財政ファイナスを行っていないとされる。2006年3月末現在の日銀保有国債残高は60.5兆円,日銀券発行残高は75.0兆円となっており,日銀保有国債残高が日銀券発行残高を15兆円程度下回っている。

### (6) 資金吸収のオペレーション

次に,資金吸収手段としてのオペレーションの概略を説明する。

第一に,国債売現先オペである。国債売現先オペは,2002年11月に従来の短国売現先オペに代えて導入されたオペレーションである。国債売現先オペは,日本銀行が利付国債,割引短期国債(TB)および政府短期証券(FB)を買い戻し条件付きで売却することによって資金を吸収するオペレーションである。オペレーションの期間は,6カ月以内である。

第二に,短国売却オペである。短国売却オペは,1999年に開始されたオペレーションである。短国売却オペは,日本銀行が割引短期国債(TB)および政府短期証券(FB)を売却することによって資金を吸収するオペレーションである。売却オペレーションであるため,オペレーションの期間はない。

第三に,手形売出オペである。手形売出オペは,1971年に開始されたオペレーションである。手形売出オペは,満期が3カ月以内に到来する手形であって,日本銀行が振出人,受取人,支払人を兼ねるものを日本銀行が売却することによって資金を吸収するオペレーションである[10]。オペレーションの期間は3カ月以内である。

図表3-1は,1996年7月以降の日本銀行によるオペレーションの残高の推移を示したものである。1999年以前は,手形買入オペが金融調節の中核的な手

第3章 ■ 中央銀行によるオペレーションの国際比較

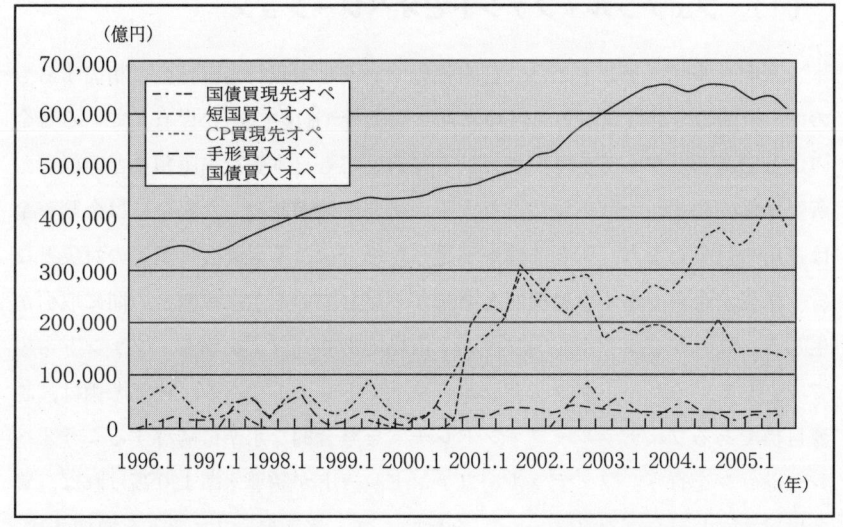

図表3-1　日本銀行のオペレーション残高の推移

（出所）　日本銀行ホームページ　マネタリーベースと日本銀行の取引（ストック表）。

段であった。しかし，同年4月からの政府短期証券公募発行開始に伴う短期国債市場の急速な拡大を背景に，短期国債の買現先オペが金融調節の中核的な手段となった。量的緩和政策が採用された2001年3月以降は，長期国債買い切りオペが金融調節の中核的な手段となっている。

## II　連邦準備制度のオペレーション

アメリカの中央銀行である連邦準備制度（FRS＝Federal Reserve System）においても日本銀行と同様，金融調節によって短期の市場金利を誘導することを通じて金融政策を運営するという枠組みがとられている。また，特定の短期金利の誘導目標を整合的な水準に誘導するようなオペレーションが行われるということも日本銀行と同様である。アメリカにおける政策金利は，フェデラル・ファンドレートである。

51

## （1） フェデラル・ファンドとオペレーション

　フェデラル・ファンドとは，日本銀行でいう日本銀行当座預金に相当するもので，米国の金融機関が各地区の連邦準備銀行（地区連銀）に保有している資金のことである。フェデラル・ファンドにおいても日本銀行当座預金と同様に，所要準備が超過したり不足したりする。所要準備が超過した場合には余剰資金は運用の対象となり，所要準備が不足した場合には不足資金は調達の対象となる。準備が余剰である金融機関と準備が不足している金融機関との間に取引が生じる。これがフェデラル・ファンド市場であり，フェデラル・ファンド市場で成立しているレートがフェデラル・ファンドレートである。連邦準備は，誘導目標であるフェデラル・ファンドレートを整合的な水準に誘導するようオペレーションを行う。フェデラル・ファンドレートが誘導水準より高ければ，資金供給オペレーション（買いオペ）を行い，フェデラル・ファンドを増加させ，供給過多によりフェデラル・ファンドレートを誘導水準まで低下させようとする。フェデラル・ファンドレートが誘導水準より低ければ，資金吸収オペレーション（売りオペ）を行い，フェデラル・ファンドを減少させ，需要過多によりフェデラル・ファンドレートを誘導水準まで上昇させようとする。

　連邦準備制度のオペレーションは，米国に12ある連邦準備銀行（地区連銀）のうちニューヨーク連邦準備銀行（以下，ＮＹ連銀）が一手に引き受けている。連邦準備制度のオペレーション手段には，レポオペ（Repurchase Agreement＝ＲＰ）とリバースレポオペ（Reverse Repurchase Agreement＝ＲＲＰ）とアウトライトオペ（Outright）がある。レポオペは，日本銀行のオペレーションでいう買現先オペレーションに相当するもので，売り戻し条件が付いているため，後日国債等を金融機関に売り戻す必要がある。リバースレポオペは，日本銀行のオペレーションでいう売現先オペレーションに相当するもので，買い戻し条件が付いているため，後日国債等を金融機関から買い戻す必要がある。アウトライトオペは，日本銀行のオペレーションでいう買い切りオペレーションに相当するもので，オペレーション後に国債等を売り戻す必要がない。以下，ＮＹ連銀の年次

報告書に基づき，アウトライトオペ，レポオペ，リバースレポオペについて説明する[11]。

## （2） レポオペとリバースレポオペ

レポオペは，ＮＹ連銀のオペレーション担当部署がプライマリーディーラーから国債等を買い入れる形で行われる。ただし，プライマリーディーラーは決められた日に決められた価格で国債等を連邦準備制度から買い戻す必要がある。プライマリーディーラーとは，ＮＹ連銀から許可を受けた米国政府公認の証券ディーラーのことで，連邦政府債を手広く扱う。

プライマリーディーラー制度は，欧米で定着している国債発行方式である。日本では，国債市場特別参加者制度（日本版プライマリーディーラー制度）と呼ばれ，2004年10月に創設された。国債市場特別参加者制度という名前がプライマリーディーラー制度という表現ではなく特別参加者制度となっているのは，この制度の参加者が証券会社だけを前提としていないためである。諸外国のプライマリーディーラー制度と日本版ディーラー制度には異なる点がある。第一に，応札義務と落札義務についてである。諸外国のプライマリーディーラー制度においても日本版プライマリーディーラー制度においても応札義務と落札義務が課されているが，日本版プライマリーディーラー制度には数値基準が設定されている。すなわち，日本版プライマリーディーラー制度では，特別参加者は発行予定額の3％以上の応札義務があり，発行予定額の一定割合（原則1％）以上の落札責任が課せられている。諸外国のプライマリーディーラー制度においては，このような数値基準は設定されていない。第二に，マーケットメイクについてである。アメリカではマーケットメイクの義務はないが，日本の場合，イギリスと同様に義務が課せられている。このような特徴をもつ日本版プライマリーディーラー制度は，諸外国の制度と比較して財政資金の安定的調達という機能を果たすことになる。日本版プライマリーディーラー制度は，現代版シ団引受と言っても過言ではない[12]。

レポオペには，ショートターム（短期）のレポオペとロングターム（長期）のレポオペがある。レポオペのほとんどは，ショートタームで行われる。ショートタームのレポオペは，13日未満をオペ期間とするレポオペのことである。ショートタームのレポオペは，一時的にフェデラル・ファンドの残高調整が必要とされる際に実行される。ショートタームのレポオペはほぼ毎日実施される。2005年中のショートタームレポオペの平均残高（リバースレポオペを除く）は，85億ドルであった。2週間ごと（ある週の木曜日からその翌々週の水曜日まで）の平均残高は，64億ドル〜155億ドルであった。日々ベースでの残高は，17.5億ドル〜240億ドルであった。2005年中にショートタームレポオペが実施されなかったのは7営業日だけであった。オーバーナイトのショートタームレポオペは204回，その他のショートタームレポオペは52回実施された。2005年に実施されたすべてのショートタームレポオペ実施額の平均は64億ドルであった。個別のショートタームレポオペ実施額は，17.5億ドル〜135億ドルであった。

　一時的にフェデラル・ファンドを減少させる必要がある場合には，リバースレポオペが実施される。リバースレポオペはレポオペと逆の取引であり，プライマリーディーラーが決められた日に決められた価格で国債等を連邦準備に売り戻す必要がある。2005年中は，ショートタームのリバースレポオペは実施されなかった。

　ロングタームのレポオペも実施される。ロングタームのレポオペは，13日以上をオペ期間とするレポオペのことである。季節変動に起因するフェデラル・ファンドの変動や，数週間単位もしくは数カ月単位で続くと予想されるフェデラル・ファンドの変動に対処するために実施される。ロングタームのレポオペは，基本的に毎週木曜日の朝に実施される。

　ショートターム，ロングタームにかかわらず，レポオペの担保としては，米国債，エージェンシー債，ＭＢＳ（モーゲージ担保証券）が使える。エージェンシー債とは，政府系機関が自らの事業を行うために発行する債券のことで，日本でいう財投機関債に相当する。エージェンシー債は大半が実質政府保証となっている。ＭＢＳ（モーゲージ担保証券）とは，不動産担保融資の債権を裏付

けとして発行された証券のことである。住宅ローンの貸し手が住宅ローンを貸し出し，この住宅ローン債権を証券発行体に売却する。証券発行体は，これをもとにモーゲージ証券を発行する。発行された証券は，元利金支払いの保証がされるなど信用力や格付けが高められた上で投資家に販売される。MBS(モーゲージ担保証券)は，サブプライム問題で注目された。また，期限前償還のリスクがあるため，投資家は一般的な債券よりも比較的高い利回りを享受することができた。レポオペの担保としては，圧倒的に米国債の比率が高く，80％程度を占める。

## （3） アウトライトのオペレーション

アウトライトでの買い切りオペおよび売り切りオペも実施される。アウトライトオペでは，プライマリーディーラーはNY連銀のオペレーション担当部署が選択した債券に対する売りまたは買いの注文を出す必要がある。アウトライトオペは買い戻しまたは売り戻しの必要がないため，一定期間後に準備預金残高が同オペの結果として増減することはない。買い入れられた国債等は，NY連銀のSOMA(System Open Market Account)と呼ばれる勘定で管理される。SOMAがアウトライトで保有している国債等が満期に達した場合には，価格競争入札で乗り換えられる。

従来，NY連銀はフェデラル・ファンドの中長期的増減見通しにあわせてアウトライトオペを行ってきた。2005年中のSOMAのポートフォリオはネットで240億ドル増加（アウトライトオペによる購入は281億ドル）し，年末では7,395億ドルの残高であった。アウトライトオペは，買入先がプライマリー市場かセカンダリー市場かにかかわらず，連邦準備制度が流動的なポートフォリオを保持することに主眼が置かれており，連邦準備制度のオペレーションによって特定銘柄の価格や流動性を歪めることがないよう注意が払われている。連邦準備制度のオペレーションにそのような注意が払われている結果として，SOMAは様々な残存期間ごとに様々な銘柄の国債を保有するようになった。ただし，S

OMAが保有できる国債には発行年限別に発行総額に対する割合の上限が定められている。3カ月債，6カ月債，1年債は35％，2年債は25％，5年債は20％，10年債，30年債は15％となっている[13]。これらの上限は，2000年7月にそれまで国債の発行年限に関係なく一律35％だったものから変更されたものである。SOMA保有国債の平均残存期間が1992年の2.6年から2000年には4.2年に長期化したため，デュレーション（残存期間）の短期化が必要となったためである[14]。また，財政黒字を受けて財務省が国債発行を減少させているため，銘柄によってはNY連銀保有の比率が高くなり過ぎる懸念があったためである[15]。この結果NY連銀は，残存期間別の1銘柄当たりのSOMA保有比率は，一定期間後，1年未満のものは35％，1年以上2年未満のものは35～25％，2年以上5年未満のものは25～20％，5年以上10年未満のものは20％～15％，10年以上30年未満のものは15％になるとしている[16]。このため，流通市場からSOMAが買い入れる米国債は残存期間の短い利付債が中心となることとなった。

2000年7月までSOMAが保有できる国債が発行年限にかかわらず一律35％だった理由としては，金融調節を適切に行うために必要となる国債を維持するために必要な数値であり，なおかつ国債発行当局からの独立性を保持できる数値が35％であったのではないかということが考えられる。1951年の財務省と連邦準備のアコードにより，連邦準備は流通市場で政府証券の価格を支持する義務から開放され，公開市場操作を金融政策の目的のために使用することが可能になった[17]。しかし，オペレーションを実施するために連邦準備制度はいくらかの国債を保有している必要がある。35％までの保有という上限は，連邦準備が国債価格支持政策に加担せずに適切なオペレーションを実施するのに適切な数値であったのではないかと推定される。

最後に，連邦準備制度によるオペレーションの残高をみておこう。図表3－2は，連邦準備制度によるオペレーションの残高を示したものである。連邦準備制度によるオペレーションは，基本的にはショートタームのレポオペとロングタームのレポオペを組み合わせて実施されている。しかし，アウトライトオペの残高が年々増加していることから，連邦準備制度はレポオペとアウトライ

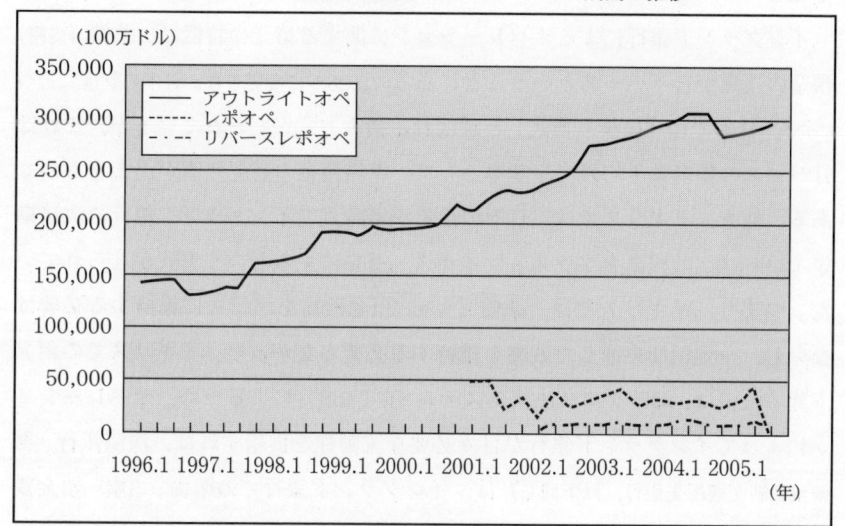

図表3－2　連邦準備制度のオペレーション残高の推移

（100万ドル）
- アウトライトオペ
- レポオペ
- リバースレポオペ

注：ニューヨーク連邦準備銀行の残高である。
（出所）*Federal Reserve Statistical Release.*

トオペを組み合わせて金融調節を行っているということがいえよう。

## Ⅲ　イングランド銀行のオペレーション

　イギリスの中央銀行であるイングランド銀行（Bank of England）においても日本銀行や連邦準備制度と同様，金融調節によって短期の市場金利を誘導することを通じて金融政策を運営するという枠組みがとられている。

　イングランド銀行によるオペレーションの特徴は，第一に，2週間を満期とするレポによる取引を通じて資金供給されることである。レポレートは，「オフィシャル・レート」と呼ばれ，1998年イングランド銀行法により設置された「金融政策委員会」によって決定される。レポオペの短期的性格は，銀行部門が全体として，日々ネットで資金不足になることをもたらしている。したがって，イングランド銀行のオペレーションが金利に影響を与えやすいと考えられ

ている。

　イングランド銀行によるオペレーションに関する第二の特徴は，準備（当座）預金の残高が日々ベースということにある（2006年に変更され，日本の制度に近づいた）。日本では「後積み方式」と呼ばれる積み方式がとられているが，これは月ベースの預金量平均残高を基本として，準備預金の必要残高が決まるものである。他方，イギリスでは，日々の最終決済時点でイングランド銀行の決済勘定（当座預金）の残高をプラス・マイナス・ゼロにするという方式がとられていた。つまり，イギリスでは，準備（当座）預金残高をプラスに維持する必要はないし，一定期間を通じた残高を維持する必要もなかった。イギリスでのポンド建て決済は，即時グロス決済システム（RTGS）によるため，オペレーションによってイングランド銀行が日々必要な流動性を供給すれば，決済銀行（準備預金制度適用先銀行，以下同じ）は，イングランド銀行での準備（当座）預金残高をプラスに維持できた。通常時には，準備（当座）預金には金利が付かなかったため（2006年より付利），決済銀行は残高を最小化しようとする。日々の最終決済時点で残高がゼロになれば，担保適格証券を差し入れ，ペナルティ金利が適用となった。

　第三の特徴は，政府向け一時貸付金（Ways and Means Advance）が2000年4月までオペレーションの一部を成してきたが，2000年4月以降は停止されたことである。つまり，オペレーションによる銀行券残高の増加は，民間銀行の資金需要だけを反映するものとなっている。これは，イギリスのオペレーションと政府の関係を象徴する動向であり，日本とは極めて対照的である。

　第四の特徴は，レポオペの対象となる証券は，ギルト債（利子部分と元本部分とが切り離されたストリップス債を含む），非ポンド建て市場性債，ポンド建てTB（大蔵省証券），適格銀行手形，適格地方債，EEA（European Economic Area＝欧州経済地域）中央政府によるポンド建て債，国際機関債等である。レポオペの取引期間中に，これら証券の価格は変動する可能性があり，オペレーションの対象金融機関が反対売買に応じなければ，イングランド銀行に信用リスクが課される。こうした事態を避けるため，イングランド銀行は，オペレーション対

第3章 ■ 中央銀行によるオペレーションの国際比較

象機関に，供給される流動性以上の時価（この差額部分をマージンと呼ぶ）をもつ証券を差し出すよう求めている。マージンは，証券の種類，通貨建て，残存期間に応じて，1％前後で変動する[18]。仮に反対売買の価格よりも時価が大きく低下する場合，オペレーション対象機関は追加の証券差し入れを求められる。

　第五の特徴としては，買い切りオペの対象となる証券は限定された範囲である。具体的には，ポンド建てＴＢ（大蔵省証券），適格銀行手形，適格地方債だけである。従来は，日本の中長期国債に相当するギルト債が対象となっていなかった。また従来は，買い切り対象証券の残存期間は2週間（レポオペの最長期間）を超えることはない。最短の場合，1日である。

　第六の特徴として，通常のオペレーションは毎日午前9時45分と午後2時30分にオファーされ，これを補完する追加のオペレーションが午後3時30分と同4時20分に実施されることがある。また少数のオペレーション対象機関に資金供給が集中するとイングランド銀行が懸念する場合，個々のオペレーション対象機関への配分額を抑制することもある。レポオペが開始された1996年から1998年にかけて，レポオペ対象機関のうち上位5機関のシェアは40～50％であり，レポオペ開始当初から寡占化が懸念されてきた[19]。午後2時30分のオペレーションが実施された後にも，なお資金不足が残っている場合，3時30分に遅行レポオペ（Late repo facility）が実施される。この時のレポレートは，通常のレポレートよりも100ベーシス・ポイント（1％と同じ）高くなる。

　第七の特徴として，以上のオペレーションでも資金過不足が残る場合，午後4時20分に遅行レポオペ（Late repo facility）が実施される。この時のレートは，通常のレポレートよりも150～200ベーシス・ポイント（1.5～2％）高い（資金供給）ものとなる。

　イングランド銀行によるオペレーションの概要は以上のようなものであるが，これをデータからみると，図表3－3が示すように，ギルト債のレポオペが中心となっている。特に，2004年になってから，レポオペの中で銀行引受手形オペやＴＢ（大蔵省証券）オペは実施されず，遅行レポオペ（Late repo facility）も減っており，ギルト債レポオペが一層中心となっている。

図表 3 － 3　イングランド銀行のオペレーション残高の推移

(単位：100万ポンド) 未残

| | 財務省証券買い切りオペ | 銀行引受手形買い切りオペ | ギルトレポオペ | 銀行引受手形レポオペ | 財務省証券レポオペ | 遅行措置 |
|---|---|---|---|---|---|---|
| 1998.Q2 | 0 | 408 | 3,094 | 1,907 | 0 | 0 |
| 1998.Q3 | 0 | 561 | 5,758 | 2,162 | 0 | 100 |
| 1998.Q4 | 0 | 750 | 7,469 | 1,692 | 0 | 0 |
| 1999.Q1 | 0 | 900 | 3,912 | 1,558 | 0 | 295 |
| 1999.Q2 | 293 | 692 | 6,936 | 937 | 70 | 290 |
| 1999.Q3 | 71 | 450 | 6,185 | 1,167 | 0 | 87 |
| 1999.Q4 | 83 | 109 | 13,428 | 936 | 0 | 0 |
| 2000.Q1 | 0 | 249 | 13,083 | 2,061 | 0 | 50 |
| 2000.Q2 | 127 | 435 | 14,123 | 877 | 745 | 0 |
| 2000.Q3 | 0 | 488 | 14,342 | 2,057 | 150 | 570 |
| 2000.Q4 | 0 | 522 | 18,828 | 1,289 | 139 | 0 |
| 2001.Q1 | 537 | 910 | 15,529 | 1,069 | 50 | 75 |
| 2001.Q2 | 101 | 571 | 16,761 | 0 | 1,569 | 75 |
| 2001.Q3 | 141 | 1,609 | 16,783 | 113 | 125 | 156 |
| 2001.Q4 | 0 | 876 | 18,683 | 0 | 548 | 310 |
| 2002.Q1 | 25 | 0 | 20,380 | 250 | 113 | 365 |
| 2002.Q2 | 0 | 0 | 18,045 | 293 | 2,144 | 50 |
| 2002.Q3 | 0 | 58 | 17,833 | 0 | 1,042 | 1,000 |
| 2002.Q4 | 519 | 246 | 17,242 | 75 | 3,451 | 411 |
| 2003.Q1 | 0 | 58 | 19,316 | 45 | 300 | 125 |
| 2003.Q2 | 0 | 3 | 20,819 | 0 | 58 | 150 |
| 2003.Q3 | 459 | 1,155 | 17,698 | 0 | 2,138 | 0 |
| 2003.Q4 | 109 | 232 | 24,153 | 0 | 0 | 0 |
| 2004.Q1 | 1,253 | 103 | 20,869 | 0 | 0 | 0 |
| 2004.Q2 | 209 | 68 | 22,811 | 0 | 0 | 100 |
| 2004.Q3 | 414 | 83 | 23,822 | 0 | 0 | 0 |
| 2004.Q4 | 1,554 | 33 | 26,570 | 0 | 0 | 0 |
| 2005.Q1 | 0 | 0 | 26,612 | 0 | 0 | 225 |
| 2005.Q2 | 0 | 0 | 25,124 | 0 | 0 | 814 |
| 2005.Q3 | 0 | 0 | 29,087 | 0 | 0 | 50 |
| 2005.Q4 | 0 | 0 | 29,433 | 0 | 0 | 3,077 |
| 2006.Q1 | 0 | 0 | 30,404 | 0 | 0 | 0 |

(出所)　Monetary & Financial Statistics.

第3章 ■ 中央銀行によるオペレーションの国際比較

　2005年現在，イギリスのオペレーションにかかわって，新しい改革が検討されている。これは，市場参加者から，ポンドのオーバーナイト金利の変動性が高いため，安定性を求める声が強まっているからである[20]。イングランド銀行のオーバーナイト・オペレーションでイングランド銀行がオーバーナイト金利の決定者とはなりえていないこと，それはオーバーナイト・オペレーションの上乗せ部分が150～200ベーシス・ポイントと非常に大きく，ごく少数の金融機関しか応じられないため，結果的に変動性が高い，と指摘されている。

　さらには，変動性をもたらす他の要因も指摘されている。現在，レポレートは金融政策委員会（ＭＰＣ＝Monetary Policy Committee）が決定する。他方，レポの期間は2週間が中心であるが，間にＭＰＣを挟むようなレポ実施（2週間のうちにＭＰＣ開催が予定される）でも，レポ実施日に支配的なレートでオファーされている。このため，ＭＰＣで金利変更が決まった場合，以前のレートでの満期日まで資金供給は持ち越しとなる。通常の市場での裁定（アービトラージ）が機能し，ＭＰＣに先立つオーバーナイト金利は，イングランド銀行からの借り入れコストとオーバーナイト市場での借り入れのつなぎコストを同一化する。こうしてＭＰＣでレポレートが引き上げられると予想されれば，市場のオーバーナイト金利が低下するし，逆の場合は逆になる。こうして，金利のボラティリティが高まり，利回り曲線は歪むこととなる。

　2005年現在のオペレーションの枠組みは，イングランド銀行の他の目的との関連でも改革されなければならない，とイングランド銀行は主張している。第一に，民間銀行はＲＴＧＳのメンバーであり，イングランド銀行の当座（準備）預金を最小化しようというインセンティブをもつ。したがって，日々の資金需要を賄うために準備預金を積み増すことはない。海外諸国とは異なり，流動性準備という側面はない。第二に，短期金利の変動性は参加者にとり不利益であり，情報が不公平である。こうした認識は参加者を妨げ，市場の流動性を損なう，とされる。

　以上のような認識を背景として，オペレーション改革の方向性として，①準備預金の必要準備額を現在の日々ベースから，一定期間における平均残高ベー

スへの変更，②付利される準備預金の導入，③オペレートの上乗せ部分の縮小（25もしくは100ベーシス・ポイント），④インデックス・レポ（MPCのレポレートが上昇した時，金利は連動して上昇）の導入，⑤オペレーションの頻度（毎日か週1回か），等が検討されてきた。大枠として，2006年に実施された。

イングランド銀行のオペレーション手段には，ショートタームのレポオペとロングタームのレポオペとアウトライトオペがある。以下，イングランド銀行が公表するオペレーションについての公報を元に説明する[21]。

## （1） レポオペ

ショートタームのレポオペは毎週木曜日に実施される。オペレーション期間は1週間である。レポレートは「オフィシャル・レート」と呼ばれ，1998年イングランド銀行法により設置された「金融政策委員会」によって決定される。「金融政策委員会」が正午に誘導金利の変更に関する発表がある日のショートタームのレポオペは，その発表に即座に対応できるよう，12時15分に行われる[22]。「金融政策委員会」による誘導金利の変更に関する発表がない日のショートタームのレポオペは，10時に行われる。ショートタームのレポオペは，即日決済される。

ロングタームのレポオペは毎月中旬の火曜日の10時に実施される。ロングタームのレポオペの実施には，3カ月，6カ月，9カ月，1年を満期とする債券が使用される。

すでに述べたことであるが，レポオペの対象となる証券は，ギルト債（ストリップス債を含む），非ポンド建て市場性債，ポンド建てTB（大蔵省証券），適格銀行手形，適格地方債，EEA（European Economic Area＝欧州経済地域）中央政府によるポンド建て債，国際機関債等である。レポオペの取引期間中に，これらの証券の価格は変動する可能性がある。オペレーション対象金融機関が反対売買に応じなければ，イングランド銀行に信用リスクが発生する。このような事態を避けるため，イングランド銀行は供給される流動性以上の時価（この差

額部分はマージンと呼ばれる）をもつ証券をオペレーション対象金融機関に差し出すよう求めている。マージンは証券の種類，通貨建て，残存期間に応じて1％前後で変動する[23]。仮に反対売買の価格よりも時価が大きく低下する場合，オペレーション対象金融機関は証券の追加的な差し入れを求められる。

## （2） アウトライトオペ

　イングランド銀行のオペレーション手段として買い切りオペもある。ただし，買い切りオペの対象となる証券は限定されており，ポンド建てＴＢ（大蔵省証券），適格銀行手形，適格地方債のみである。すなわち，日本の中長期国債に相当するギルト債は，買い切りオペの対象外となってきた。また，買い切りオペ対象証券の残存期間はレポオペの最長期間である2週間を超えることはなく，最短の場合は1日である。

　図表3－3は，イングランド銀行のオペレーションの残高の推移を示したものである。ギルト債のレポオペが中心となっているのがわかる。特に，2003年第4四半期以降は銀行引受手形オペおよびＴＢ（大蔵省証券）オペは実施されておらず，また2005年第1四半期以降はＴＢ（大蔵省証券）買い切りオペおよび銀行引受手形買い切りオペも実施されていないため，ギルト債レポがいっそう中心となっている。2003年の第3四半期以降は遅行レポオペ（Late repo facility）も減ってきていたが，2005年第1四半期以降は多少の残高が見られる。

　遅行レポオペ（Late repo facility）とは，定められた準備預金額を調達できなかった準備預金適用先金融機関に準備預金を積ませるために実施されるレポオペで，日々のレポオペの補完的役割を担うレポオペである。午後3時30分に実施されるレポオペと午後4時20分に実施されるレポオペがある。午後4時20分に実施されるレポオペは，午後3時30分に実施されるレポオペでも定められた準備預金額を調達できなかった準備預金適用先金融機関に対して実施される。この2つのレポオペは定められた準備預金額を調達できなかった準備預金適用先金融機関に対するペナルティ的な意味合いがあり，午後3時30分に実施され

るレポオペのレポレートは通常よりも100ベーシス・ポイント高く，午後4時20分に実施されるレポオペのレポレートは通常よりも150～200ベーシス・ポイント高い。

以上，日本・アメリカ・イギリスにおける中央銀行のオペレーションの概要を見た。各国それぞれがオペレーション手段に特徴をもっている。日本銀行のオペレーション手段の中心は，長期国債買い切りオペである。連邦準備制度は，レポオペとアウトライトオペを組み合わせてオペレーションを行っている。イングランド銀行のオペレーション手段の中心は，レポオペである。

量的緩和政策採用後の日本銀行による長期国債買い切りオペレーションの結果，日本銀行のバランスシートが拡大し，日本銀行のバランスシートから算出されるマネタリーベース110兆6,298億円のうち約54.66％（60兆4,744億円）が長期国債であるという事実がある。次章で詳しく見る。

〔注〕

1）「主要国の中央銀行における金融調節の枠組み」，日本銀行企画局，2006年6月，6ページ。
2）同上。
3）伊藤隆敏，『デフレから復活へ』，東洋経済新報社，2005年，91ページ参照。
4）日本銀行による公式見解において，量的緩和政策の期待される効果として長期金利の低下が言及されたことはない。しかしながら，長期国債の買い切りオペレーションを増額せよとの主張を行った量的緩和論者は，量的緩和政策の期待される効果として長期金利の低下を挙げている。金利を決定する理論に関しては，白塚重典，「金利の期間構造と金融政策」，『日銀レビュー』，2006年4月，杉原　茂・三平　剛・高橋吾行・武田光滋，「金融政策の波及経路と政策手段」，『経済分析』第162号，経済企画庁経済研究所，2000年11月，黒田晃生，『日本の金利構造－国債利回りの理論と実証－』，東洋経済新報社，1982年を参照した。
5）http://www.boj.or.jp/type/exp/ope/opegaiyo.htmを参照。
6）http://www.boj.or.jp/type/law/ope/yoryo18.htmを参照。
7）http://www.boj.or.jp/type/release/zuiji/kako03/mok0201d.htmを参照。
8）http://www.boj.or.jp/type/stat/boj_stat/mei/mei0201.htm および http://www.boj.or.jp/type/stat/boj_stat/mei/mei0202.htm を参照。
9）「日本銀行の政策・業務とバランスシート」，日本銀行企画室，2004年，11ページ。
10）http://www.boj.or.jp/oshiete/seisaku/02201001.htmを参照。

11) *DOMESTIC OPEN MARKET OPERATIONS DURING 2005, A Report Prepared for the Federal Open Market Committee by the Markets Group of the Federal Reserve Bank of New York,* February 2006.
12) 中島将隆,「四〇年の歴史を閉じた国債シ団引受発行」,『証研レポート』,財団法人日本証券経済研究所大阪研究所,2006年8月。
13) http://www.newyorkfed.org/newsevents/news/markets/2003/an030501.html を参照。
14) 加藤 出,『日銀は死んだのか?』,日本経済新聞社,2001年,91ページ。
15) 同上。
16) http://www.newyorkfed.org/newsevents/news/markets/2003／an030501.html を参照。
17) アンマリー・ミュレンダイク著,立脇和夫・小谷野俊夫訳,『アメリカの金融政策と金融市場』,東洋経済新報社,2000年,178ページ。
18) *Bank of England operations in the sterling money markets, Operational Notice,* applicable from 14 March 2005, p.12.
19) Sterling wholesale markets:developments in 1998, *Bank of England Quarterly Bulletin,* February 1999, p.38.
20) Reform of the Bank of England's operations in the money markets, *Bank of England Quarterly Bulletin,* Summer 2004, p.218.
21) *The Framework for the Bank of England's Operations in the Sterling Money Markets,* Bank of England, May 2006.
22) この誘導金利は,日本銀行でいう無担保コール翌日物金利に相当する。
23) *Bank of England operational in the sterling money markets, Operational Notice,* applicable from 14 March 2005, p.12.

# 第4章

# 中央銀行と国債保有

## はじめに

　前章の最後で，量的緩和政策採用後の日本銀行による長期国債買いオペレーションの結果，日本銀行のバランスシートが拡大し，日本銀行のバランスシートから算出されるマネタリーベースの約54.66％が長期国債であるという事実を指摘した。本章では，前章で概観した各国中央銀行によるオペレーションの結果としての各国中央銀行の国債の保有構造がどのようなものとなっているかを見る。

## I　日本銀行が保有する国債

　わが国においては，公的部門による国債の保有割合が諸外国と比較して非常に高いことが大きな特徴である。日本銀行は，公的部門の一部にあたる。日本銀行には，オペレーションや保有している国債に関する情報を公表することが求められる。日本銀行の立場は，「オペに関する情報は可能な限り市場に還元することにより，民間の市場参加者からみて個別銘柄の市中流通量を推測しやすい状況を作り出すよう努力している[1]」というものである。このような立場

から日本銀行は,オペレーションによって買い入れた国債の銘柄別残高を公表している。短期国債を除く国債の保有残高については,2001年6月から公表が開始された。短期国債の銘柄別買入額については,2003年7月から公表が開始された。

日本銀行は,営業毎旬報告で自行が保有する資産を公開している[2]。それによれば,2006年3月31日現在の日本銀行が保有する国債は,93兆2,731億2,590万3,000円である。そのうち,長期国債は60兆4,743億5,272万円である。短期国債は32兆7,987億7,318万3,000円である。日本銀行が保有する資産の合計は,144兆5,966億1,491万2,000円である。したがって,2006年3月31日現在における日本銀行が保有する国債について次のことが言える。第一に,日本銀行が保有する資産の約64.5%を国債が占めるということである。第二に,日本銀行が保有する国債の約64.8%を長期国債が占めるということである。第三に,日本銀行が保有する資産の約41.8%を長期国債が占めるということである。

## (1) 発行年限別構成の推移

日本銀行が保有する発行年限2年の国債の構成比は,2002年3月末時点の1.2%から2006年3月末時点に10.3%へと上昇している。日本銀行が保有する発行年限5年の国債の構成比は,2002年3月末時点の0.7%から2006年3月末時点に18.8%へと上昇している。日本銀行が保有する発行年限10年の国債の構成比は,2002年3月末時点の76.0%から2006年3月末時点に49.7%へと低下している。日本銀行が保有する国債の発行年限別残高の構成比を見ると,市場全体での残高が増加している国債については構成比も上昇し,残高が減少している国債については構成比も低下していることがわかる。特に顕著なのは,発行年限2年の国債および発行年限5年の国債の構成比の上昇と,発行年限10年の国債の構成比の低下である。しかしながら,構成比の低下が顕著であるといってもまだ日本銀行が保有する国債の残高の約半数は発行年限10年の国債であり,依然として日本銀行が保有する国債が発行年限10年の国債に偏重しているとい

う事実は否定できないであろう。

## （2） 残存期間別構成の推移

　日本銀行が保有する国債の平均残存期間はどのように推移しているのであろうか。2002年3月末時点，2003年3月下旬時点，2004年3月下旬時点，2005年3月下旬時点，2006年3月末時点において日本銀行が保有する国債の平均残存期間がどのように変化・推移してきたのかを比較することができる。ただし，この場合，まず，日本銀行が保有する国債の銘柄ごとに償還日を調べ，そこから残存期間を導く必要がある。日本銀行が保有する国債の銘柄ごとの残存期間を導いた後は，銘柄ごとの残高に銘柄ごとの残存期間を乗じ，加重平均を計算すれば，日本銀行が保有する国債の平均残存期間を求めることができる。

　日本銀行が保有する国債の平均残存期間は，全体的に短期化傾向にあることがわかる。2002年3月末時点から2006年3月末時点での日本銀行が保有する国債の平均残存期間は，5.2年から4.2年へと差し引き1.0年短期化している。ここで，日本銀行が保有する国債の平均残存期間の短期化は，単に市場全体の国債の平均残存期間の短期化を反映しているだけにすぎないのではないかという疑問が生じる。そこで，日本銀行が保有する発行年限10年の国債の平均残存期間と市場全体の発行年限10年の国債の平均残存期間を比較してみることにした。両者に相関関係が見られれば，すなわち，日本銀行が保有する発行年限10年の国債の平均残存期間と市場全体の発行年限10年の国債の平均残存期間がパラレルに推移していることが確認されれば，日本銀行が保有する発行年限10年の国債の平均残存期間の短期化は単に市場全体の発行年限10年の国債の平均残存期間の短期化を反映したものであるということが言える。逆に，両者に相関関係が見られなければ，日本銀行が保有する発行年限10年の国債の平均残存期間の短期化は市場全体の発行年限10年の国債の平均残存期間の短期化を反映したものではないということが言える。

　日本銀行が保有する発行年限10年の国債の平均残存期間は，2002年3月末時

点の4年から3.6年(2003年3月下旬)、3.3年(2004年3月下旬)、3.4年(2005年3月下旬)を経て2006年3月末時点に3.4年へと推移している。他方、市場全体の発行年限10年の国債の平均残存期間は、2002年3月末時点の5.3年から同じく5.5年、5.3年、5.2年を経て2006年3月末時点に5.0年へと推移している。この数値だけでは日本銀行が保有する発行年限10年の国債の平均残存期間と市場全体の発行年限10年の国債の平均残存期間との間に相関関係があるかどうかは判断できない。両者に相関関係があるかどうかを調べた結果、両者に強い相関関係は見られなかった。

ここで、日本銀行が保有する発行年限10年の国債の平均残存期間の短期化は市場全体の発行年限10年の国債の平均残存期間の短期化を反映したものではないことが確認された。それでは、日本銀行が保有する発行年限10年の国債の平均残存期間の短期化の要因は何なのであろうか。日本銀行が保有する発行年限10年の国債の平均残存期間の短期化が市場全体の発行年限10年の国債の平均残存期間の短期化を反映したものではないとすれば、日本銀行が意図的に発行年限10年の国債の平均残存期間を短期化させるようなオペレーションを行っている可能性が考えられる。

日本銀行が保有する国債の平均残存期間の短期化は、発行年限が2年の国債および発行年限が5年の国債の構成比の上昇と発行年限10年の国債の構成比の低下にあると考えられる。発行年限が2年と5年の国債の構成比の上昇には、両発行年限の国債を対象としたオペレーションの増加が起因していると思われる。前述したように、発行年限が2年の国債および発行年限が5年の国債の日本銀行保有残高が増加していることがその証拠である。発行年限10年の国債の構成比の低下としては、日銀乗換の制度変更が関係していると思われる。

### (3) 日銀乗換の増加の意義

日銀乗換とは、日本銀行の保有する国債が満期を迎えた場合、その借り換えのために必要な金額(満期到来額)の範囲内で日本銀行が国債を引き受けること

であり，乗換引受とも呼ばれる。日本銀行による国債の直接引受は，財政規律の弛緩や通貨の膨張をもたらしかねないとして，財政法第5条で原則禁止されている。しかし，国債発行当局である財務省は，日銀乗換は日本銀行が保有する国債の借り換えであり，財政規律の弛緩や通貨の膨張という事態を惹起するものではないという認識から，日銀乗換が財政法第5条に反していないことを正当化している[3]。また，財務省は，日本銀行が保有する国債を現金償還する際の民間資金需給への影響等を考慮した場合，日銀乗換は財政法第5条のいう「特別の事由がある場合」に該当するものであり，国会の議決を経た金額の範囲内において例外的に認められているという認識からも，日銀乗換が財政法第5条に反していないことを正当化している[4]。

2004年度においては，13兆2,000億円の日銀乗換が予定されていた。このうち4,000億円は，国債発行当局である財務省が日本銀行との間で行う買入消却[5]に必要な資金調達のための借換債を日本銀行が引き受けるものであった。日本銀行がオペレーションで買い入れた長期国債の償還期限到来分については，1998年度までは再度長期国債で日銀乗換が行われていた[6]。しかし，1999年度以降は，割引短期国債（ＴＢ，1年）で日銀乗換が行われている。2004年度において，日銀乗換はすべて割引短期国債（1年）で行われる予定となっていた。日銀乗換された割引短期国債（1年）の償還期限が到来した場合の取扱いについては，日本銀行の資産の状況等に照らして，償還の都度，現金償還で受けるか再び割引短期国債（1年）で引き受けるかを判断することになっていた。しかし，2002年度以降は全額現金償還を受けている。また，短国買入オペで買い入れた割引短期国債（1年）については，1999年の買入開始以来，現金償還を受けている。

先に述べた「日銀乗換の制度変更」とは，発行年限10年の国債から発行年限10年の国債への乗換引受が可能だったものが，不可能となったことを意味する。この制度変更が，日本銀行が保有する発行年限10年の国債の構成比の低下をもたらし，日本銀行が保有する国債の平均残存期間の短期化をもたらした要因の1つであるように思われる。

日本銀行が保有する国債の平均残存期間の短期化をもたらした要因としては，日本銀行が長期金利上昇を懸念し，意図的に保有する国債の満期構造を短期化させているということも考えられる。しかし，この仮説の妥当性は低いように思われる。なぜなら，日本銀行は2004年度から長期国債の評価方法を低価法から償却原価法に変更したからである。その結果，2004年度決算からは，金利上昇により日本銀行が保有する長期国債の時価が低下しても，金利上昇に伴う会計上の評価損失は発生しないこととなった[7]。

　長期国債の評価が低価法である場合，長期金利上昇によるバランスシートの毀損を予防するために保有する国債の満期構造を短期化させるインセンティブが日本銀行に働く可能性が考えられる。しかし，長期国債の評価が償却原価法である場合，長期金利が上昇（国債価格は下落）しても評価損が日本銀行の損益計算書に載らないため，長期金利上昇によるバランスシートの毀損を予防するために保有する国債の満期構造を短期化させるインセンティブが日本銀行に働く可能性はあまりないと言える。したがって，日本銀行が保有する国債の平均残存期間の短期化の要因として，日本銀行が長期金利上昇を懸念して意図的に保有する国債の満期構造を短期化させているということは考えにくいように思われる。

　ここまでは，日本銀行が保有する国債の全体的なデータを見てきた。先に指摘したように，日本銀行が保有する国債の約64.8％は発行年限10年の国債である。以下では，日本銀行が保有する国債のうち，発行年限10年の国債に関するデータに絞って見ていくこととする。

　市中で発行されている発行年限10年の国債のうち，日本銀行が保有している発行年限10年の国債の割合はどの程度なのであろうか。発行年限10年の国債について銘柄別に日本銀行保有割合を見ることにする。ただし，ここでいう日本銀行が保有する発行年限10年の国債の割合とは，現存するすべての発行年限10年の国債のうち日本銀行が保有している発行年限10年の国債の割合である。すなわち，分子を日本銀行が保有している発行年限10年の国債，分母を現存するすべての発行年限10年の国債としたものである。分母の現存するすべての発行

年限10年の国債は，市場で発行された分と，郵貯窓販，郵貯対策資金引受，資金運用部資金引受，日銀乗換，財政融資借換，郵便貯金引受，年金資金引受，簡保積立金引受といった公的部門に引き受けられた分の合計である。

2002年3月末時点では，日本銀行が保有する発行年限10年の国債の割合が40％を超える銘柄が6銘柄存在した。2003年3月末時点では，日本銀行が保有する発行年限10年の国債の割合が40％を超える銘柄が7銘柄存在した。2004年3月末時点では，日本銀行が保有する発行年限10年の国債の割合が40％を超える銘柄が5銘柄存在した。2005年3月末時点では，日本銀行が保有する発行年限10年の国債の割合が40％を超える銘柄が2銘柄存在した。2006年3月末時点では，日本銀行が保有する発行年限10年の国債の割合が40％を超える銘柄は1銘柄存在した。年を経るごとに，日本銀行保有比率が40％を超える銘柄数が減少していることがわかる。この事実は，日本銀行が保有する発行年限10年の国債の銘柄別保有構造の偏りが平準化してきていることを示してはいるが，過去においては特定の銘柄に対する日本銀行の保有する発行年限10年の国債の割合が高かったということも示している。2001年3月以降の量的緩和政策に伴う長期国債買い切りオペレーションの増額がその要因であると考えられる。そして，日本銀行のオペレーションが国債市場における長期金利形成を歪めていたのではないかといった疑問を浮き彫りにする。

日本銀行が保有する発行年限10年の国債の残存期間別の割合はどのようになっているのであろうか。図表4－1は，2001年度末時点での日本銀行が保有する発行年限10年の国債の残存期間別の割合を示したものである。図表4－1から，日本銀行が保有する発行年限10年の国債の残存期間別の割合に偏りがあることが読み取れる。例えば，2001年度末時点において残存期間が0.25年の国債のうち日本銀行が保有する割合は約5％であるが，残存期間が0.5年の国債のうち日本銀行が保有する割合は30％を超えている。また，残存期間が2年の国債のうち日本銀行が保有する割合が約20％であるのに対し，残存期間が2.25年の国債のうち日本銀行が保有する割合は40％を超えている。さらに，残存期間が2.5年の国債のうち日本銀行が保有する割合が45％を超えているのに対し，

図表4－1　日本銀行が保有する発行年限10年の国債の
残存期間別の割合（2001年度末現在）

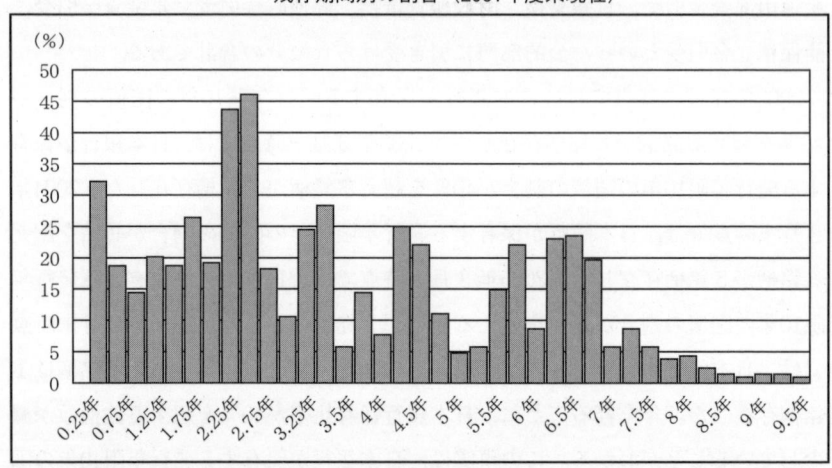

注：1）　発行年限10年の国債の発行総額（公的部門含む）に占める日本銀行の保有
割合を残存期間別に並べたものである。
　　2）　日本銀行が保有する発行年限10年の国債は，2002年4月8日時点のデータ
を使用した。
（出所）　日本銀行ホームページから作成。

残存期間が2.75年の国債のうち日本銀行が保有する割合は20％弱となっている。その他の残存期間においても，日本銀行が保有する発行年限10年の国債の残存期間別の割合には偏りが見られる。日本銀行が保有する国債は，オペレーションの結果増加する。日本銀行が保有する発行年限10年の国債の残存期間別割合のこのような偏った構造は，イールドカーブに影響を与えている可能性がある。

# II　連邦準備制度・イングランド銀行が保有する国債

　アメリカにおける国債保有構造の特徴としては，非居住者による国債保有割合が高いということが挙げられる。しかしながら，前章でも述べたように，ア

メリカの中央銀行である連邦準備制度はアウトライトでのオペレーションを行っており，その結果として，連邦準備制度（NY連銀のSOMA勘定）は様々な残存期間ごとに様々な銘柄の国債を保有している。アウトライトのオペレーションは，買入先がプライマリー市場かセカンダリー市場かにかかわらず，連邦準備制度が流動的なポートフォリオを保持することに主眼が置かれており，連邦準備制度のオペレーションによって特定銘柄の価格や流動性を歪めることがないよう注意が払われている。このような立場から連邦準備制度は，日本銀行と同様，オペレーションや保有している国債に関する情報を公表している。

図表4－2は，2002年3月13日現在の連邦準備制度が保有する発行年限10年の国債の残存期間別の割合を示したものである。日本銀行が保有する発行年限10年の国債の残存期間別の割合には偏りが見られた（図表4－1参照）が，連邦準備制度が保有する発行年限10年の国債の残存期間別の割合には相対的に偏りが見られず，日本銀行が保有する発行年限10年の国債の残存期間別の割合と比べて平準化されていることが見て取れる。

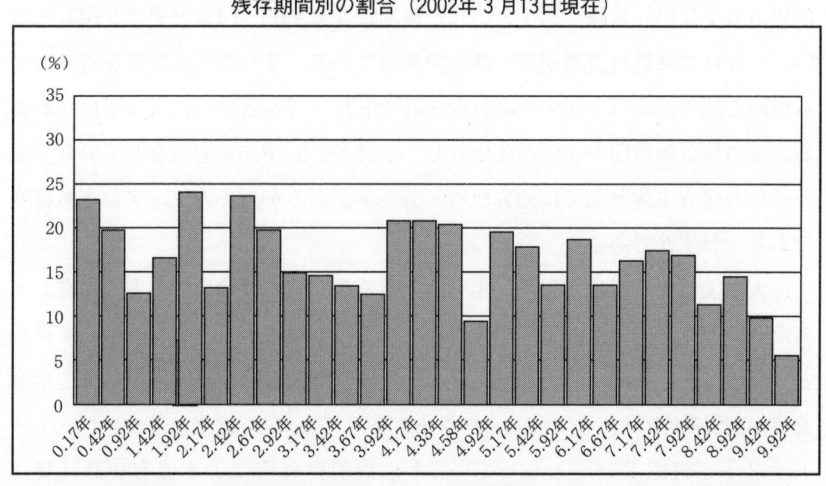

図表4－2　連邦準備制度が保有する発行年限10年の国債の
　　　　　残存期間別の割合（2002年3月13日現在）

注：発行年限10年の国債の発行総額に占める連邦準備制度の保有割合を残存期間別に並べたものである。
（出所）ニューヨーク連邦準備銀行，米国財務省。

連邦準備制度が保有する国債の平均残存期間はどのようになっているのであろうか。連邦準備制度が保有する国債のうち，発行年限が10年の国債の平均残存期間を見ることにする。連邦準備制度が保有する発行年限10年の国債の平均残存期間は，2002年3月中旬時点の4.6年から4.5年(2003年3月中旬)，4.1年(2004年3月中旬)，4.3年（2005年3月中旬）を経て2006年3月中旬時点に4.5年へと推移している。ここでも，日本銀行が保有する国債の平均残存期間の短期化に言及した際と同様に，連邦準備制度が保有する発行年限10年の国債の平均残存期間の推移が単に市場全体の発行年限10年の国債の推移を反映しているだけではないのかという疑問が浮上する。よって，連邦準備制度が保有する発行年限10年の国債と市場全体の発行年限10年の国債の残存期間を比較する。市場全体の発行年限10年の国債の平均残存期間は，2002年3月末時点の5.0年から同じく5.1年，5.3年，5.5年を経て2006年3月末時点に5.8年へと推移している。このことから，連邦準備制度のオペレーションは，自己の判断に基づき，市場から独立して行われていると推測される。

イギリスにおける国債保有は，日本とは異なり，公的部門による保有シェアは極めて少ない。保険・年金といった機関投資家が63〜64％と過半を保有している。これに海外投資家が17〜18％で次いでいる。また銀行による保有シェアも極めて低く，銀行・住宅金融組合合計で0.1〜0.7％といったシェアにとどまる。その他金融機関が10％前後保有し，家計が6.5〜6.6％を保有している。唯一の公的保有主体としては地方政府・公企業があるが，そのシェアは1％程度であり，わずかである。

最大の国債保有者は「保険・年金」であるが，特に保険会社の国債保有シェアが高いと見られる。2002年年末現在で機関投資家による国債保有残高を見ると，保険（生命保険）が1,313億ポンド，保険（損害保険）が184億ポンド，年金基金が845億ポンド，インベストメント・トラストが4.7億ポンド，ユニット・トラストが71億ポンドとなっている[8]。機関投資家による保有合計残高は2,417.7億ポンドであり，ギルト債に中短期債を加えた国債残高の64％にほぼ対応する。2,417.7億ポンドのうち，54％が生命保険，7.6％が損害保険，35％が

年金基金によって保有されており，保険ならびに年金の高さが理解されよう。

　保険会社の有価証券構成を見ると，15年以上債や5～15年債といった中期・長期債の比率が高くなっている。ひとつには，2001年以降イギリスでは景気が減速していたため，金利低下・債券価格上昇から債券が買われたためであろう。しかし，循環的要因だけではなく，資金性格が長期性である保険・年金には長期的な国債が適していると思われる。

　こうした保険・年金を中心にイギリスでは国債が保有されているが，オペレーションの意味としては保険・年金の運用を助長していると言えようか。この点，別途の検証が必要となるが，イギリスにおける国債イールドカーブを見る限り，イギリスの国債イールドカーブは2003年現在，順イールドであり，オペレーションによって債券価格形成・長期金利形成は歪んではおらず，結果的にオペレーションが保険・年金の資産運用を助長した可能性は小さいと推定される。また前章でも述べたように，イングランド銀行の国債保有の内容は，レポオペによるギルト債等の一時的所有が中心であり，買い切りオペによる所有はＴＢ（大蔵省証券）に限定されてきた。

　イングランド銀行の資産内容をアニュアル・レポートから確認してみると，発行部（銀行券を発行）では総資産が360億ポンドあり，イギリス国債が148億ポンド，レポオペによる取得証券等が212億ポンドとなっている[9]。さらに内訳として，イギリス国債148億ポンドのうち，1.2億ポンドがイギリス国債（証券），13.5億ポンドがＴＢ（大蔵省証券），133.7億ポンドが国家貸付資金への一時貸付となっている。またレポオペによる取得証券等212億ポンドについては，211億ポンドがレポオペでの一時的所有証券である。したがって，発行部による国債保有は，主として，国家貸付資金への一時貸付と，2週間後には売り戻す予定のレポオペによる国債である。

　次いで銀行部（当座預金を受け入れ，貸し出しする）によるポンド建て債券保有額は2004年2月末で83億ポンドである。この内訳としては，5年以上債が20.46億ポンド，1年超5年未満債が8.3億ポンドとなっている。銀行部による国債保有額は2004年2月現在で17.3億ポンドである[10]。銀行部は，イギリス国

債以外の債券も保有しているが，その過半はイギリス国債と見られる。したがって銀行部は，イギリス国債を17億ポンド程度，中長期債中心に保有していると推定される。

　イングランド銀行全体としての国債保有額は，発行部による360億ポンドが短期の貸付，レポオペの一時所有であり，また銀行部による中長期国債保有が17億ポンドであった。こうしてみると，イングランド銀行の国債保有は内容的にも日本とは大きく異なっていると言える。日本では長期国債買い切りオペによる長期債保有が中心であったが，イギリスでは中長期国債の保有は少なく，レポオペによる一時的な保有にすぎない。

　以上，各国中央銀行の国債の保有構造の特徴を見た。日本銀行が保有する国債の保有構造の特徴は，残存期間ごとの保有に偏りがあるというものである。連邦準備制度が保有する国債の保有構造の特徴は，相対的に残存期間ごとの保有に偏りは見られないというものである。イングランド銀行は国債をレポオペで一時的に保有しているだけであり，日本銀行および連邦準備制度と同様の比較はできなかった。

　本章では，日本銀行が保有する発行年限10年の国債の残存期間別保有構造に偏りが見られることを指摘した。日本銀行が保有する発行年限10年の国債の残存期間別保有構造の偏りは，日本銀行の長期国債買い切りオペレーションの結果として生じるものである。日本銀行が保有する発行年限10年の国債の残存期間別の保有構造に偏りが見られるということは，日本銀行による長期国債買い切りオペレーションに偏りが見られるということであり，日本銀行の長期国債買い切りオペレーションが長期金利および発行年限10年の国債のイールドカーブに影響を与えている可能性がある。

〔注〕

1） 「国債市場と日本銀行」，日本銀行金融市場局，2004年，8ページ。
2） http://www.boj.or.jp/type/stat/boj_stat/ac/ac060331.htm を参照。
3） 『債務管理レポート2004－国の債務管理と公的債務の現状－』，財務省理財局，2004年，18ページ。
4） 同上。
5） 買入消却とは，国が国債を償還期限が到来する前に買い入れ，これを償却することで債務を消滅させることである。
6） 「日本銀行の政策・業務とバランスシート」，日本銀行企画室，2004年，21ページ。
7） ただし，保有期間中に時価が変動したとしても，満期まで保有していれば取得原価と償還額の差額が収益もしくは損失となり，保有期間を通じた損益は低価法でも償却原価法でも変わらない。同上，6ページ。
8） *Financial Statistics,* 2003.
9） http://www.bankofengland.co.ukを参照。
10） *Financial Statistics,* 2005 January, p.86.

# 第5章

# 郵便貯金と国債

## はじめに

　従来の財政投融資の役割に関する議論を簡潔にサーベイしておこう。例えば吉野直行教授は金融論の教科書において，以下のように述べておられる。第一に，市場メカニズムになじまない政策分野，民間に任せておいては提供されないサービスを財政投融資によって提供することである。道路などは外部効果があり，民間は融資を躊躇する，とされる。第二に，市場金利に基づく融資では採算に乗らないが，国民経済的に必要な対象に財政投融資で低利の融資をすることである。第三に，政府系金融が融資することで，信用リスクが軽減され，民間金融機関が協調融資に参加しやすくなることである。第四に，民間では融資できない，10年を超える，超長期の融資を財政投融資が担うことである。以上の諸点から，財政投融資など公的金融は，民間では実施できない外部効果の高いプロジェクトを対象とすべし，と位置付けられる[1]。

　こうした財政投融資の位置付けは，他の公的金融研究でも共通している。例えば，内堀節夫教授は，「市場の欠陥」として，公共財（非排除性,非競合性を有し,市場では供給されない)，外部効果（外部不経済の発生のように，ある経済主体の活動が他の経済主体に市場経由ではなく影響すること)，費用逓減産業（平均費用低下に伴う自然独占の成立,対策としての公的規制や公共部門による供給）を指摘される。

そして，こうした市場の欠陥が，公的金融の根拠と位置付けられる[2]。しかし，欧米など国際的に見ても，日本の公的金融の規模はずばぬけて大きく，「市場の欠陥」では説明しきれない。

これらに対し，龍昇吉教授は，財投を「金融的に資金を調達し，これを公共目的のため投融資を行う国家の金融活動」と定義する[3]。龍教授は，戦後日本の財政運営方式は一般会計と財投の相互依存関係が大きな特徴であるとし，一般会計の負担は財投に転嫁され，全体として財政活動の規模が押し上げられた，とする。龍教授による研究の重要な論点として，第一に，早くから資金運用部資金による国債保有の問題性を指摘してきた。運用部による国債引受が財投原資の圧迫要因となり，財投規模を圧縮させる要因となってきた，とした。さらに国債市場の支持要因であると同時に，圧迫要因となる可能性を指摘した[4]。第二に，公的金融の金利体系が内包する問題を指摘してきた。公的金融の金利体系は，公的金融の入口としての郵貯金利，中間としての運用部預託・貸付金利，出口としての公的金融機関貸付金利である。郵貯金利は民間預金金利との競争から一定の水準が必要であるし，公的金融機関の貸付金利は民間より低いことが求められ，結果として公的金融全体の利鞘は縮小する。さらに逆鞘になれば，財政による補塡が必要となる[5]。

宮脇淳教授は財政投融資を，「経済成長のための偉大な牽引システム」であると同時に，「日本財政のやりくりシステム」ととらえる。そして「国の財政の硬直化・疲弊化による財政の歪みを飲み込み，税負担先送りと歳出拡大を両立させる日本財政のやりくりシステムの役割を果たしてきた。それと同時に，中央集権型の行政を展開するための隠れた財源となってきたのである。この意味で，戦後の日本財政・行政を根底で支えてきたのは，郵便貯金・年金資金等を財源とした財政投融資であるといっても過言ではない。」としている[6]。

同教授の研究では，財政投融資計画では国債保有は計画外短期運用であったこと，財政投融資の財政化についても指摘されている。財政投融資の財政化とは，①財政の潤滑油機能（国債や地方債の引き受け等を通じ，国家財政・地方財政の長期・短期両面での資金繰りを支える機能）[7]，②財政需要の代替（一般財政の債務返

済・赤字補塡等に対する財政投融資資金の供給）を意味する。同氏が指摘した「財政の潤滑油」機能は，2004年度でも財政投融資資金の国債保有額が約50兆円（保有者別比率としては8.1％），また郵便貯金も97兆円（同15.6％）に達することで示されるように，その後一段と拡大してきた。また「財政需要の代替」機能についても，旧国鉄関連に見られるような一般会計の債務返済繰延，各種特別会計への赤字補塡といった形態で拡大している。2003年度で，公債を除く，借入金は一般会計で3兆6,149億円（うち旧国鉄で2兆8,548億円），特別会計で56兆9,907億円（交付税特別会計で48.5兆円，国立学校，国有林野の各特別会計で各1兆円以上）存続している[8]。これらの公債以外の借入金は，一部を除き，財政融資資金からの借入である。

　日本においては，公的金融と公共部門による投資・融資が一体化して財政投融資が形成されてきた。その規模は諸外国に比しても非常に大きく，「市場の失敗」からだけで論じることには無理があろう。日本の政治経済システムと密接不可分な役割を財政投融資は果たしてきており，従来の郵貯など公的金融もその一環としてとらえられるべきであろう。

# I 財政投融資の改革

## （1） 改革前の財政投融資

　2001年度から財政投融資制度は改革された。改革前には，郵便貯金と公的（厚生，国民）年金は全額を資金運用部に預託することを義務付けられていた。もっとも，部分的には「自主運用」が開始されていたが，郵便貯金から運用部への預託は1998年度で11兆4,000億円に達していた。また公的年金からの預託も同じく6兆円に達していた。国民は貯蓄を民間銀行預金や有価証券投資などと比較した上で，郵便貯金を選択するわけだが，地方では郵便局しか金融機関がない地域もあり，その資金吸収力は絶大であった。また公的年金についても，事業所は厚生年金への加入が義務であり，また国民年金についても20歳以上は

学生も含み強制加入であるから，その資金が全額運用部預託ということは非常に大きな意義を有していた。

また郵便局が実質的に営業する簡易保険についても，財投協力という形式ながら，財政投融資への資金預託がなされてきた。国民からすれば，民間生命保険への加入との比較検討の上で，簡易保険に加入するが，民間生命保険に比べて簡易保険の保険料が割安であり，また加入の手続き的にも簡易保険は簡単であった。このため簡易保険にも巨額の資金が流入してきたが，1998年度で7兆1,000億円が財政投融資に預託されていた。

このほか，政府関係機関等が政府保証を得て発行する政府保証債が1998年度で2兆5,000億円発行されている。また旧輸銀・開銀からの納付金等を中心とする産業投資特別会計には635億円が流入している。以上の資金運用部資金(郵貯，年金等)，簡保，産業投資特別会計，政府保証債が財政投融資の主要な原資であった。財投原資は有償性，受動性という特質を持ってきた。利払いが必要であるが，財投からすれば，郵貯などへの資金流入の結果として受け入れるからである。

財政投融資の金利体系は，入口（郵貯金利，年金予定利率等），中間（資金運用部の預託金利と貸出金利），出口（政府系金融機関貸出金利）から成ってきた。本来，公的金融という性格からして，出口金利としての政府系金融機関貸出金利が民間銀行貸出金利よりも低いことが求められる。しかし他方で，郵貯金利等が民間銀行預金金利よりも低ければ，資金が集まらなくなる。このため，本来的に財政投融資制度は入口の有償性（付利）と出口の社会性（政策金融としての低金利）が矛盾する性格を有している。この意味でも，中間金利である，資金運用部預託金利と貸出金利の役割は大きい。

しかし資金運用部預託金利と貸出金利は同水準に設定されてきた。すなわち郵貯などが資金運用部に預託する「預託金利」と，資金運用部が住宅金融公庫などに貸し出す「貸出金利」は同一に設定されてきた。では預託・貸出金利はいかに決定されてきたか。複数の見方があるが[9]，近年（1999年から2000年）は国債の表面利率に0.2%上乗せされた水準で預託金利（7年以上）は推移してきた。

1987年までは資金運用部資金法による法定制で金利は決定されてきたが，87年以降は国債金利等市場金利を考慮しつつ，政令委任となった。87年当時，長期プライムレート等の低下のなかで，民間市場金利と財投金利が逆転する事態が背景にあった[10]。

こうして国債の表面利率に0.2％上乗せした水準に，運用部資金の貸出金利は設定され，運用部から公庫や政府系金融機関に貸し出された。図表5－1では資金運用部資金48兆957億円，産業投資特別会計635億円，簡保資金7兆1,000億円，政府保証債等2兆5,000億円の合計は57兆7,592億円で，うち公庫・公団・地方公共団体・特別会計等に財政投融資計画として49兆9,592億円が貸し出されている（1998年度）。財政投融資計画は長期運用が基本であり，49兆9,592億円はこれを意味している。他方，長期運用とは別に計画外の短期運用と言わ

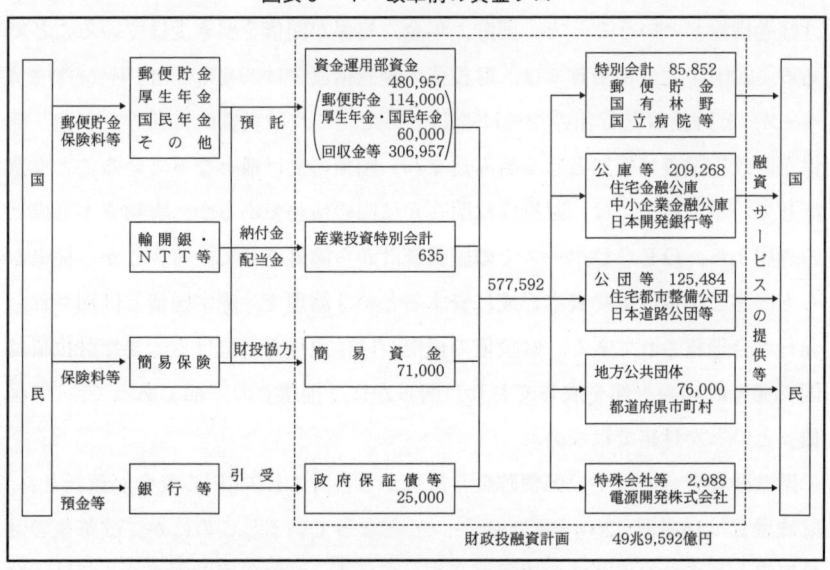

図表5－1　改革前の資金フロー

| 国民 | | | | 資金運用部資金<br>480,957<br>郵便貯金 114,000<br>厚生年金・国民年金<br>60,000<br>回収金等 306,957 | | | | 国民 |
|---|---|---|---|---|---|---|---|---|
| | 郵便貯金<br>保険料等 | 郵便貯金<br>厚生年金<br>国民年金<br>その他 | 預託 | | | 特別会計 85,852<br>郵便貯金<br>国有林野<br>国立病院等 | 融資サービスの提供等 | |
| | | 輸開銀・<br>ＮＴＴ等 | 納付金<br>配当金 | 産業投資特別会計<br>635 | 577,592 | 公庫等 209,268<br>住宅金融公庫<br>中小企業金融公庫<br>日本開発銀行等 | | |
| | 保険料等 | 簡易保険 | 財投協力 | 簡易資金<br>71,000 | | 公団等 125,484<br>住宅都市整備公団<br>日本道路公団等 | | |
| | 預金等 | 銀行等 | 引受 | 政府保証債等<br>25,000 | | 地方公共団体<br>76,000<br>都道府県市町村 | | |
| | | | | | | 特殊会社等 2,988<br>電源開発株式会社 | | |

財政投融資計画　　49兆9,592億円

注：1）　金額は，平成10年度財政投融資計画（当初計画）。
　　2）　「回収資金等」とは，財投機関への貸付金が回収されたもの。および外為特会の預託金，共済組合の預託金等である。
　　3）　四捨五入のため，計算上不一致がある。
（出所）「平成10年度財政投融資資金計画」（旧大蔵省）等。

れるものがあり，これが57兆円と49兆円の差額に匹敵する。そしてこの部分で運用部資金による国債保有等に振り向けられてきた。

## （2） 改革後の財政投融資

　財政投融資の改革以降，郵便貯金と公的年金の財政投融資（資金運用部）預託は廃止され，原則として自主運用とされた。資金運用部資金に代わり，財政融資が資金供給源となった。財政融資の中心は財政融資資金であり，2004年度の計画ベースで14.1兆円の規模である。財政融資資金は財投債（正式には，財政融資資金特別会計国債）による資金調達と特別会計余裕金から構成されている。

　しかし財投債は多様な問題点を内包している。第一には，国債と根本的には区別されず，国債発行計画に一括して計上されていることである。第二には，「経過措置」ということで，郵貯，年金，簡保が国債を引き受けていることである。2004年度当初予算では，財投債の経過措置分は29兆6,000億円（当初予算ベース）と財投債発行額の72％に達していた。これは実質的に郵貯，年金，簡保が財政投融資に依然として組み込まれ，国債の受け皿となっていることを意味している。第三には，財投債は明らかに国の債務であるが，実物資本形成との理屈から，ＯＥＣＤベースでの国債統計から除外されている。しかし従来からも，建設国債は実物資本形成に資するという論理で，赤字国債と区別され，発行が合理化されてきた。財投債の根拠づけは説得力に欠ける。また財投債は国債発行計画の一部を成しており，明らかに「国債」の一部であって，「準国債」といった性格ではない。

　財政融資資金のほか，郵便貯金と簡保から合計で1.9兆円の資金が預託され，財政融資は16兆円（2004年度計画ベース）となっている。このほか，改革後の財投原資として政府保証債の比重が高まっている。2004年度計画ベースでは，政府保証債は4.4兆円の予定であった。政府保証債はいわゆる財投機関債と別であり，公庫等が政府保証を得て発行している。一方，財投機関が政府保証なしに独自の信用力で発行する財投機関債が改革後に認められた。財投機関債は発

行体が独自に発行するので,社債に近い,といった見方がある。しかし財投機関は民営化された場合でも,定款などに国の関与が明記され,残っている。こうした側面から見ると,財投機関債は社債としてよりも,「準公債」としての性格が強い。また財投機関債は順調に発行されてきたわけではない。財投機関債は発行する公庫・公団の財務内容の公開,格付け取得が必要とされており,当初は財投機関が発行に消極的であった[11]。

　改革後の財政投融資の原資は財政融資,産業投資,政府保証債から成る（図表5-2参照）。これが財投機関に貸し出され,2004年度の計画ベースで20.5兆円になる。したがって改革前に比べ,財投の規模は縮小したか,に見える。しかし財投の規模に関しては,以前から多様な評価がある。龍昇吉教授は,一般会計との比較で財投の規模を評価する場合,財投による国債引受が財投計画には計上されていないため,財投計画に国債引受額を加えて評価を試みている。龍教授が1987年までを分析したところ,財投計画の対一般会計比は1975年の約45％から1985年には40％近くまで低下しているが,財投計画に国債引受を加えたもの（実質の財投規模）の対一般会計比は1985年にも50％程度あった[12]。こうした観点から,1991年から1999年までの同じ指標を見たものが,図表5-3である。これによると,通常の財投計画の対一般会計比は最も高い1995年でも68％であるが,財投計画に国債引受を加えると,やはり数ポイントは上回り,1998年には80％に達していた。図表5-3から,1995年から1998年にかけて,資金運用部による国債引受が拡張されたことがわかる。1995年に新規財源債だけの発行額で戦後初めて20兆円を超えており,村山内閣から橋本内閣,そして小渕内閣にかけて,財政再建が指向されつつも,国債発行による財政拡大が継続してきた。そして国債の引受先として,財投と資金運用部が動員されたことがわかる。地方債の分析においても明らかなように,1995年前後は主として地方財政の負担において,公共事業が拡大された時期であった。地方中心での公共事業（多くは地方の単独事業）拡充に向け,財投からの地方貸出等が増加していった。また地方債を実質的に手当てする地方交付税交付金がその後増加したため,国債発行が1995年以降増加し,財投の国債保有も増加していった。

図表5－2　改革後の資金フロー

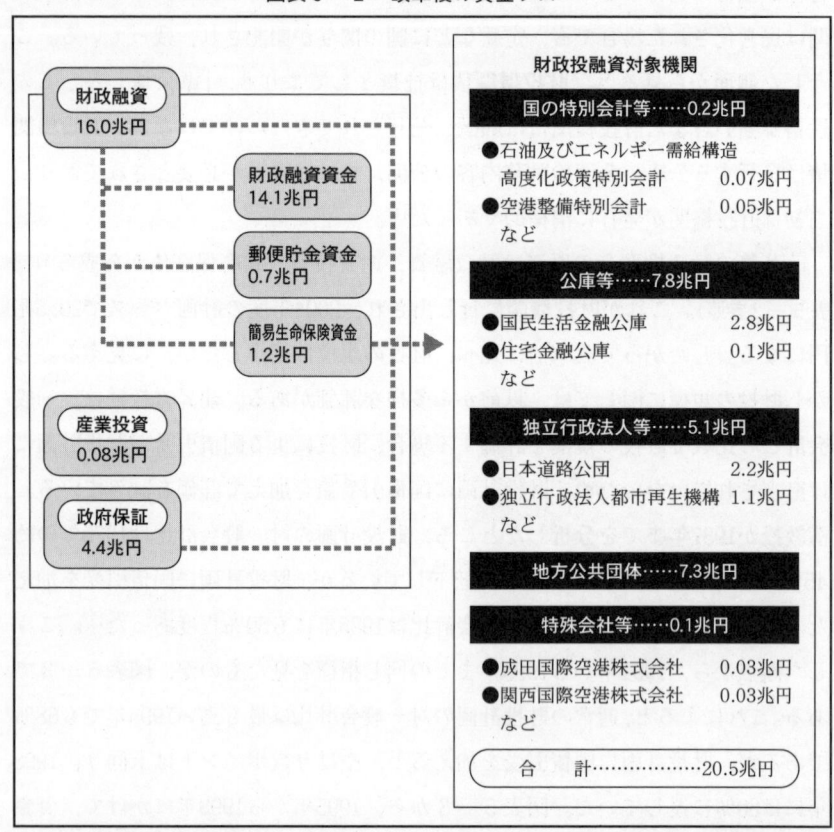

```
┌─────────────────────────────┐      ┌──────────────────────────────────┐
│ ┌──────────┐                │      │       財政投融資対象機関           │
│ │ 財政融資  │                │      │ ■■■ 国の特別会計等……0.2兆円 ■■■ │
│ │ 16.0兆円  │ ┄┄┄┄┐        │      │ ●石油及びエネルギー需給構造        │
│ └──────────┘    ┆          │      │   高度化政策特別会計    0.07兆円   │
│    ┌──────────────┐         │      │ ●空港整備特別会計       0.05兆円   │
│    │ 財政融資資金  │         │      │  など                             │
│    │ 14.1兆円      │         │      │ ■■■■■■ 公庫等……7.8兆円 ■■■■■■  │
│    └──────────────┘         │      │ ●国民生活金融公庫       2.8兆円    │
│    ┌──────────────┐         │─────▶│ ●住宅金融公庫           0.1兆円    │
│    │ 郵便貯金資金  │┄┄┄┄┄┄┄┤      │  など                             │
│    │ 0.7兆円       │         │      │ ■■■■ 独立行政法人等……5.1兆円 ■■■│
│    └──────────────┘         │      │ ●日本道路公団           2.2兆円    │
│    ┌──────────────┐         │      │ ●独立行政法人都市再生機構 1.1兆円  │
│    │ 簡易生命保険資金│        │      │  など                             │
│    │ 1.2兆円       │         │      │ ■■■ 地方公共団体……7.3兆円 ■■■   │
│    └──────────────┘         │      │ ■■■■ 特殊会社等……0.1兆円 ■■■■  │
│ ┌──────────┐                │      │ ●成田国際空港株式会社   0.03兆円   │
│ │ 産業投資  │                │      │ ●関西国際空港株式会社   0.03兆円   │
│ │ 0.08兆円  │                │      │  など                             │
│ └──────────┘                │      │   合　　計…………20.5兆円         │
│ ┌──────────┐                │      └──────────────────────────────────┘
│ │ 政府保証  │                │
│ │ 4.4兆円   │                │
│ └──────────┘                │
└─────────────────────────────┘
```

注：郵便貯金資金と簡易生命保険資金は，地方債計画および財政投融資計画の枠内で，地方公共団体に対して例外的に直接融資を行っている。名称は平成11年当時。
（出所）『郵便貯金資金運用の概説　平成11年版』，財務省ホームページから作成。

　さらに財投改革後の比率を試算すると，2004年度の当初・計画ベースで一般会計は82兆円であり，財投は20兆円であるから，財投の対一般会計比は24％である。しかし，郵貯・簡保・年金など旧財投原資による「経過措置」による国債引受は，2004年度当初計画ベースでも29兆6,000億円であり，この金額を財投に加えると，実質財投の対一般会計比は60％となる。結局，財投改革後でも本質はあまり変化していないことがわかる。

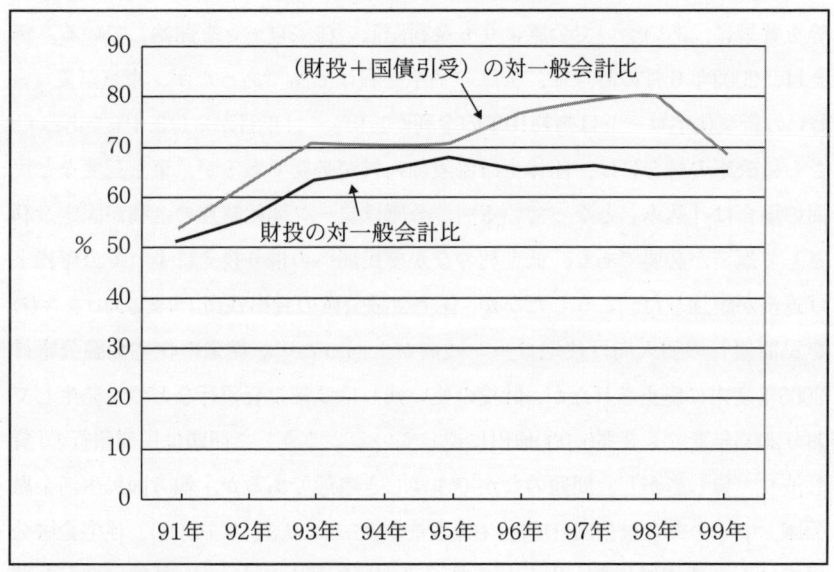

図表5－3　財投の対一般会計比

グラフ：
- （財投＋国債引受）の対一般会計比
- 財投の対一般会計比
- 縦軸：％（0〜90）
- 横軸：91年〜99年

（出所）　財務省ホームページ等から作成。

## （3）　財政投融資の出口問題

　財投の出口にあたる政府系金融機関も，改革にかかわらず，従来からの問題が払拭されてこなかった。第一には，いわゆる「使い残し」問題である。1999年度の財投計画額と投融資実行額との差額（使い残し額）は8兆5,050億円で，うち住宅金融公庫（現在，住宅金融支援機構，以下同じ）が2兆5,291億円を占めていた[13]。さらに2000年度の使い残し額は9.4％増加し，9兆3,060億円となった。やはり住宅金融公庫の使い残し額が最大で，3兆8,000億円と計画ベースの36.7％が使い残しとなった。民間ローンへの借り換えによる繰上げ返済が最大の要因と言われる[14]。2002年度でも状況は変わらず，7兆2,600億円（2001年度は8兆7,000億円）が使い残しで，住宅金融公庫は計画ベースの98％にあたる4兆8,700億円が使い残しとなった[15]。

　住宅金融公庫の使い残しは，民間銀行の住宅ローンとの競合が背景であるこ

とは明らかである。民間銀行は法人の貸出需要低迷とリテール重視，超低金利等を背景に，あいついで公庫よりも金利が低い住宅ローンを開始している。例えば，2003年6月の時点で，公庫の基準金利は2％であったが，東京三菱（当時）の新型住宅ローンは当初10年の金利が1.9％，11年目からは3.4％であった。さらに公庫の場合には，団体生命保険加入料が必要であるが，東京三菱など民間の場合は「込み」となっている[16]。公庫はローン開始時点の金利が固定金利として返済が必要であり，低金利のなかで民間への借り換えによって公庫繰上げ返済が増加した。こうしたなか，住宅金融公庫の貸出残高（事業者向けを含む）を民間銀行の個人向け住宅ローン残高が上回った[17]。従来の住宅金融公庫は2005年度末に廃止されたが，財投の使い残しは政策投資銀行などでも発生しており2003年度でも3兆6,000億円に達している。こうした問題は民間銀行の「貸し渋り・貸し剥がし」問題のなかでゆゆしき事態であるが，他方国民生活金融公庫，中小企業金融公庫（現在，日本政策金融公庫に統合，以下同じ），住宅金融公庫では不良債権増加を一因として最近赤字に転落しており[18]，「使い残し」問題は評価が難しい。そもそも民間金融で対応可能な貸出案件であれば，公的金融の貸出は必要がない。民間金融が対応しない案件に，公的金融が貸し出すのであれば，「不良債権」の発生は「自然な」流れともいえる。

　財投の出口における従来からの問題として，第二には政府系金融機関など特殊法人への高級官僚の天下り問題がある。ダム建設を実施する水資源開発公団は2001年時点で常勤役員11人のうち10人が中央官庁からの天下りであった[19]。天下り役員は高報酬や退職金で厚遇されると理解され，国民感情の問題として無視できない。近年，減少傾向にあろうが，2005年現在でも政策投資銀行，国際協力銀行，国民生活金融公庫はいずれも旧大蔵次官経験者がトップを務めている。そしてこの問題と密接に関連するように，政府系金融機関の事業規模縮小は財投全体の規模縮小に比べ，遅れている[20]。これは官僚の天下りポスト確保に基づく抵抗や，「組織防衛」のため事業インセンティブが働くことも一因であろう。こうした背景と国民感情を，小泉改革は利用し，公的金融改革を進めてきた。

第三に，上記した公庫の赤字問題とも関連するが，政府系金融機関の調達・貸付の金利問題がある。財投から政府系金融機関への貸付金利（政府系金融機関にとっては調達金利）は，財投の預託・貸付金利として一律に決められているが，実際は貸付期間等によって多様な金利が適用されている。したがって，住宅ローンとして長期性資金を取り扱う住宅金融公庫への貸付金利と，比較的短期的な資金を取り扱う国民生活金融公庫への貸付金利は異なっている。このため各公庫によって調達金利が異なり，貸付金利も異なることとなる。結果として，公庫によって経営状態が異なり，2004年度決算で3,172億円の最終利益をあげた公営企業金融公庫（現在，地方公営企業等金融機構）と，4,331億円の最終赤字となった住宅金融公庫が並存することとなる。「使い残し」批判があるなかで，財投計画での割当額を維持しようとすれば，不良債権化する貸付先にも貸付を実行する必要性に迫られよう。もしくは民間銀行が貸し渋り傾向を強めるなかで，政府系金融機関が公共性を発揮した結果とも読み取れる。そこが公的金融を評価する上で，難しい論点である。

## II 国債発行市場の変貌

### (1) シ団引受方式の終焉

2005年度の国債発行予定額は169兆5,051億円とされる[21]。発行根拠法別に内訳を見ると，新規財源債が34兆3,900億円（建設国債が6兆1,800億円，特例国債が28兆2,100億円），借換債が103兆8,151億円，財投債（財政融資特別会計債）が31兆3,000億円となっている。

この約170兆円に上る国債発行額自体が大変に問題である。わが国の一般政府ベースでの債務残高（財投債は除かれている）の対ＧＤＰ比は2004年時点でも161.2％と，いわゆる先進国のなかでもずば抜けて高い水準にある。ＥＵはユーロ導入にあたり，一般政府ベースの債務残高の対ＧＤＰ比率を60％以下とする目標を設定してきたが，この指標は通貨の信用にかかわるからである[22]。

近年，EU加盟国のなかでも，この指標がかなり悪化しているイタリアですら，120％以下である[23]。したがってわが国の指標が国際的に見ると，極めて悪化していることがわかる[24]。にもかかわらず，国債発行額に歯止めがかからないのは，金融面から受け皿が存在することが大きい[25]。

現在の国債発行市場の仕組みに先立ち，1990年代以降の国債発行市場における変化について簡略ではあるが，振り返っておこう。90年代以降における主要な流れの第一は，シンジケート団(以下，シ団)引受から入札制への移行である。もともと戦後国債発行が開始された1966年1月から1987年10月までは，全額がシ団引受で固定シェアによって引き受けられていた。国債発行の条件はシ団(幹事)と旧大蔵省の交渉によって決定されていた。したがって条件面で折り合わない場合，休債することもあった。しかし1987年11月から引受額入札が開始された。これは利回り等の発行条件を入札するのではなく，決定された発行条件の国債について，発行額の20％を上限として，引受額を入札するものであった。さらに89年4月からは10年長期国債の40％について価格入札方式が導入され，残りの60％についても入札結果の平均価格が適用されるものであった[26]。この時外資系金融機関のシ団内シェアの引き上げがなされたように，入札制への移行にアメリカの要望，圧力があったことは間違いない。年を追って入札による発行額の比率は上昇し，2005年現在で90％に至っている。そして2006年現在，シ団引受は廃止された。しかしシ団に代わって導入された，プライマリー・ディーラー（PD）制では，PDに入札に関する数値目標が課され，実質的にシ団方式が残っている，との指摘もある[27]。

第二に，10年長期国債だけではなく，短・中期国債や超長期国債など年限の多様化が図られてきたことである。従来からの6カ月ものに加え，89年9月からは3カ月ものTB（割引短期国債）が発行され，1992年度には発行額において9兆円台になり，長期国債とほぼ肩を並べた。また94年からは6年債が公募により発行が開始された。6年債など中期債の発行が開始されたことは，金利反転リスクに対し投資家が長期債よりもリスクが小さい中期債を好んだためと言われる[28]。

第三に，外国法人や非居住者の国債利子課税については軽減措置がとられてきた。これは，歴史的にはユーロ債市場で源泉徴収課税が廃止されたため，発行体からユーロ債市場が好まれ，それとのイコール・フッティングを図るため，各国の国内市場でも開始された色彩が強い。しかし，今日の日本では国債保有構造において，海外投資家の比率が国際比較しても著しく低いため，海外投資家の日本国債保有を促進するため，課税軽減措置がとられている面もある。1999年に非居住者が保有する国債の利子について非課税措置がとられた。さらに1999年から2001年にかけて，海外投資家への課税軽減措置が一層とられ，2005年には手続きの簡略化が図られた。

第四に，シ団引受から入札発行への移行と同時に，シ団引受手数料の引き下げが進んできた。1965年に国債発行が始まったとき，シ団引受手数料は100円あたり50銭であったが，1983年4月には100円あたり70銭という水準まで引き上げられた。1986年4月に引き下げられ，1986年4月から2002年5月までは，100円につき63銭という手数料（額面の0.63％）であった。これは，10年長期国債の発行額が10兆円としても，630億円の手数料がシ団メンバーの銀行・証券にもたらされてきたことを意味する。このほか，割引国債（5年）についてもシ団引受手数料が100円につき90銭あり（平成10年現在），財務省が支払うシ団引受手数料は年間1,000億円超と推計されてきた。発行体である財務省からすれば発行コストであるが，国民負担との批判もあり，引受手数料は低下してきた。

以上のような側面を軸として国債発行市場は80年代後半から今日に至るまで変化してきた。現在の発行方式別に国債発行額を見ると，大きく市中発行と公的部門発行に区分できる。まず市中発行は民間向けの発行だが，2006年からシ団引受が廃止され，公募入札だけとなった。

## （2） 公募入札への移行と公的部門引受

公募入札とは，財務省が提示した発行条件（発行予定額，償還期限，表面利率等）に対して，入札参加者が，落札希望価格（利回りでも同じ）と落札希望額を入札

し，その入札に基づいて発行価格と発行額を決定する方式である[29]。入札であり，価格が高い順に予定額に達するまで落札されるが，この場合，コンベンショナル方式とダッチ方式がある。コンベンショナル方式とは，落札者が自ら入札した価格がそのまま発行価格となる方式である。他方，ダッチ方式とは，落札者の入札価格にかかわらず，均一（入札平均）の発行価格とする方式である。

シ団引受方式は，2005年現在では，10年固定利付国債だけに採用されていた方式で，財務省が国債の募集や引受を目的として組織されるシンジケート団（国債募集引受団）との間で，引受に関する一定の契約を締結し，この契約により発行される国債の発行予定額全額の発行を保証する方式である。ただし，かつてとは異なり，90％分はシ団メンバーによる入札を実施し，10％分は入札による平均価格でシ団内の固定シェアに基づき引き受けられている。90％分の入札部分で，入札額が発行予定額に満たなかった場合でも，残額はシ団が分担して引き受けることになっている。シ団は信金，信組，農林系等を含む銀行の全業態，証券，生損保など1,211もの金融機関（2005年4月現在）から構成されていた。シ団による入札は，完全な入札ではない。入札当日，財務省から表面利率，発行予定額等がシ団代表に伝えられ，シ団がこの条件を承諾した上で，シ団メンバーにより応札される。以上の公募入札とシ団引受から市中発行は構成されている。

他方，公的部門発行方式は，郵貯窓販，日銀乗換，財投債経過措置，財政融資資金乗換からなっている。郵貯窓販は，2005年度に2.8兆円が予定され，1988年度から開始された。2年・5年・10年固定利付き国債のほか，個人向け国債も郵便局で販売されている。なお，利付き国債の郵貯販売において，応募額が募集額に達しなかった場合には，日本郵政公社が取得することとなっている。

日銀乗換は，日本銀行が保有している国債が償還を迎える場合，その償還額の範囲内で日銀が借換債を引き受けることを指す。財政法第五条は日銀による国債引受を禁じているが，この日銀乗換は例外として認められている。日銀は近年，長期国債の買い切りオペを量的緩和策の一環として大規模に実施しているが，オペの対象として期近債が中心の時期もある[30]。したがって日銀が保有

する国債は，日銀乗換の対象として，借換発行が認められている（2006年現在，短期国債中心）。これは逆に見れば，日銀が買い切りオペを発動すれば，ほぼ自動的に借換えの対象となり，償還の必要性がない，もしくは延期されれることになる。この点は国債発行の歯止めとしては問題であろう。日銀乗換は2005年度には23兆円に達しており，規模的にも大きい。

　財投債経過措置分は，2001年度の財投改革により，郵貯と年金による資金運用部への全額預託を廃止したので，財政投融資が主として財投債で資金をまかなうこととなり，その財投債を当面（7年間），郵貯と年金で引き受けるというものである。この財投債経過措置分による発行も2005年度で19兆円となっており，日銀乗換とならび大きな消化（借換え）先となっている。

　財政融資資金乗換は，借換債を財政融資資金が引き受けるものである。財政融資資金が保有する国債を対象として買入消却が実施されており，そのための借換債を財政融資資金が引き受けている。

　以上のように，わが国国債発行市場はシ団方式から入札方式へと，いわば市場原理に乗った発行方式へ転換してきたが，他方で公的部門が発行市場においても大きな役割を果たしており，異なる側面をあわせ持っている。そこで国債保有構造から公的部門の位置を確認しておこう。

## （3）　国債保有における公的金融

　わが国の国債保有構造の特質は，以下の諸点である。第一に，政府等（公的部門）の比重が極めて高い。諸外国（米，英，独，仏）の場合，政府部門の比重が最も高いアメリカでも13.5％であるが，日本は実に41.1％である。英独仏のEU諸国ではいずれも1％前後である。日本の政府等は，財政融資資金（旧資金運用部），郵便貯金，簡易生命保険，公的年金である。アメリカで政府部門による国債保有比率が高い背景には，連銀が買い切りオペを実施しており，その連銀が政府部門に含まれるためである。日本とアメリカの中央銀行だけが，長期国債買い切りオペを実施しているが，欧州諸国の中央銀行は実施していない。

第二に，財政融資資金であるが，1999年度末には21.8%であったが，傾向的に低下し，2004年度末には7.6%へ低下した。これについては複数の要因が考えられる。まず財政融資資金は2008年度に償還される予定の（1998年度に発行された）国債を多く保有しているとされる[31]。このため財務省は財政融資資金が保有する国債を対象とした買入消却を実施している。2008年度に国債の償還が集中することを避けるため，償却している。結果として財政融資資金により保有される国債が減少するとみられる。次いで，旧資金運用部は2000年度から，保有国債を売り現先方式で入札によって売却している[32]。1回あたり2～3,000億円が入札によって売却されており，ひと月あたり1兆円前後が売却されている。財務省のホームページでは，落札された金額や利回りだけが公表されており，銘柄等は掲載されていない。現先による売却であり，3カ月後に買い戻されるので，売却額がすべて保有額の減少となるわけではないが，傾向としては減少する。またこの点にかかわって問題視せざるをえないことは，財政融資資金（資金運用部）資金運用報告書で毎年，国債売買にかかわって損失が計上されていることである。この国債による運用は計画外の短期運用であるが，1999年度には6,840億円，2000年度には4,823億円，2001年度には7,023億円，2002年度には4,838億円，2001年度には4,364億円，2002年度には3,237億円が売却もしくは償却に伴う損失として計上されている[33]。財政融資資金は対市中売買（民間金融機関）とならび，日銀との間でも現先で債券売買しており[34]，これらの損失が対市中取引に起因するのか，対日銀取引に起因するのか，定かではない。しかし，いずれにせよ損失が発生し，それが時価ベースでの国債保有額低下となっている可能性がある。

第三に，郵便貯金であるが，本章との関連においても重要であるが，公的部門のなかでも，近年一段と保有シェアを上げている。1999年度末には28兆4,630億円で保有シェアは7.8%であったが，2004年度末には105兆44億円で16.3%となっている。郵便貯金による財政融資資金への預託金は2002年度には，郵貯資産構成で62%（177兆3,200億円）であり，有価証券は31.5%（90兆1,071億円）であった。しかし財政融資資金への預託期間は7年間とされており，満了

時に順次返済される。したがって郵便貯金としては預託金が返済され，その受け皿の運用として国債が増加した（経過措置としての財投債を含む）。このため2003年度には預託金は156兆954億円（構成比55.6%）へ減少し，有価証券は109兆1,605億円（同38.9%）に増加した。1年間で預託金が20兆円減少し，償還された分をそのまま国債に振り向けたことになる。こうした傾向は2004年度も継続し，同じく預託金は117兆6,119億円（44.4%）に減少し，有価証券は132兆5,461億円（50%）に増加した。なかでも国債は112兆6,279億円（42.5%）に増加した。財政融資資金を経由していない点が異なるものの，実質的に郵貯から資金が国債へ流れていることには変化がない。

　第四に，簡易保険であるが，簡保による国債保有も1999年度に26.5兆円（国債保有における7.2%）であったが，2004年度には54.4兆円（同8.5%）と増加している。基本的な背景は郵貯とほぼ同じ図式である。新契約の動向を見る限り，近年の簡保契約は低迷している。養老保険などの「（生命）保険」は新規契約件数で2000年度に576万件に対し，2004年度には350万件と大幅に減少しており，また「年金保険」についても同じく57.8万件から38.7万件に減少した。金額ベースでも，ほぼ同様の動向である。したがって新規流入資金の増加が国債取得の要因となっているのではなく，やはり財投からの償還金が背景にある。2000年度に簡保による財投での運用は50兆円以上あったが，2004年度には約33兆円に減少しており，その差額分約17兆円はほぼ国債取得に転換したと推定される。このほか，簡保による公庫公団向けを中心とした貸付も同時期に約7兆円減少しているが，これもほぼ全額が国債に転換したと推定される。簡保資産は120兆円でほぼ同時期に変化していないが，簡保資産構成が財投や貸付から国債を中心とした証券に大きくシフトした[35]。

　第五に，公的年金であるが，もともとはさほど国債保有において高い比率を保持していたわけではないが，近年比率を上昇させており，2004年度には53兆6,790億円と国債の8.4%を保有している。公的年金の積立金は，財政融資資金に預託される部分と，年金資金運用基金（現年金積立金管理運用独立行政法人，以下同じ）に市場運用される部分から成っている。

2002年度末に，年金資金運用基金は，厚生年金と国民年金の積立金147兆円のうち，31兆6,000億円を市場運用（株式，債券等）していた。他方，147兆円のうち，112兆円は年金福祉事業団（年金資金運用基金の前身）経由で財政融資資金（旧資金運用部資金）に預託されていた。しかし，この預託金から平均して毎年度20兆円が償還される。この20兆円の償還分は，財投債引受や市場運用にあてられている。2002年度末に年金資金運用基金の運用資産は31兆6,000億円であったが，うち51.4％が国内債券で，このほか財投債を19兆円保有していた[36]。2003年度から2004年度にかけて，財投預託分から各年度平均で約20兆円が償還されたため，2004年度末の年金資金運用基金の資産残高は約86兆円（うち約29兆円は財投債）であった。同年度末で国内債券は32兆円で，財投債と合計で61兆円程度が債券として保有されている。2002年度末で同基金の債券保有（財投債含む）は約24兆円であるから，やはり年金の場合も財投預託からの償還が国債保有に転換したことになる[37]。

　第六に，日銀のシェアが高いことである。日銀は「政府の銀行」であるから，国債保有区分の上では，広義での政府等に含まれる。この日銀による国債保有も近年増加が目立っている。1999年度末には43.5兆円であったが，2004年度末には92兆円に達している。これは日銀による買い切りオペを反映したものであろう。日銀はゼロ金利政策の延長で量的緩和政策をとり，日銀の当座預金残高を維持するため，大規模な買い切りオペを実施している。この買い切りオペにより日銀保有となった国債（その多くは期近債）は，すでに述べたように，日銀乗換の対象となる。したがって日銀保有の国債は積み上がっていく。すでに日銀の総資産額は膨張し，総資産に占める国債の比率は極めて高くなっている。

　第七に，金融機関，特に銀行のシェアも高いことである。海外，特に英米の場合，信用創造機能を持つ銀行が，国債や株式などの有価証券を保有することは限定されている。イギリスの場合，銀行と住宅金融組合は合計でギルド国債の1％未満（2003年）を保有するにすぎない[38]。しかるにわが国の場合，銀行だけで国債の11～15％を保有している。これは日銀が量的緩和政策で当座預金残高を膨張させており，銀行が資産拡大しやすくなっているなかで，貸出が伸

び悩み，資産として国債が増加しているためである。本来，量的緩和政策は民間企業向け貸出の増加を期待したものであったが，結果的には貸出は伸びず，銀行による国債保有が増加した。これは民間企業（特に中小企業）で不良債権が多く発生しており，銀行がリスク回避傾向を強めたためと推定される。また地方では地価下落が止まらず，担保価値の下落が続き，銀行が貸出の回収（これは一般に「貸し剥がし」と呼ばれる）を進めたこともある。いずれにせよ銀行は企業向け貸出を縮小し，対照的に国債取得を増加させた。日銀が買いオペにより，結果的には国債の価格を支持しており，評価損が出にくいという要因もあろう。2006年現在，日銀は量的緩和政策やゼロ金利政策の終焉を発表したが，当面買い切りオペの金額を減額しない，としている。こうした事情を背景として，銀行の国債保有が増加した。しかし，民間銀行は2006年現在，長期金利の上昇についてリスク管理を強化しており，国債の保有額積み増しを抑制する，もしくは長期国債（金利上昇により評価損が大きくなりやすい）の減額を図っている。財務省としては，金利が低位にあるうちに，長期性資金を調達したいので，市場とのせめぎ合いがあるようだ。

　第八に，海外投資家や個人投資家など，諸外国の国債保有で高い比率を持つ投資家は，日本では低い。日本では国債保有における海外投資家の比率は3～4％であり，年によって変動があるものの，国際的には低い水準にある。他方，イギリスでは国債の保有において海外投資家は18％を占めている。日本では，すでに指摘したように，金利が極めて低いことに加え，海外投資家の国債利子課税の源泉徴収について，非課税となるための手続きが煩雑であった。

　以上，簡潔に表現すれば，わが国の国債保有構造は，公的金融や銀行の保有シェアが高い半面，海外投資家や家計（個人）の比率が低いことを特徴としている。以下，本章では公的金融のなかでも，郵便貯金に焦点を絞って，その国債保有を分析する。

## III 郵便貯金の資産運用と国債

### (1) 経営体としての郵便貯金

　郵便貯金は郵貯金利を支払い，従来は資金運用部に全額を預託し，預託金利を受け取ってきた。したがって金融機関としての郵貯の収益性は，利鞘＝財投預託金利－郵貯金利によって基本的に規定される。まず，近年の郵貯の貯金構成を見ておく。

　郵便貯金は大きく，流動性貯金と定期性貯金から成っている。流動性貯金は通常貯金であるが，それは10円以上1円単位で預け入れ可能な，出し入れ自由の貯金である。1999年度には31兆円で郵貯残高の14％であったが，2003年度には53.7兆円で31％を占めている。通常貯金の構成比率上昇には郵貯残高の減少が影響しているが，定額貯金の満期償還の後，通常貯金に預け換えする動きがあると推定される。

　郵便貯金の主力は定額貯金である。定額貯金は預け入れ後6カ月経てば，いつでも払い戻しができ，最長10年まで預けられる半年複利の貯金で，預け入れ時の利率が払い戻し時まで適用される特徴がある。また定額貯金は1,000円以上で1,000円単位で預け入れ可能である。定額貯金は，預け入れから半年経てば，出し入れ自由という「流動性」，さらに預け入れ時の利率が最長10年継続するという「高利回り」が同時に備わった金融商品であった。

　定額貯金の金利は，1990年9月に6.33％，1991年7月にも6％という水準にあった。このため1990年度の郵貯預け入れ額は164兆円に達し，残高も1991年度末には前期比14％増の156兆円となった。また1999年度まで郵貯残高は増加を続け，1999年度末には260兆円となった。郵貯残高は1990年代に好調に増加してきたと言える。ただし，郵貯残高の増加が郵貯の良好な経営状態を意味するわけではない。

　郵便貯金特別会計は2000年度まで一般勘定と金融自由化対策特別勘定に区分

されてきた。このうち，郵貯資金の利子を支払い，資金運用部から預託金利子を受け取る一般勘定は1998年度から2000年度までの3年間赤字となり，運用利回りからコスト（利払いを含む）を差し引いた利鞘は1998年度－0.25%，1999年度－0.72%，2000年度－0.52%となった。郵貯の支払い利子に対し，資金運用部からの受け取り利子の減少が上回ったためであろう。

以下，やや詳細にこの問題を分析する。

図表5－4の「郵貯（定額3年以上）金利と運用部預託金利の利鞘」を見ると，概ね1.6～1.8ポイントの範囲で推移しているが，1998年の10月から11月にかけては0.9ポイント程度まで落ち込んでいる。運用部預託金利は新規発行国債の表面利率に0.2ポイント上乗せされた水準に決められており，国債市況が好調で表面利率が同年10月に1%を下回り，そのため運用部預託金利が1.1%（前月の9月には1.7%であり急低下）に低下した。しかし郵貯の貯金金利は急速には低下しない。郵貯金利は9月の0.25%から10月に0.2%へ低下したにとどまる。

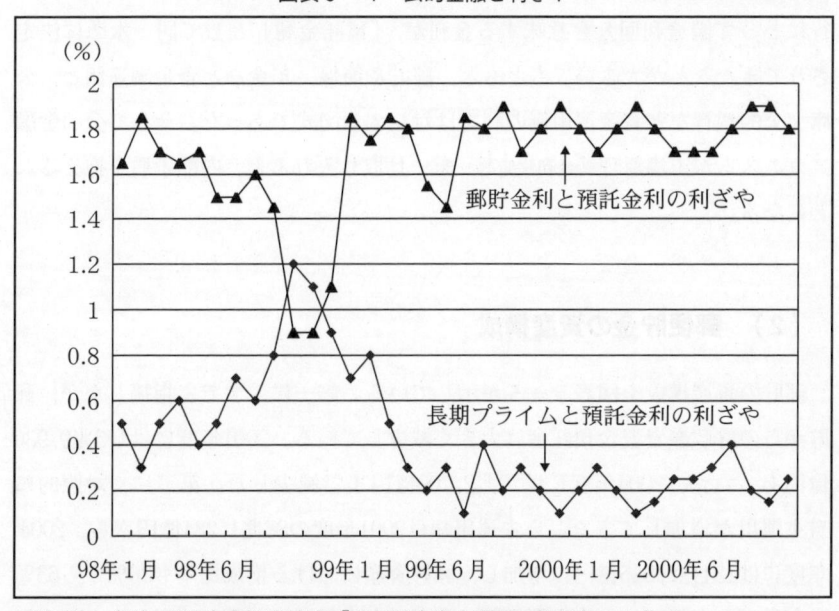

図表5－4　公的金融と利ざや

(出所)　(財)郵貯資金研究協会『郵便貯金資金運用の概説』から作成。

結果的に郵貯金利と運用部預託金利の利鞘は一挙に縮小し，郵貯ならびに郵貯特別会計（一般勘定）の収益は悪化した。郵貯サイドからすれば，運用部への預託義務を廃止し，自主運用の要望が強まることとなる。

他方で，公庫や公的銀行にとっての利鞘を意味する，「長期プライムと預託金利の利鞘」は，1998年後半を中心に上昇した。日本政策投資銀行など公的銀行や，中小企業金融公庫などの公庫は，運用部から預託金利で借り入れて，長期プライムレートを基準とした貸出金利で貸し出す。したがって，運用部預託金利が低下し（調達コストの低下），長期プライムレートが相対的に緩慢に低下するのであれば，利鞘が拡大する。長期プライムレートは当時，金融債の流通利回りを基本に，長信銀が決定していた。したがって，国債利回りと金融債利回りの利回り格差が一定でない以上，こうした事態は起こりうるのであった。「金国逆転」（国債利回り＞金融債利回り）と言われた時期もあるように，市場原理を基本にすれば，予見されることであった。

根本的には，郵貯などにとって運用利回りを意味する金利と，公庫・公的銀行にとって調達利回りを意味する金利が，「預託金利」として同一水準に決定されてきたことが大きい。もともと，郵貯や簡保，年金など資金調達側と，公庫・公的銀行など資金運用側の利害は対立する図式であった。そして公的金融メカニズムが市場原理（金利決定等）を一旦取り入れると，内部矛盾を抱えることになる。

## （2） 郵便貯金の資産構成

郵貯の資産構成を図表5－5が示している。第一に，すでに指摘したが，郵貯からの財政融資資金預託金は大きく減少している。2001年度には153兆9,930億円あったが，2004年度には79兆2,700億円まで減少した。第二に，対照的に自主運用が増加してきた。自主運用額は2001年度の86兆1,284億円から，2004年度には134兆7,545億円に増加し，郵貯資産における構成比率も36％から63％に上昇した。第三に，自主運用額のなかでも有価証券が著しく増加した。有価

図表5－5　郵便貯金資金の運用　　　　　　　　（単位：億円）

| | 2001年度 | 2002年度 | 公社成立時 | 2003年度 | 2004年度 | 2005年度 |
|---|---|---|---|---|---|---|
| 有 価 証 券 | 721,676 | 901,100 | 918,131 | 1,058,964 | 1,265,403 | 1,439,810 |
| 国　　　　債 | 526,878 | 718,463 | 731,235 | 860,091 | 1,066,221 | 1,243,393 |
| 地　方　債 | 98,513 | 94,288 | 94,386 | 94,834 | 93,181 | 86,592 |
| 公 庫 公 団 債 | 25,204 | 28,761 | 28,661 | 38,370 | 46,306 | 51,261 |
| 社　債　等 | 32,675 | 28,841 | 29,883 | 30,656 | 28,555 | 27,154 |
| 外　国　債 | 38,406 | 30,746 | 33,966 | 35,011 | 31,139 | 31,409 |
| 貸　付　金 | 7,238 | 17,743 | 17,743 | 27,861 | 37,084 | 41,269 |
| 地方公共団体 | 225 | 11,362 | 11,362 | 20,411 | 29,472 | 35,066 |
| 預 金 者 等 | 7,014 | 6,381 | 6,381 | 5,760 | 4,821 | 4,093 |
| 寄託金（指定単） | 105,401 | 105,401 | － | － | － | － |
| 預　金　等 | 26,969 | 16,669 | 16,609 | 22,195 | 11,178 | 25,210 |
| 自 主 運 用 計 | 861,284 | 1,040,913 | 1,032,396 | 1,146,782 | 1,347,545 | 1,539,503 |
| 財政融資資金預託金 | 1,539,930 | 1,293,700 | 1,293,700 | 1,127,200 | 792,700 | 466,100 |
| 合　　　計 | 2,392,214 | 2,334,613 | 2,326,096 | 2,273,982 | 2,140,246 | 2,005,603 |

注：1）　公社成立以降は時価評価。
　　2）　預託金は金融自由化の借入金見合いを除く。
　　3）　2004年度の「金銭の信託」は3兆3,880億円，2005年度は3兆3,880億円。
（出所）　郵貯ホームページ等から作成。

証券は2001年度には72兆1,676億円であったが，2004年度には126兆5,403億円に増加し，資産における構成比率も30％から59％に増加した。第四に，有価証券のなかでも国債が増加した。国債は2001年度に52兆6,878億円で，全資産における構成比率も22％であったが，2004年度には106兆6,221億円で，同じく50％へ上昇した。簡潔に要約すれば，郵便貯金の残高が減少し，郵貯の資産残高も減少傾向にあるが，財政融資預託金が償還され，その償還分がほとんど国債に振り替わったと言える。この国債には，経過措置としての財投債引受も含まれるが，いずれにせよ公社化後，郵貯の資産において国債の比重が上昇したことに変わりない。

　郵貯や簡保は本体による株式投資は従来不可能であり，また貸出もできなかった。したがって消去法で運用先は国債等に制約される。また地方債につい

ては，従来，応募者利回りが低く設定されてきたこともあり，郵貯としては運用拡大には消極的であった。したがって郵貯の資産運用で国債の比重が高まり，運用リスクも大きくなっている。しかも，以下に見るように，国債の満期構成面からもリスクが高まっている。

　郵貯の保有有価証券の期間構成を見ておきたい。第一に，国債が有価証券のなかでもやはり中心である。有価証券残高は2004年度末でも約134兆円であるが，国債は約113兆円であり，有価証券において84％にも達している。第二に，2004年度末で国債の残存期間別構成を見ると，5年超の長期的な国債の合計は32.8兆円になり，国債残高の29％に達している。2003年度末で同比率は28％であったから，1ポイントながら長期的な国債の比率が上昇している。簡保の場合，「7年超」と「10年超」の合計は1999年度には14.4兆円で保有国債残高の66％を占めていたが，2003年度には21.7兆円で42.2％に低下した[39]。郵貯について，「7年超」は2004年度末で22.8兆円で，保有国債の20.3％となっており，簡保に比較して，長期（7年超）債の比重は低くなっている。第三に，地方債は残高約9兆円，有価証券のなかで7％（2004年度末）を占めるにとどまる。2004年度末で都道府県別に見て残高が高いものは，千葉4,300億円，埼玉3,700億円，神奈川7,800億円，東京1兆2,000億円，愛知9,500億円，大阪1兆2,000億円，兵庫7,800億円，広島3,600億円，福岡5,700億円（以上，すべて概数）である。これらはすべて公募債発行団体であり，公募債を中心に保有してきたと推定される。格付けを見ると，千葉，埼玉などはダブルAプラスとなっているが，大阪，兵庫などはダブルAマイナスとなっており，債券投資の安全性に格差がある[40]。

　以上のように，郵貯の国債保有は簡保に比較して，長期国債の比重は低く，金利上昇時の評価損の発生リスクは小さいように見られる。しかし，保有する長期国債の絶対額がやはり郵貯のほうが大きい。したがって金利上昇時の予想評価損はやはり郵貯で大きいと見られる。2005年2月25日の衆議院財務金融委員会で，民主党津村啓介議員の質問に対し，山本公一総務副大臣は，長期金利が2004年現在で1％上昇すると，郵貯では3.7兆円，簡保では3兆円の評価損が発生すると答弁した[41]。一般には債券投資は安全性が高いと理解されるが，

評価損の発生というリスクは小さくない。

　2001年度から財政投融資は改革された。改革によって郵便貯金から資金運用部への全額委託は終了し，自主運用されることとなった。この財投改革による郵貯自主運用への転換は，従来の公的金融の金利体系において，郵貯から不満が強まっていたことも一因であった。局面によって郵貯金利と財投預託金利（郵貯の受取金利）の利鞘が縮小したからである。

　1990年代以降，国債発行市場において入札制の拡充が図られてきた。市場原理を取り入れ，シ団引受方式に見られた裁量性を抑止するものと見られる。しかし，他方で国債発行市場では公的部門引受方式がとられている。これは郵貯窓販，日銀乗換，財投債経過措置，財政融資資金乗換であるが，いずれも郵貯や年金，簡保など公的資金を最大限活用して国債消化を図るものである。この結果，わが国国債保有構造は公的部門の比重が著しく高く，機関投資家の比重は低くなっている。

　郵貯資金は従来から財投と資金運用部に組み込まれてきたが，財投改革によって実質的に変化は見えていない。財投経由で資金を運用するのではなく，郵貯が直接国債を保有するようになっただけである。また郵貯の保有国債の期間構成を見ると，短期の比率が簡保などに比べて高くなっており，長期債保有リスクは小さいと言える。しかし郵貯の資金規模は簡保より大きく，資金規模からも金利上昇時の評価損は大きくなると推定される。運用面で一段のリスク管理が求められている。

〔注〕

1) 吉野直行，高月昭年編，『入門・金融』改訂2版，有斐閣，2003年，149ページ。
2) 内堀節夫，『公的金融論』，白桃書房，1999年，12ページ。本書は財政投融資の原資たる，郵貯，簡保，公的年金が国家の信用を背景に集められた資金であり，有償性，受動性，公共性，弾力性を特質として指摘している。
3) 龍　昇吉，『現代日本の財政投融資』，東洋経済新報社，1988年，21ページ。
4) 同上，44ページ。
5) 同上，120ページ。
6) 宮脇　淳，『財政投融資の改革』，東洋経済新報社，1995年，16ページ。

7) 同書，147ページ。
8) 会計検査院，『15年度決算検査報告の概要』，2004年11月19日。
9) 預託金利の決定メカニズムについて，龍　昇吉は，郵貯金利との連動を基本としつつ裁量的・人為的に決定されるとする。龍，前掲書，123ページ。しかし，宮脇　淳は，87年度までは，資金運用部資金法で国債の表面利率以下に固定化されてきた，とする。87年以降は国債の表面利率に連動する，とする。宮脇，前掲書，83ページ。
10) 『郵便貯金資金運用の概説』，平成13年版，㈶郵貯資金研究協会編，22ページ。
11) 朝日新聞，2001年3月15日付，「財投機関債発行　特殊法人　及び腰」。
12) 龍　昇吉，前掲書，24ページ。
13) 朝日新聞，2000年7月28日付，「8兆5千億円使い残す」。
14) 日本経済新聞，2001年7月28日付，「使い残し9兆円」。
15) 日本経済新聞，2003年7月31日付，「財投　使い残し7兆円」。
16) 日本経済新聞，2003年6月22日付，「徹底比較　長期固定住宅ローン」。
17) 日本経済新聞，2002年5月30日付，「住宅融資　民間が公庫抜く」。
18) 日本経済新聞，2005年8月13日付，「政府系金融が赤字転落」。
19) 日本経済新聞，2001年11月24日付，「天下り　高報酬くっきり」。
20) 日本経済新聞，2005年3月18日付，「政府系金融　縮小進まず」。
21) 『日本国債ガイドブック2005』(www.mof.go.jp)，10ページ。
22) 通貨の信用は中央銀行の負債・資産内容に裏づけられる。日本銀行の資産は主として，日本国債から構成されており，こうした意味で「円」の信用度は中央銀行と国債への信用度と深く関連している。こうした観点から，公信用と国家信用の関連が問われることになる。岩波一寛，「公信用論」，『現代財政学体系　I』，有斐閣，1974年。
23) 『債務管理レポート2004』，財務省，107ページ。
24) 円の為替レートが，こうした債務残高水準にもかかわらず，1ドル＝110円近辺の水準を維持している背景として，外国人投資家による対日株式投資，中国人民元の影響が大きいと見られる。外国人投資家の対日株式投資については，拙著，『日本の株式市場と外国人投資家』，東洋経済新報社，2002年を参照されたい。
25) 平成以降で国債発行額が前年を下回った年は平成3年の海部内閣（蔵相橋本龍太郎）時だけである。他はすべて前年を上回っており，小渕，森内閣はもちろん，財政再建や財政改革に前向きであった橋本内閣，小泉内閣も例外ではない。
26) 公社債引受協会，『公社債年鑑　平成元年』，6ページ。
27) 中島正隆，「四〇年の歴史を閉じた国債シ団引受発行」，『証研レポート』，（財）日本証券経済研究所大阪研究所，2006年8月の指摘による。
28) 前掲注26)に同じ，平成6年版，3ページ。
29) 『日本国債ハンドブック2005』，財務省。発行方法の説明は同書による。
30) 代田　純・勝田佳裕，「国債オペに関する日本とイギリスの比較」，『証券経済研究』，第50号，2005年6月。
31) 『債務管理レポート2004』，財務省，19ページ。
32) 大蔵省，「資金運用部による国債売現先の実施について」，2000年3月15日，財務省

ホームページ。
33) 「財政融資資金（資金運用部資金）資金運用報告書」，各年版，財務省ホームページ。
34) 「日本銀行の対政府取引」として，日銀ホームページ上に，日銀と国債整理基金，財政融資資金との取引が公表されている。ただし，2004年4月分以降である。
35) データについては，『簡易保険 2005』，日本郵政公社を参照。また拙稿，「簡易保険と証券投資：現状と将来像」，『経済学論集』，駒澤大学経済学部，第37巻第1号，2005年8月も参照されたい。
36) 『年金情報』，格付投資情報センター，331～333号，2003年8～9月。
37) 『年金情報』，同センター，389～390号，2005年7～8月。
38) 『図説　イギリスの証券市場　2005年版』，㈶日本証券経済研究所，45ページ。
39) 代田　純，「簡易保険と証券投資：現状と将来像」，駒澤大学経済学会，『経済学論集』，第37巻第1号，2005年8月，77～94ページ。
40) 格付けは格付投資情報センターホームページによる。
41) 日経金融新聞，2005年2月26日付，また衆議院第162回国会財務金融委員会議事録，2005年2月25日。

# 第6章

# 財政投融資改革と簡易保険の国債保有

## はじめに

　日本の国債にかかわる問題点のひとつは，保有構造において公的部門の比重が著しく高いことであろう。750兆円を超す国債の残高という量的指標，また一般政府債務残高の対ＧＤＰ比が161.2％（2005年現在，ＯＥＣＤベース）という国際的に突出した指標も問題であるが，保有構造も国際的に特異である。財政融資資金，郵便貯金，簡易保険といった「政府等」（民営化前）の保有比率が40.8％に達し，また広義では公的部門に含まれる日本銀行の保有比率も14.5％あり，合計で55.3％と過半を超えている。このことは，日本の財政金融政策に対し，深く影響していると見られる。約10年におよぶ「ゼロ金利政策」，国債買い切りオペを主軸とした「量的緩和政策」も，こうした国債保有構造と密接に関連していよう。

　本章では以上の問題意識を背景として，財政投融資，とりわけ計画外の短期運用による国債保有の動向，さらに公的部門として簡易保険による国債保有を取り上げる。財政投融資は改革後，「入口」の資金が減少しているが，「出口」の公的金融機関による貸出も抑制されており，結果として「中間」において資金余剰が発生している。このため，計画外の運用規模が拡大し，特に短期運用による国債保有が膨張している。

財投改革前に簡易保険は財投協力として運用部に預託してきたが，改革後は預託廃止となった。財投預託は7年以上であったため，簡保の負債とある程度は期間対応していた。しかし財投改革後，簡保の資産構成において国債の比重が急激に上昇しており，しかも国債市場全体の動向を反映して，簡保が保有する国債の残存期間構成も短期化している。このため簡保のＡＬＭ（資産・負債管理）は期間対応の面で問題がある。また資産において著しく国債の比重が高まり，金利上昇による評価損の発生リスクも高まっている。こうした状況を踏まえると，簡保本体による株式投資，または中小企業向け貸出（さらに貸出債権の証券化）など資産の多様化が検討されるべきだろう。

# I　財政投融資の計画外短期運用の膨張

　周知のように，わが国の金融構造は，公的金融の比重が高いことに，大きな特徴がある。わが国の預貯金において，郵便貯金は50％近いシェアを占めてきた。また生命保険の分野においても，簡易保険は高いシェアを占めてきた。こうした預貯金，保険の分野で公的セクターへ資金が流入し，年金と並んで，資金運用部を介して財政投融資で運用されてきたわけである。こうした従来のシステムのなかで，簡易保険も財投協力といった形で財政投融資に組み込まれてきた。

　しかし2001年度から財政投融資の改革が進んでいる。大きな方向性としては，郵貯・年金そして簡保の資金を資金運用部と財投に振り向けることをやめ，市場原理に基づいて「自主運用」させることである。しかし現実的には，簡保による国債保有はますます増加しており，市場原理に基づく「自主運用」とは異なる側面も垣間見える。というのも，近年日本銀行によって量的緩和政策が採られ，国債買いオペ（特に買い切りオペ）が異常な水準まで拡大し，国債の流通利回りが超低水準まで低下した。このため，金利上昇に伴う債券評価損の発生リスクが高まっている。しかるに，簡保による国債保有は増加を続けており，

果たして市場原理に基づく「自主運用」とは何なのか,検討を迫っている。

同時に検討されるべきは,簡保保有国債の残存期間構成の変化である。これは一般論として,期間の長い債券の価格変動リスクは高い,利率の低い債券の価格変動リスクは高いためである。超低金利政策のもとで,国債の利率は1％台にあり,価格変動リスクは高まっている。そのうえ,残存期間が長期化していれば,さらに価格変動リスクは高まることとなる。簡保による国債保有の増加にかかわって,保有国債の残存期間が検証されねばならない。

簡保による国債保有リスクが高まっているならば,ポートフォリオの多様化が必要となる。ひとつの選択肢は株式投資の開始,もしくは拡大であろう。従来,簡保本体による株式投資は,国による株式保有につながるとして抑止され,簡保指定単という金銭信託形式で担われてきた。しかし,簡保事業団の時期に,指定単は大きな損失を計上し,郵政公社への移行にあたり,内部留保の取り崩しを余儀なくされた。したがって株式投資にあたりリスク管理が一層必要であろう。

もうひとつの選択肢は,有価証券以外で,信用保証協会と提携した融資,地方自治体と提携した貸出といった方向が考えられる。簡保の有する公共性を念頭におけば,中小企業向けの金融機能や地域経済活性化の金融機能は,本来最も必要であろう。こうした観点から,中小企業や地域向けの貸出が重要であろう。また民間金融機関による企業向け貸出の貸出債権を証券化し,それを簡保が保有するという選択肢もあるだろう。

## (1) 財政投融資の改革

2001年度から財政投融資改革法が施行され,資金運用部への郵便貯金,年金積立金の預託義務が廃止され,市場における自主運用が開始(拡大)された。簡易保険は改革前から,資金運用部への預託義務を課されていなかったが,改革後には財政融資資金への預託もなくなり,財政投融資計画のなかで地方公共団体へ直接貸し付けることとなった。

図表6−1は財政投融資原資について，改革前後を比較したものである。改革前の資金運用部資金は実績ベースで36兆円（1999年度）もの資金を調達していた。資金運用部の資金源は主として郵便貯金，公的年金であった。他方，簡易保険は改革前には6兆円前後の資金協力を行っていた。これらの郵貯，年金，簡保などの資金は改革前には資金運用部から特殊法人等に融資されていた。特殊法人の代表例が道路公団や住宅金融公庫であった。

　改革に伴い，第一に，まず財政投融資の規模が縮小された。財投の規模は原資で見ても，1999年度には約46兆円（実績）あったが，2003年度には同じく19兆円に縮小している。4年ほどの期間で，約46兆円から約19兆円に縮小したことは，「第二の予算」と呼ばれてきた財投が急速に縮小した，と言えよう。またわが国のマクロレベルの資金循環に少なからぬ影響を与えている可能性がある。

　第二に，資金運用部が廃止され，財政融資が創設されたが，財政融資は主と

図表6−1　財政

（単位：億円）

| 区　　分 | 1999年度 当初計画 | 1999年度 実績 | 2000年度 当初計画 | 2000年度 実績 | 区　　分 | 2001 当初計画 |
|---|---|---|---|---|---|---|
| 産業投資特別会計 | 1,036 | 2,020 | 1,100 | 1,015 | 財　政　融　資 | 287,448 |
| 資金運用部資金 | 437,156 | 364,726 | 333,049 | 287,067 | 　財 政 融 資 資 金 | 261,148 |
| 　郵　便　貯　金 | 115,000 | 41,400 | − | − | 　郵 便 貯 金 資 金 | 10,000 |
| 　厚生年金・国民年金 | 43,100 | 45,472 | 27,200 | − | 　簡易生命保険資金 | 16,300 |
| 　回　収　金　等 | 279,056 | 277,853 | 305,849 | 287,067 | 産　業　投　資 | 790 |
| 簡易生命保険資金 | 65,800 | 64,107 | 63,800 | 59,144 | 　産業投資特別会計 | 790 |
| 政府保証債・政府保証借入金 | 25,000 | 27,185 | 38,811 | 39,301 | 政　府　保　証 | 37,234 |
| 合　　　計 | 528,992 | 458,037 | 436,760 | 386,527 | 　政府保証国内債 | 29,613 |
| | | | | | 　政府保証外債 | 7,621 |
| | | | | | 合　　　計 | 325,472 |

注：1）　財政投融資制度の改革に伴い，2001年度から財政投融資計画に政府保証外債
　　2）　2000年度においては，郵便貯金，年金資金については，預託の増加額はなく，
（出所）　『財政投融資レポート』http://www.mof.go.jp/zaito/

して財政融資資金から構成されている。この財政融資資金は特別会計余裕金等から預託されており，郵便貯金と年金積立金からは既往の預託金の払い戻しだけがなされている。特別会計余裕金とは，郵便貯金および郵便振替，厚生保険特別会計などの余裕金である。

しかし特別会計余裕金だけでは，財政融資資金（約14兆円，2004年度当初計画）をまかなうことはできない。このため，財政融資資金には財投債の発行による調達資金も払い込まれている。財投債とは，正式名称を財政融資資金特別会計国債と言い，2003年度末における発行残高は91兆8,490億円である。財投債については，その位置付けをめぐって，実質的に国債の一種との指摘がある[1]。しかし財投債は，ＯＥＣＤレベルで一般政府の債務とされない。これは財投債による資金調達資金は財投対象機関に融資され，そこからの返済金によって償還・利払いされるためである。しかしこの点は従来の建設国債にもあてはまることであり，財投債の性格には不透明な部分がある。

**投融資原資の状況** （単位：億円）

| 年度 | 2002年度 | | 2003年度 | | 2004年度 | | 2005年度 | | 2006年度 |
|---|---|---|---|---|---|---|---|---|---|
| | 実績 | 当初計画 | 実績 | 当初計画 | 実績 | 当初計画 | 実績 | 当初計画 | 実績 | 当初計画 |
| 212,126 | 235,721 | 172,642 | 194,612 | 156,467 | 160,263 | 144,682 | 122,140 | 105,504 | 103,615 |
| 187,003 | 210,021 | 147,693 | 168,412 | 132,664 | 141,263 | 127,130 | 110,340 | 95,002 | 98,815 |
| 9,496 | 9,800 | 9,500 | 10,000 | 8,989 | 7,000 | 6,437 | 4,300 | 3,973 | 1,700 |
| 15,627 | 15,900 | 15,449 | 16,200 | 14,815 | 12,000 | 11,115 | 7,500 | 6,530 | 3,100 |
| 1,249 | 367 | 911 | 447 | 414 | 805 | 720 | 1,064 | 949 | 442 |
| 1,249 | 367 | 911 | 447 | 414 | 805 | 720 | 1,064 | 949 | 442 |
| 28,738 | 31,832 | 22,915 | 39,056 | 33,205 | 43,826 | 39,765 | 48,314 | 40,999 | 45,989 |
| 25,097 | 24,902 | 19,199 | 31,862 | 28,799 | 36,996 | 34,344 | 41,229 | 35,430 | 39,989 |
| 3,641 | 6,930 | 3,716 | 7,194 | 4,406 | 6,830 | 5,421 | 7,085 | 5,569 | 6,000 |
| 242,112 | 267,920 | 196,467 | 234,115 | 190,087 | 204,894 | 185,167 | 171,518 | 147,452 | 150,046 |

を加える等，原資区分の変更を行っている。
資金運用部資金については，回収金等が原資に充てられている。

第三に，産業投資特別会計は，戦後アメリカからの援助による承継資産，日本航空の保有株売却等など無償性資金を資金源としている。規模としては大きくはないが，財政投融資の改革においても引き継がれた。

　第四に，政府保証債は改革前から発行されてきたが，次に述べる財投機関債による「自主的」資金調達が財投対象機関で困難な場合，限定的範囲で発行が継続されることとなった。しかし図表6－1でも，政府保証債は実績ベースで約2兆2,000億円（1999年度）から約3兆3,000億円（2003年度）と逆に増加している。財投機関債の発行が期待されたほど，順調ではないと推定される。

　第五に，財投機関債の発行は，初年度の2000年度に1銘柄，発行額500億円であったが，2004年度には105銘柄，3兆186億円に増加した。しかし2002年度からすでに2.5兆円の発行額に達しており，3年間にわたり同水準で推移しているとも言える。

　以上見てきたように，財政投融資の改革は本格的に実施されたとも見える。しかし，特殊法人へ郵貯・年金から資金運用部経由で投融資されなくなったにせよ，改革後郵貯・年金・簡保が国債の受け皿という性格を強めてきた。とはいえ簡保資金の財政投融資への預託は，改革前には6兆円前後あったが，改革後には1兆5,000億円前後に縮小し，さらに減少傾向にある。このため，簡保としての運用にも変化が生まれている。

　財政投融資の改革に関わって注目すべき点が財投の計画外短期運用の動向である。財政投融資は長期運用を基本としており（主たる原資である郵貯定額等が7年以上である），短期間の運用は財投計画に計上されない。このため，5年未満の資金運用は計画外短期運用と呼ばれてきた[2]。

## （2） 財政投融資の計画外短期運用

　図表6－2が財政融資資金（1999年度までは資金運用部資金）の短期運用残高を示している。第一の特徴として，短期運用残高がかなり増加している。改革直前の1999年度には44兆5,430億円であったが，2005年度には約73兆円に増加し

第6章 ■ 財政投融資改革と簡易保険の国債保有

図表6-2 財政融資資金（資金運用部資金）短期運用残高

(億円、%)

| | | | 1998年度末 | 1999年度末 | 2000年度末 | 2001年度末 | 2002年度末 | 2003年度末 | 2004年度末 | 2005年度末 |
|---|---|---|---|---|---|---|---|---|---|---|
| 債券 | 国債 | | 286,508 | 124,129 | 208,902 | 313,544 | 354,175 | 366,503 | 410,589 | 417,870 |
| | | 利付国庫債券 | 277,196 | 114,817 | 208,902 | 313,544 | 354,175 | 366,503 | 410,589 | 417,870 |
| | | 割引短期国庫債券（政府短期証券） | 261,102 | 86,817 | 208,902 | 313,544 | 306,176 | 260,504 | 235,590 | 202,888 |
| | | | 6,000 | 28,000 | 0 | 0 | 47,999 | 105,998 | 174,999 | 214,982 |
| | | 食糧証券 | 0 | 0 | 0 | 0 | 0 | 0 | 0 | 0 |
| | | 外国為替資金証券 | 10,094 | 0 | 0 | 0 | 0 | 0 | 0 | 0 |
| | 金融債 | | 9,312 | 9,312 | 0 | 0 | 0 | 0 | 0 | 0 |
| 貸付金 | 国 | | 233,388 | 321,302 | 321,374 | 284,237 | 317,071 | 315,078 | 314,381 | 314,858 |
| | | 郵政事業特別会計 | 233,387 | 321,297 | 321,366 | 284,216 | 317,058 | 315,069 | 314,375 | 314,777 |
| | | | 4,656 | 5,470 | 5,798 | 5,646 | 5,705 | 0 | 0 | 0 |
| | | 交付税及び譲与税配布金特別会計 | 211,857 | 300,437 | 300,437 | 263,778 | 296,560 | 300,277 | 299,583 | 299,985 |
| | | 厚生保険特別会計 | 14,792 | 14,792 | 14,792 | 14,792 | 14,792 | 14,792 | 14,792 | 14,792 |
| 合計 ① | | | 519,896 | 445,430 | 530,276 | 597,781 | 671,247 | 681,581 | 724,969 | 732,728 |
| 長期運用予定額 | | | | 437,911 | 333,293 | 261,378 | 210,415 | 172,412 | 151,317 | 120,340 |
| 長期運用予定現額 | | | | 531,368 | 406,692 | 317,077 | 257,646 | 215,563 | 189,153 | 148,259 |
| 長期運用済額 | | | | 380,038 | 265,704 | 192,496 | 151,807 | 144,112 | 144,972 | 104,758 |
| 運用残額（不用額） | | | | 83,259 | 88,288 | 77,350 | 62,688 | 36,116 | 16,262 | 15,920 |
| 財投残高 ② | | | 4,008,000 | 4,178,000 | 4,101,000 | 4,101,000 | 3,906,000 | 3,540,000 | 3,355,000 | 2,995,849 |
| ①÷② (%) | | | 12.97 | 11 | 13 | 15 | 17 | 19 | 22 | 24 |

（出所）財務省ホームページから作成。

ている。第二に，本来の財投である，長期運用はフローの運用予定額で見てもかなり減少している。1999年度末には43.8兆円であったが，2005年度末には12兆円まで減少した。これは公庫・公団を通じた資金運用の必要資金を抑制しているからであろう。第三に，長期運用と短期運用の合計である，ストックの財投残高も，1999年度における418兆円をピークとして減少し，2004年度には300兆円以下まで減少した。これは長期運用の減少のためである。第四に，以上の結果として，財投残高に占める短期運用の比率は，図表6－2に示されるように，1999年度における11％から2005年度には24％まで上昇した。第五に，短期運用のなかで，増加している要因は貸付金ではなく，債券，とりわけ国債の保有である。財政融資資金（資金運用部資金）による国債保有は，1999年度における11兆円から2005年度には約42兆円まで増加している。短期運用の増加はほとんど国債保有の増加である。第六に，財政融資資金の国債保有の内容を見ると，1998年度から1999年度にかけて，利付国庫債券が約17兆円減少した後，2001～2002年度には30兆円台まで増加した。また政府短期証券が2005年度には約21.5兆円に増加していることが目立つ。1999年度から，かつての大蔵省証券，食糧証券，外国為替資金証券は統合されて，政府短期証券（ＦＢ）となった。これらの証券は政府短期証券として統合されたが，発行根拠別に区分されている。発行根拠別の区分によると,2003年度末の政府短期証券残高86兆1,259億円のうち，外国為替資金証券は85兆円超に達し，また政府短期証券の財政融資資金による保有額は10兆6,000億円とされている[3]。したがって財政融資資金保有の政府短期証券とは，外国為替資金証券とみなして差し支えない。

　政府短期証券の発行はかつて「定率公募残額日銀引受方式」で発行され，実質的には日銀引受であった。しかし1999年4月から原則として公募入札発行されている。ただし募集残額が発生した場合や，国庫に予想外の資金需要が発生した場合には，日銀による引受が認められている。公募入札発行では価格競争入札で発行され，入札参加者は銀行，証券など民間金融機関である。財政融資資金は入札に参加できないため，財政融資資金が保有する政府短期証券を発行市場で入札により取得することはありえない。

第6章 ■ 財政投融資改革と簡易保険の国債保有

　他方，政府短期証券の入札で募集残高がでた場合等，日銀は政府短期証券の引受が可能である。そして日銀は政府短期証券を財政融資資金に売却することが可能であり，財政融資資金は政府短期証券を日銀から購入するか，流通市場から購入することになる。しかし日銀がホームページで公表している日銀の対政府取引を見ると，日銀と財政融資資金の間で政府短期証券の売買はない。

　1999年4月における政府短期証券の公募発行移行に伴い，日銀が原則として引受を止めたため，財政負担の増加が危惧され，以下のような措置がとられた。日銀の政府預金を当座預金と指定預金に区分し，さらに指定預金のなかに「一般口」，「財政融資資金口」，「外国為替資金口」，「食糧管理口」といった口座が設けられた。そして財政融資資金，国債整理基金特別会計が政府短期証券を引き受けられることとなった。なお，政府預金の当座預金は付利されないが，指定預金は政府短期証券の公募入札における募入平均利回りから0.05％控除した金利が付されている[4]。

　政府預金の残高は2003年度末で約13兆円であるが，うち当座預金は1,500億円程度に対し，指定預金は12兆円以上となっている。さらに指定預金の内訳として，一般口が大きな変動を示すのに対し，財政融資資金口は3兆円程度で安定している。この預金口座残高によって財政融資資金特別会計が政府短期証券を引き受けている。2003年度における政府短期証券の発行額は304兆円，償還額275兆円であるが，発行額のうち13週証券が266兆円，2カ月証券が8.7兆円，日銀臨時引受額が28.5兆円であった。この13週証券のうち，市中公募は77.5％，財政融資資金特別会計引受が11.3％，国債整理基金特別会計引受が8.5％であった[5]。このように，財政融資資金によって政府短期証券の引受がなされている。したがって政府短期証券の日銀引受が停止されたものの，財政投融資の短期資金という政府系資金が動員された。また募集残（売れ残り）が発生した場合に，日銀引受も残されている。

　『国債統計年報』（財務省理財局）によると，2001年度に政府短期証券（FB）の保有シェアにおいて，日銀は30％を占めていたが，2003年度には15％へ低下した。しかし，2001年度には保有シェアゼロであった財政融資資金のシェアは

2003年度に12.3%へと上昇した。日銀のシェアが低下したように見えるが、「日銀＋財政融資資金」という公的資金の合計では30%から27.3%への変化にすぎない。

図表6－3から財政融資資金の短期国債保有額を見ると、2004年までは8兆円前後であったが、2004年から急増しており、2004年夏には18兆円に迫る規模に達した。これは、第一に「2008年問題」（2008年に国債償還が集中する問題）を控え、国債（財投債を含む）が前倒し発行されており、そのため財政融資資金で資金のダブツキが発生し、国債保有など余資運用しやすくなっていることがある。第二に、外国為替資金証券を発行根拠とする政府短期証券（ＦＢ）の発行が2004年を通じ増加し、しばしば入札において応募額が減少する事態が発生した。財務省がホームページで公表している政府短期証券の入札状況を見ると、

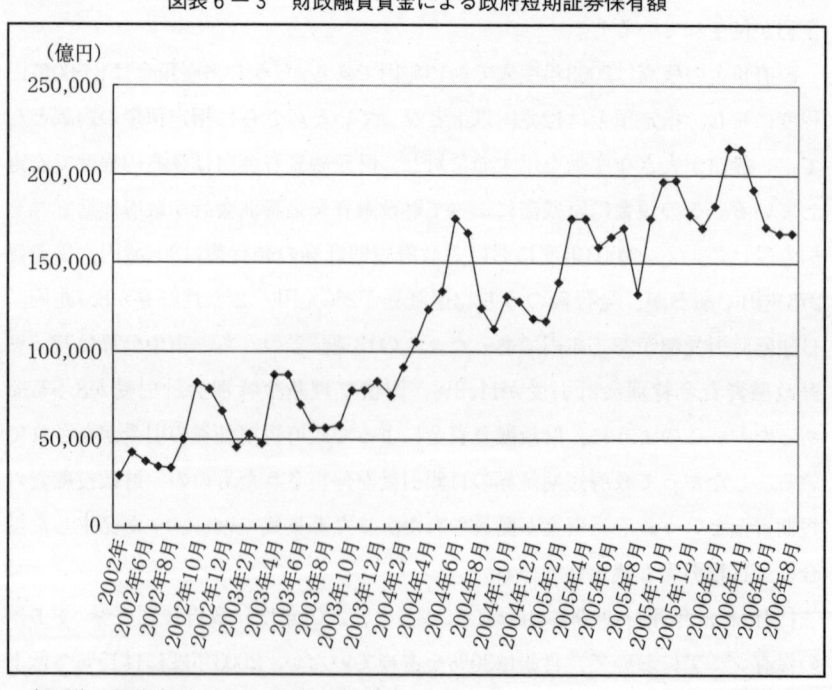

図表6－3　財政融資資金による政府短期証券保有額

（出所）　財務省ホームページから作成。

「募入決定額」に対する「応募額」の倍率は通常100倍を超えるが，2004年3月などでは30倍を下回ることがあった。また2004年を通じて通常，1回あたりのＦＢ発行額（募入決定額）は5兆円以上であり，発行価格は99円99銭台であった。しかし2004年4月，6月には入札価格が低かったためか，発行額が1兆円を下回ることがあった。

2004年を通じて，日銀の短期オペも大幅に買い越しで実施されていた。2004年3月頃から，日銀の短期オペは買い中心で，売りオペはほとんど実施されることなく，月間3～4兆円規模で買い越しが続いた。2004年10月には月間で4兆8,000億円の買い越しとなった。こうした日銀オペの補完的な機能を担ったのが，財政融資資金であろう。2004年は円高が進行し，日銀が為替介入を1～3月に実施し，政府短期証券増発の一因となったが，入札において応募額が少ない局面も見られ，日銀も短期買いオペで短期金利の上昇を抑制したが，財政融資資金も余剰資金で政府短期証券を引き受けてきた。

財政融資資金全体による長期国債の保有は，2002年4月には約77兆円であったが，その後減少し，2005年8月には約55兆円となった。他方，財政融資資金の短期運用による長期国債保有は1999年度末には8.7兆円であったが，2002年度末には30兆円を超え，その後減少している。財政融資資金全体と短期運用の差額は，長期運用保有分であろうが，長期運用での貸付金が実行されるまでの一時的な国債保有や地方向け貸出金の償還に伴う一時的な国債保有と推定される。長期運用での純然たる国債保有は2004年度計画で1兆円であり，差額分を説明できる金額ではない。

### （3） 財政融資資金と国債オペレーション

財政融資資金は，対市中，対日銀など複雑な国債売買操作を行っている。第一には，財政融資資金が対市中で行うオペである。セントラル短資のホームページに掲載されているデータで，財政融資資金による対市中でのオペが部分的にはわかる。これによると，財政融資資金は2000年4月から2001年3月にか

けてほぼ一定額の月あたり2,000億円で国債買い切りオペを実施している。国債市況買い支えとしての買い切りオペであろうが、図表6－2で見たように、1999年度から2000年度にかけて長期国債（利付国庫債券）の保有は著しく増加しており、その一因と見られる。他方、2000年から2001年にかけての特質は買い切りオペと並び、売現先オペが急増していったことである。これは基本的には郵便貯金の集中満期対策と見られる。大蔵省（当時）は1999年11月に「郵便貯金の集中満期時における対応について」を公表したが、2000年3月には「資金運用部による国債売り現先の実施について」を新聞発表した。これによると、「郵便貯金の集中満期時における資金繰り方策として、資金運用部はその保有する国債を活用し、（省略—引用者）対市中の売り現先（買戻し条件付売却）を本年4月以降実施することとする。」[6]とされた。対象は利付き国庫債券、対象先は日銀国債オペ対象先のなかで希望するもの、方式は期間利回りを入札に付してコンベンショナル方式で決定し売却する方式であった。

2000年から郵便貯金が集中満期を迎えたことは、1990年度に164兆円もの資金が郵貯（定額貯金が中心）に流入し、定額貯金の満期が10年であったことによる。1990年には郵便貯金の金利は5～6％という水準にあり、民間預金金利との格差は大きかった。こうした事情から、郵貯が2000年に集中満期を迎えたため、郵貯償還資金確保という一時的な資金繰りのためにも、財政融資資金による売現先オペが活発化したと見られる。

なお、財政融資資金による買い切りオペは2006現在中止されている。これはもともと1998年12月の「運用部ショック」にさかのぼる。1998年12月に、当時の宮沢蔵相は資金運用部による10年長期国債買い入れを停止した。これによって新発10年国債の利回りは2％台まで上昇した[7]。当時、運用部が長期国債の買い入れを停止した背景には、景気対策等で貸出が伸びている政府系金融機関に優先的に資金をまわす必要、ならびに郵貯の集中満期に伴う償還問題があった。運用部ショックによる長期金利上昇で、1999年2月には一旦資金運用部による長期国債買い切りオペは再開されたものの、その後2001年3月に財政投融資改革を契機として停止された。その後、運用部オペは実質的に日銀買い切り

オペに引き継がれたとみて差し支えないだろう。

　他方，2004年以降，増加が目立つ売買が，日銀による対財政融資資金長期国債売現先である。これは日銀からは一時的な国債売却という資金調達であるが，財政融資資金からすれば一時的な国債買い入れという資金運用である。日銀の対財政融資資金の長期国債売現先から以下のような動向がわかる。2000年から2～3年間は郵貯の集中満期のため，財政融資資金は一時的な資金調達のニーズが強かったが，2004年以降は郵貯の満期も落ち着き，また公庫・公団向けの貸出も減少したため，資金運用のニーズが生じたと見られる。日銀による長期国債売現先残高（対財政融資資金）は，2004年4～5月には4兆円程度で，同年6月には一旦ゼロとなったが，7月から9月にかけて急増し，9月には12兆円を超す残高となった。この時期に日銀の売現先（財政融資資金の買現先）が増加した理由として，財政融資資金の資金余剰の発生が考えられる。月ベースで発表されている「財政融資資金月報」を見ると，6月から9月にかけて財政融資資金の資金残高にはほとんど変化ないが，短期国債の減少や，地方公共団体向け貸付金の減少（償還）があり，その資金が長期国債の現先で一時的に運用されたと見られる。

　財政融資資金は短期運用を中心として長短国債を保有し，対市中で現先オペを実施し，さらに日銀との間でも債券現先売買を行っている。こうしたことの問題点として，第一に，財政融資資金は財投債という国債の発行によって資金を調達しており，国債の発行によって調達した資金で，国債を保有するといった関係である。財投債は郵政公社などが経過措置として引き受けているが，公的金融機関の貸出抑制等から，財政融資資金が国債で調達した資金で国債を保有している。国際的にも突出した国債残高を抱えており，こうした関係は本来慎むべきだろう。この点は，不必要な国債が発行されていることを暗示している。第二に，公的金融機関を経由して国民経済に循環する資金が抑制され，国債保有に回されていることである。2000年から2005年にかけては，民間銀行が不良債権問題のなかで貸出を抑制したため，地方の地域経済は疲弊していた。こうした地方の地域経済では公的金融への需要は依然として強い。財政融資

金は国債保有よりも衰退する地域経済に資金を回すべきであろう。

### （4） 郵政民営化

2001年度からの財政投融資改革に続き，2005年度には郵政民営化が大きな政治問題となった。2005年10月，郵政民営化関連法案は国会を通過し，成立した。この法案によると，政府は日本郵政公社を2007年4月から持ち株会社のもとで，四事業会社に再編した。四事業会社とは，郵便事業会社（日本郵便），郵便局会社（郵便局株式会社），郵便貯金会社（ゆうちょ銀行），郵便保険会社（かんぽ生命保険）である。政府は持ち株会社（日本郵政株式会社）の株式を2007年4月時点では100％所有するが，将来的には3分の1に近づけるよう努力することとなる[8]。また持ち株会社は郵便事業会社と郵便局会社の株式を100％保有するものの，ゆうちょ銀行とかんぽ生命保険については，2007年4月こそ100％出資であるが，2017年3月までに完全処分（売却）が予定されている。2007年4月の民営化開始（分社化）時点で，郵貯・簡保（旧契約を除く）の政府保証を廃止する予定であるが，税制優遇措置（固定資産税の半減等）は継続される予定であった。また2007年4月時点で職員の非公務員化が検討されていた[9]。将来的に2017年以降，ゆうちょ銀行やかんぽ生命保険の業務は原則自由化が予定されている[10]。

郵貯の預け入れ限度額1,000万円は将来的には撤廃される方向である。政府保証の廃止を受け，預金保険制度に加入し，元本と利子の合計1,000万円までが，民間と同様に保護されることになる。同様に，保険についても現行の死亡保障1,000万円の上限は将来的には撤廃が予定されている。そして民間生保と同様に，生命保険契約者保護機構に加入する，とされた。

日本郵政公社には，「見えない補助金」が与えられていたと，研究者からの指摘もある。これは①法人税の非課税，②事業税，印紙税の免除，固定資産税の半額免除，③郵貯の預金保険料の免除，④簡保から保険契約者保護機構への拠出の免除等である。以上の租税減免額を合計すると，年間7,000億円近くに達するとの試算もあり，結果的に民間よりも有利な金融商品の提供が可能と

なっている,とされた[11]。

　郵政公社の郵便局は普通局,特定局,簡易局に区分される。2004年度末現在,全国の郵便局数は24,678であり,うち特定局は18,923を占め,しかも郵便の集配を行わない「無集配」特定局が15,458で,「集配」特定局3,465を大きく上回っている。特定郵便局は地域的にほぼ均等に分散しており,これは対人口比で見ると地方部に集中していることを意味する。他方,公社全体の損益は2004年度で1兆2,379億円の黒字（単体,以下同じ）であるが,業務別に見ると郵便は283億円の黒字だが,郵便貯金は1兆2,096億円の黒字,簡易保険は1,274億円の黒字で,郵政事業は郵貯を軸とする金融業務が利益を生み出していた。こうした構造から,地方部の特定局,しかも郵便事業が赤字と推定されている[12]。

## II　簡保の資産運用

　簡易保険の運用資金残高を見ると,1990年度には51.7兆円であったが,90年代前半には毎年5～10兆円の純増額となった。このため,1997年度には運用資金は100兆円を超え,105.7兆円となった。しかし,2002年度には初めて資金純増額が減少した。これは簡保の新規契約件数が減少したためである。簡易保険の主力商品は養老保険であるが,1995年度には約800万件程度の新規契約があったものの,2004年度には287万件に減少している。養老保険は低金利の影響で,満期時の受取額が払い込み額を下回る元本割れが続いてきた[13]。しかし,公社成立時（2003年4月）に121兆円を超える資産を有しており,四大民間生保を上回る資産額は,金融証券市場に強い影響力を有している。

### （1）　資産運用の概要

　図表6－4により,公社成立前の簡保の運用構成を見ると,第一に,有価証券の構成比率が上昇していることがわかる。1999年度には運用資産のなかで有

図表6-4 簡保の資産運用

(単位:億円)

| | | 1999年度 | 2000年度 | 2001年度 | 2002年度 | 公社成立時 | 2003年度 | 2004年度 | 2005年度 |
|---|---|---|---|---|---|---|---|---|---|
| 有価証券 | | 658,487 | 660,596 | 720,675 | 779,664 | 813,860 | 816,707 | 847,313 | 848,506 |
| | 国債 | 249,185 | 273,521 | 367,488 | 458,278 | 479,920 | 514,026 | 575,292 | 616,912 |
| | 地方債 | 75,029 | 74,608 | 71,747 | 69,955 | 75,406 | 71,881 | 65,220 | 49,807 |
| | 公庫公団債 | 249,147 | 236,434 | 216,464 | 203,578 | 205,330 | 183,704 | — | — |
| | 社債等 | 39,547 | 37,654 | 39,939 | 34,089 | 36,363 | 31,147 | 191,174 | 163,211 |
| | 外国債 | 45,579 | 38,379 | 25,037 | 13,765 | 16,841 | 15,950 | 15,606 | 18,550 |
| 貸付金 | | 301,627 | 313,402 | 304,074 | 280,803 | 255,348 | 247,553 | 238,986 | 227,571 |
| | 国・公庫公団等 | 72,691 | 77,231 | 61,032 | 46,647 | 44,468 | 32,536 | 22,213 | 15,035 |
| | 地方公共団体 | 169,405 | 176,521 | 184,403 | 190,057 | 184,641 | 191,166 | 193,645 | 191,250 |
| | 簡保事業団 | 32,700 | 32,700 | 32,700 | 20,000 | 0 | 0 | 0 | 0 |
| | 保険契約者 | 26,831 | 26,950 | 25,939 | 24,099 | 24,060 | 21,926 | 21,433 | 19,809 |
| 運用寄託金 | | 115,311 | 130,311 | 130,311 | 143,000 | 0 | 0 | 0 | 0 |
| 預金等 | | 41,944 | 51,621 | 53,129 | 28,451 | 41,847 | 20,520 | 23,906 | 19,468 |
| 財政融資資金預託金 | | 32,561 | 46,260 | 30,428 | 0 | 0 | 0 | 0 | 0 |
| 国庫 | | 6,000 | 6,000 | 9,000 | 0 | 0 | 0 | 0 | 0 |
| 日銀預託金 | | 0 | 0 | 0 | 8,994 | 0 | 0 | 0 | 0 |
| 金銭の信託 | | 0 | 0 | 0 | 0 | 99,390 | 117,189 | 89,301 | 91,517 |
| 合計 | | 1,155,930 | 1,208,189 | 1,247,618 | 1,240,912 | 1,210,446 | 1,201,969 | 1,212,689 | 1,199,623 |

注:2004年度から一部で費目が変更された。
(出所)簡易保険ホームページ等から作成。

価証券の比率は57%であったが，2002年度には63%へ上昇した。さらに公社成立後の2003年度には68%へとさらに上昇し，2005年度現在70.7%まで達した。

　第二に，有価証券の比率上昇は専ら国債の上昇に起因している。1999年度には簡保資産全体のなかで国債の比率は22%であったが，2002年度には37%へと急激に上昇し，公社成立後の2003年度には43%へと上昇している。この傾向は継続しており，2005年度には簡保資産の51.4%に達した。したがって有価証券のなかでの国債の比率も著しく上昇し，1999年度には38%であったが，2002年度には59%へ，さらに2003年度には63%に達した。2005年度には，実に有価証券の73%が国債となった。これは運用資産の多様化を図り，リスク分散を図るポートフォリオ・インシュアランスの観点からは，大きな問題である。

　第三に，貸付金については，簡保資産における相対的な構成比率のみならず，貸付金額の絶対額も減少している。1999年度に貸付金は30兆1,627億円で，簡保資産の26%であったが，2002年度には28兆803億円で23%へ減少，かつ低下した。さらに2003年度には24兆7,553億円で21%となった。こうした貸付金の減少・低下は，すでに見たような財政投融資計画の縮小・改革により，簡保からの特殊法人等向け貸付金額が削減されたことに起因する。

　第四に，貸付金の内容構成を見ると，地方公共団体を除き，他の貸付は減少している。地方公共団体向けの貸付金は1999年度に約17兆円であったが，2003年度には19兆円を超えている。これはすでに見たように，財政投融資改革によって，簡保からは財政融資資金への預託もなくなり，財政投融資計画のなかで簡保の役割は地方公共団体への貸付に限定されたからである。国・公庫公団等への貸付が減少し，簡保事業団への貸付も廃止された。地方公共団体が財源調達する場合，地方債発行という方法もあるが，地方債発行は格付けの普及など投資家からの選別も強まっており，地方公共団体から簡保貸付への依存度はむしろ強まっている。ただし，簡易保険としては，地方公共団体向けの貸付拡大には慎重と見られる。

　第五に，公社成立に伴い，「自主運用」が強まり，信託銀行などの運用機関に，いわゆる「指定単」(単独運用指定金銭信託)の委託が本体勘定で開始された。図

表6－4の「金銭の信託」がこれにあたるが，公社成立時に9兆9,390億円であったが，2003年度には11兆7,189億円と増加している。

以上，第一と第二の特徴として指摘したように，簡保の運用において，有価証券，とりわけ国債が著しく上昇してきた，と言えよう。

他方，簡易保険の運用パフォーマンスは，近年低下傾向をたどっている。しかし民間生保（全社ベース）と比較すると，簡保が高いパフォーマンスを示している。1990年前後に簡保の運用利回りは6％前後であったが，90年代後半は4％台に低下し，さらに2000年前後には3％台へ低下してきた。低金利が続くなかで，運用利回りの低下は自然の成り行きと言えるが，2001年現在簡保は3.18％，民間生保は1.25％となっている[14]。

2003年度における簡保の資産別運用利回りを見ると，現預金，コールなどは0.03～0.04％であるが，金銭の信託は6.77％，有価証券は0.94％，貸付金は3.27％等となっている。有価証券の内訳としては，国債が0.47％，地方債が0.24％，社債が2.16％，外国債が1.13％，株式が4.16％となっている[15]。過年度の運用利回りを見ると，公社債が1999～2001年度に3.7％前後であったが，2002年度に1.99％へ低下した。他方，外国債は1999～2001年度に0.5～2.5％であったが，2002年度には15.54％へ上昇した。外国債の運用成績は為替レートの変動によって大きく影響を受ける。このため年によって，外国債の運用利回りは大きく変動すると見られる。

### （2） 資産と負債の期間ミス・マッチ

次に簡保の運用で大きな比率を占める有価証券について，その残存期間別構成を見てみる。簡保の有価証券全体として，第一に短期物の構成比率が上昇している。残存期間3年以下の有価証券を合計すると，1999年度の18％から2003年度には34％まで上昇している。

第二に，中期物の構成比率は同水準で推移，もしくは低下気味である。3年超7年以下の有価証券を合計した比率は，1999年度の41％から2002年度には

40％へと1ポイントながら低下している。さらに2003年度には36％へ低下した。

第三に，長期物の構成比率は低下している。7年超の有価証券合計比率は1999年度に41％あったが，2003年度には30％へと低下した。したがって簡保の有価証券の残存期間構成は，短期物が16ポイント上昇した一方，長期物が9ポイント低下しており，1999年度から2003年度にかけて，全体として短期化が進んできたと言える。

こうした有価証券の残存期間短期化といった傾向は保有国債の残存期間短期化を反映したものと見られる。保有国債の残存期間を見ると，第一に，3年以下の国債（短期物）は9％から25％へ上昇した。第二に，残存期間3年超7年以下の国債（中期物）は24％から31％へ上昇した。第三に，7年超の長期物，これは10年新規発行物等であるが，同じく66％から42％へ低下した。

こうした長期物の比率低下と短期物の比率上昇は，保有している国債の償還が近づいていることを意味する。しかし反面で，長期物は価格下落時に評価損が大きくなるリスクがある。2003年から2004年にかけて，長期金利の急騰があり，債券投資は評価損をもたらしてきたため，簡易保険では金利上昇に対応した債券ポートフォリオが組まれたとも言える。

大手銀行四行では債券保有額は約65兆1,000億円（2005年3月末）と，前年同期比11％増で，前年度（2004年3月末）の28％増から鈍った。残存期間別に見ると，「1年以内」は全体のなかで46.2％であり，前年度から3.3ポイント上昇した。「10年超」の増加分がすべて15年変動利付き債とすると，実質の平均残存期間は前年同期比で0.34年短期化し，2.53年になった，と言われる。これは1998年3月末以降で，最短との試算もある[16]。

民間銀行では「ＶＡＲ（バリュー・アット・リスク）」のようなリスク管理手法が近年普及し，発達してきた。しかし公的保険としての簡易保険が民間と同様に保有国債の短期化をはかってきたことは興味深い。もちろん，日本の国債残高の満期構成自体が短期化しており，簡保の保有国債短期化は市場構造を反映したにすぎない，という見方もできる。2005年現在，市場全体で普通国債の残存期間別構成は1998年度末における5年10カ月から，2003年度末に5年へと短

期化している。簡保は国債の主要な保有者として，市場動向から影響を受けずにはいられない。

　しかし，簡保は公的保険として，負債の満期構造は非常に長期にわたる。簡保は2004年度末で119.9兆円の負債を抱えるが，うち36.4兆円，負債の30.4％が10年超の負債である。また7年超の負債合計は55.5兆円で負債の46.3％に達する。他方，資産の残存期間構成は10年超が20.7兆円で17.3％にすぎない。また7年超の資産でも45.7兆円で38.2％である。したがって保険会社として見た場合，簡保の資産・負債の期間構造はＡＬＭの観点から問題がある。こうした資産・負債における期間のミス・マッチの一因は，財投改革により資産の財投預託金（7年以上）が減少し，国債が増加したことであろう。2005年現在，保有国債の残存期間は市場動向を反映して，短期化せざるをえない。市場で短期国債の比重が高まっているためである。

　市場全体での国債が短期化している要因としては，日銀乗換えが短期国債によっていること(本書第3章)，また国債保有構造における公的金融機関の比重が高く，公的金融機関が短期国債を選好したこと（本書第2章）等が指摘されている。

## （3）　簡保と評価損問題

　2001年度末に，簡保が「償還期限まで保有する目的で取得した債券」は18兆4,787億円（簿価）であり，そのすべては公庫公団債であった。「その他の有価証券」が58兆4,179億円（簿価）保有され，うち国債が36兆7,488億円（同）であった。「その他の有価証券」によって，2001年度に402億円の評価損が発生し，うち国債による評価損が145億円発生した。しかし当該年度の場合，「その他の有価証券」によって評価益が2兆5,387億円発生したため，差し引き2兆4,985億円の純評価益となった。また国債も評価益が1兆513億円発生したため，差し引き1兆368億円の純評価益であった。

　しかし2003年度に至ると，公社化に伴う会計基準の変更で，「責任準備金対

応債券」による保有債券（簿価）は50兆6,803億円，うち国債は38兆7,922億円となった。そして金利上昇等に伴い，債券全体の純評価損が1兆564億円，国債による純評価損が9,557億円となった。他方，「その他有価証券」での国債が7億円の評価益を計上したため，差し引きで9,550億円の純評価損となった。

このように，簡保による債券運用，国債での運用も多額の評価損を生んでいる。2005年2月25日の衆議院財務金融委員会で，民主党津村啓介氏の質問に対し，山本公一総務副大臣は，長期金利が2004年年末現在で1％上昇すると，簡保で約3兆円の評価損が発生すると答弁した[17]。

この答弁において，1％の長期金利上昇で約3兆円の含み損が簡保だけで発生すると明らかにされた[18]。こうした数字が示しているように，一般に安全性が高いと考えられやすい債券投資も，実は損失が大きくなりやすい可能性を内包している。約55兆円の債券保有があれば，1％の長期金利上昇で約3兆円の評価損が発生する可能性は十分に理解できよう。またALMの観点からも，簡保の資産・負債には期間のミス・マッチが否めないところである。

そもそも，日本の会計基準では，満期保有の債券は時価評価ではなく，簿価計上となっているが，この点も議論がある。また保険会社の責任準備金対応の保有債券についても，簿価計上となっている。こうした時価対象外の債券を除いて，なお評価損が発生しており，検討の余地がある。

## III 簡保の証券投資と将来像

簡保の指定単は，公社移行前まではかなりの損失を計上してきた。2001年度末には4.2兆円，2002年度末には6.4兆円の評価損を指定単が計上し，本体による運用益を超過し，全体でも評価損計上（2002年度末で1.6兆円）となってきた。本体運用では時期により変動するものの約80％が債券運用である一方，指定単では国内債券が約10％であり約40％が株式運用ということに起因する。90年代後半に株価が調整を続けたため，指定単の運用利回りは低迷していた。こうし

た環境において，しばしば簡保指定単での株式運用は批判を受けてきた。当時は，現在と異なり，本体による指定単運用ではなく，簡保事業団による指定単運用である。

2000年5月に参議院の財政・金融委員会で，野党の委員から株式運用は批判を受けた[19]。この議論において，簡保指定単による株式投資が批判を受けた。図表6－5は2002年度末（民営化直前）と2003年度末（民営化1年後）の簡保指定単の損益状態を見たものである。2002年度末の時点で，簡保指定単は6兆4,354億円の評価損を抱えていた。内訳で示されているように，5兆5,064億円が国内株式で発生した評価損であり，評価損は主として国内株式で発生したものであった。この評価損6.4兆円は，本体運用による「その他の有価証券」で発生していた評価益3.5兆円とまず相殺された。「その他の有価証券」とは，「満期保有目的の有価証券」とは別の，売買されうる有価証券であり，民営化前から時価評価が可能で，益出しができた。しかし，「その他の有価証券」による3.5兆円の評価益と相殺しても，3兆円近い評価損が依然残る。そこで公社移行にあたり，剰余金を取り崩して評価損を埋めることとなった。この剰余金は内部留保であるが，具体的には「価格変動準備金」や「危険準備金」であった。「価格変動準備金」は，債券を売却して積立ててきた，とされる。こうして簡保事業団時代の指定単の損失は穴埋めされた。

図表6－5　簡保指定単の評価損益　　　　　　（単位：億円，％）

|  | 2002年度末 | | | | | 2003年度末 | | | | |
|---|---|---|---|---|---|---|---|---|---|---|
|  | 簿価 | 構成比 | 時価 | 構成比 | 評価損益 | 簿価 | 構成比 | 時価 | 構成比 | 評価損益 |
| 国内債券 | 14,533 | 8.9 | 14,742 | 14.9 | 210 | 12,879 | 12.7 | 12,599 | 10.8 | ▲280 |
| 外国債券 | 25,609 | 15.7 | 25,642 | 26.0 | 34 | 25,641 | 25.2 | 24,837 | 21.2 | ▲804 |
| 国内株式 | 96,428 | 59.2 | 41,363 | 41.9 | ▲55,064 | 38,401 | 37.8 | 53,468 | 45.6 | 15,067 |
| 外国株式 | 23,545 | 14.4 | 14,744 | 15.0 | ▲8,800 | 12,007 | 11.8 | 13,618 | 11.6 | 1,611 |
| 短期運用 | 2,886 | 1.8 | 2,154 | 2.2 | ▲732 | 12,667 | 12.5 | 12,667 | 10.8 | 0 |
| 合　計 | 163,000 | 100 | 98,646 | 100 | ▲64,354 | 101,594 | 100 | 117,189 | 100 | 15,595 |

（出所）　簡易保険ホームページから作成。
注：四捨五入のため，合計額は一致しない。

公社発足にあたり、指定単では評価替えされ、発足時（4月1日時点）の時価に評価替えされたと推定される[20]。また公社に移行した初年度には、指定単への追加出資はなかった[21]。その結果が、図表6-5に示されるように、2003年度末における1兆5,595億円の評価益であった。そのほとんどが国内株式によって発生している。逆に、国内債券は280億円の評価損となった。すでに簡保本体の運用では、国内債券から9,624億円の評価損が2003年度末には発生していた。

確かに、株式投資はリスクを持ち、簡保事業団時代には大きな損失となった。しかし、同時に債券投資にリスクがないかと言えば、答えは「否」であり、債券投資にもリスクがある。すでに指摘したように、1％の長期金利上昇によって、3兆円の評価損が発生するとされている。したがって株式投資にリスクがあると同様に債券投資にもリスクがあり、株式投資にだけリスクが発生するわけではない。問題は有価証券投資のリスクをいかに管理するかであり、株式投資をしないことで問題が解決するものではない。株式を含むポートフォリオの多様化は方向性としては選択肢のひとつであろう。

簡保が株式投資する場合、収益性とならんで、資金の公共性に鑑みて、社会的投資をすることが重要であろう。近年、注目されているＳＲＩ（社会的責任投資）がひとつのヒントとなる可能性もある。ＳＲＩとは、従来株式投資において企業の収益性だけが重視されてきたのに対し、環境問題への対応や様々な社会的な観点を加味して投資判断する手法である。ＳＲＩには一定の批判がある[22]。しかし資金の出し手である保険契約者に周知すれば、問題はないと思われる。

証券投資に関する将来像を検討する場合、簡易保険の公共性と中小企業・地域向け金融といった観点が不可欠であろう。これは以下のような理由による。一方で、郵政公社発足に続き、郵政民営化によって、簡保の民営化が進むこととなろう。しかし、簡保株式の政府保有がゼロになるのは、当面ありえない。だとすれば、簡保資金の公共性は当面続くこととなる。

他方で、わが国の中小企業向け金融は依然として厳しい状況にある。最近、

大手メガバンクが中小企業向け貸出に積極的になっている。三井住友銀行はスモール・ビジネス・ローンを開始している。しかし設立2年以上等が条件となっている。また国民生活金融公庫等（当時，現日本政策金融公庫）の公的な融資についても，設立1年以上等は最低条件である。また個人が事業を開始する場合に，借り入れることは依然として困難である。担保や保証人，または納税実績などの審査がある。

　こうした環境において郵政の組合が信用保証協会向けの融資を提言していることは注目されよう。「信用保証協会が中小企業の金融機関借入債務を保証する信用保証制度は，中小・地域金融機関の中小企業むけ貸出リスクをプールする機能とシェアする機能を持っている。地域経済を支える中小企業に対する金融支援策として，郵貯資金をこの信用保証協会に融資する道を開くべきである。信用保証協会への融資は中小・地域金融機関に預託され，間接的に地域の中小企業の活性化に資することになる。」[23] 以上のように，簡保資金が中小企業や地域経済の活性化に融資されることは検討課題であろう。

　以上の議論を簡潔に要約すれば，第一に簡保の資金規模を前提にした場合，有価証券を抜きにした運用は想定しにくい。さらに債券中心の運用も，金利上昇局面においては，大きなリスクを内包している。したがって株式による運用もひとつの選択肢である。この場合，社会的な観点を踏まえた投資が望ましい。

　第二に，信用保証協会への融資などの形態で，中小企業や地域経済の活性化に向けた簡保資金の運用が望ましい。現状では，わが国で中小企業の資金繰りは依然として厳しい状態にある。上場企業の多くが直接金融に移行している一方で，中小企業や個人事業者は依然として間接金融もしくは企業間信用が中心である。しかし，銀行からの借り入れには制約条件が多い。こうした状態の改善に向け，公的資金としての簡保の活用が望まれる。資金量とのバランスについては，民間金融機関の貸付債権を証券化することも選択肢のひとつであろう。証券化された貸付債権を，簡保が保有することも一考ではないか。

〔注〕

1) 宮脇　淳,『財政投融資と行政改革』,ＰＨＰ研究所,2001年,114ページ。
2) 龍　昇吉,『現代日本の財政投融資』,東洋経済新報社,1988年,44ページ。
3) 『国債統計年報』,平成15年度版,財務省理財局,114ページ。
4) 日本銀行,「対政府取引に関する基本要領」(日本銀行ホームページ参照)。
5) 会計検査院,「国庫金の状況」(会計検査院ホームページ参照)。
6) http://www.mof.go.jp/jouhou/zaitou/za063.htm を参照。
7) 日本経済新聞,1998年12月23日付。
8) 朝日新聞,2005年5月19日付。
9) 日本経済新聞,2005年4月4日付。
10) 日本郵政公社は2005年10月から投資信託の販売を開始する。日本経済新聞,2005年4月30日付。
11) 深尾光洋,「郵政三事業民営化の必要性について」,『金融学会会報』,2005年度日本金融学会秋季大会研究報告概要,56ページ。また同,「郵政3事業の民営化」,八代尚宏編,『「官製市場」改革』,日本経済新聞社,2005年,所収。
12) 日経金融新聞,2005年9月29日付。
13) 日経金融新聞,2005年5月10日付。
14) 「平成14年度簡易生命保険資金の運用状況について(参考)」,2003年7月17日,総務省郵政行政局。
15) 『簡易保険2004　資料編』,125ページ。
16) 日経金融新聞,2005年6月15日付。
17) 日経金融新聞,2005年2月26日付。
18) 衆議院　第162回国会,『財務金融委員会　議事録』,2005年2月25日。
19) http://www.dsnw.ne.jp/~sanin/000518a.html　を参照。
20) 朝日新聞,2003年9月27日付。
21) 朝日新聞,2003年1月30日付。
22) 代田　純,「信託銀行の変貌と投資信託の将来像」,『経済学論集』,駒澤大学,第36巻第3号,2005年1月。
23) 「顔の見える郵貯・簡保資金と郵便局の活用」に関する具体的提案,ＪＰＵ総合研究所。http://www.jpu.or.jp/soken/summary3.htm を参照。

# 第7章

# 地方債の改革と公的資金

## はじめに

　本章はわが国地方債市場の動向を概観し，従来地方債の主要な引受先であった政府系資金との関連について，簡易保険（現かんぽ生命保険，以下同じ）を中心に検討するものである。

　2006年現在，地方債は大きな問題となっている。地方財政の改革が重要な政策課題となり，いわゆる「三位一体改革」が進むなかで，2006年4月から許可制から協議制へ移行するなど改革が進んでいるためである。また2006年6月には北海道夕張市が財政再建団体として申請し，あらためて地方公共団体の債務が注目されることとなった。

　本章では，地方債残高が増加してきた背景として，1990年代以降の地方財政の歳出構造と歳入構造が検討される。地方債が増加してきた要因は，90年代における地方公共団体による単独公共事業の増加，その結果として2000年以降公債費負担が増加したこと，他方で90年代以降不況により地方税収が伸び悩んだこと，さらには国庫支出金（補助金等）や地方交付税交付金が削減されたこと等である。

　従来，地方債の主要な引受先であった政府系資金による地方債保有が減少傾向にある。2007年度の地方債計画（案）では，ついに簡易保険と郵便貯金によ

る新規引受額はゼロとなった。また簡易保険の資産残高構成においても，地方債は低下している。その一因は，簡易保険の運用利回りでも，地方債の運用利回りが低く，金融商品として競争力に劣ることであろう。2006年まで，東京都債等以外は一律に発行条件が決定され，財政力が発行条件に反映されてこなかった。このため地方債の利率は，流通市場の実勢を反映してこなかった。

地方債の発行市場を改革し，金融商品としての競争力を高めることが必要である。政府系資金とされてきた簡易保険や郵便貯金も民営化の方向であり，こうした努力が不可欠であろう。またイギリスのイングランド銀行では，オペ対象に適格地方債が含まれているが，わが国では含まれていない。地方債の発行市場改革を前提として，金融政策面からも検討の余地があろう。

# I　地方債の増加と地方財政の逼迫

## （1）地方債を取り巻く環境変化

従来，地方債は「戦後日本の経済システムにおける最後の護送船団方式」[1]と言われてきた。これは地方債が総務省による許可制によって発行され，「暗黙の政府保証」[2]を背景にして，東京と横浜以外の地方債が一律の発行条件によって発行されてきたためである。

地方債には，東京都が公募で証券発行する都債から，市町村が簡易保険等から借り入れる債務（証書貸付）まで含まれ，その範囲は広い。しかし証券形式で発行される公募地方債の利率や応募者利回りの場合，東京や横浜以外の地方公共団体は実質的に差がない発行条件で発行可能となってきた。

しかし2005年以降，地方債を取り巻く環境が変化しつつある。第一には，いわゆる「三位一体改革」によって，地方自治体の財政が厳しさを増してきたためであろう。「三位一体改革」とは，国から地方への地方交付税交付金を削減する，国から地方への補助金を削減する，国から地方へ税源を移譲する，といった三点セットの改革である。最終決着に至っていないが，地方財政は「自立」

を求められている。

　第二には，従来の地方債は許可制であったが，2006年4月から協議制へ移行したことである。従来は，地方自治体が地方債を発行する場合，総務省の許可を必要としたが，4月からの協議制においては，地方自治体と総務省が協議の上，総務省の不同意債が発行される可能性もゼロではない[3]。このことは，逆に地方自治体の「自己責任」による地方債発行を意味している。

　第三には，財政投融資改革の影響もあり，簡保など政府資金による比率が減少する一方で，銀行等引受や市場公募による比率が上昇している。簡保を含む政府資金の地方債計画における比率は2000年度以前までは50％近かったが，2001年度の財政投融資改革以降，傾向的に低下し，2005年度には30％程度に低下した。逆に，銀行等引受や市場公募の比率は50％を超えるに至った。地方債が市場メカニズムにさらされつつあるし，今後は地方債が金融・証券市場のなかで金融商品として定着すべきであろう。以下，地方債の変化を簡易保険の資産運用との関連で検討してみたい。

　そこでまず地方債増発の背景として，地方財政の歳出と歳入について検討する。ついで従来，地方債の大きな保有主体であった簡易保険の資産運用との関連で地方債を検討する。財政投融資改革によって，郵便貯金等は自主運用となったこともあり，簡易保険における地方債保有は資産構成において低下している。その要因としては，簡易保険の運用利回りのなかで地方債が低いことも一因と見られる。簡易保険の地方債運用利回りが低いことには，従来の地方債発行条件の一律決定方式も影響していると見られる。地方財政の歳出と歳入の基本構造を見直すこと，同時に地方債の発行条件決定の再検討が不可避の課題であろう。

## （2）　地方債増加と借り入れ先

　まず地方債の残高を確認しておきたい。ここでは便宜上，残高とならび，借り入れ先別内訳を検討し，地方債への資金の流れを明らかにしておく。

図表7-1が借り入れ先内訳を伴う，残高の推移である。地方債残高については，1990年度には約89兆円であったが，2003年度には約201兆円と倍増以上に増加した。2000年以降には増加のペースはやや抑制されたものの，1990年代における地方債の残高は著しいペースで増加した。1990年代に地方債残高は，ほぼ毎年10兆円程度の増加を続けた。特に，1994年度は約15兆円，1995年度は同じく約13兆円，1996年度は約11兆円，1997年度は約12兆円の増加となった。2000年以降，やや増加のペースは抑制されたとはいえ，増加していることに変化はない。1990年代における地方債残高の増加は，後述するように，地方財政の負担による公共事業の増加が主因である。また2000年以降，過去の地方債発

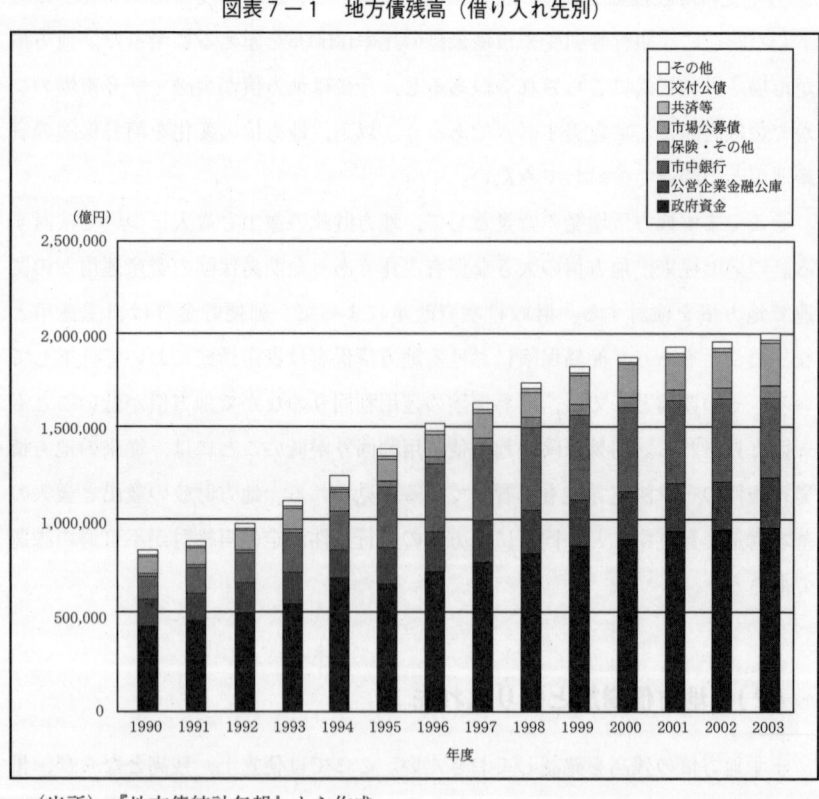

図表7-1　地方債残高（借り入れ先別）

(出所)　『地方債統計年報』から作成。

行に起因する公債費負担が増加し,地方財政が逼迫している。

こうして地方債残高の増加が継続してきたが,これを借り入れ先の資金別に見ていくと,以下のような特質を指摘できる。第一に,政府資金の比率が低下してきたことである。1990年に政府資金が占める比率は51.4%であったが,1994年に49.9%と50%を割り込み,2003年には48.9%へ低下した。内訳として,財投改革前の資金運用部による比率が1990年には40%あったが,1990年代半ばには38%台へ低下した。財投改革によって資金運用部は財政融資資金となったが,改革後の2001年には財政融資資金の比率が39.1%であったが,2003年には37.5%へと低下した。2006年現在,さらなる低下が議論されている。また財投改革後,財政融資資金から郵貯は独立したが,郵貯の比率は2003年現在で1.4%となっている。簡易保険は旧財投に「資金協力」という関係であったため,財投改革前から独自に地方債を保有してきた。しかし簡易保険の保有比率も,1990年には11.5%あったが,1999年には9.6%へ低下した。簡易保険の比率は2003年には10.1%とやや回復したものの,2006年現在でやはり低下が議論され,2007年度には新規引受は停止の予定となった。政府資金の比率が低下してきたことには,複数の要因がかかわっていると見られるが,財投改革で市場運用が基本となり,地方債の商品性が乏しいことから低下してきたと見られる。

第二に,公営企業金融公庫(現地方公営企業等金融機構,以下同じ)の比率も傾向的には低下してきた。公営企業金融公庫は1957年に設立され,地方公共団体が営む水道,交通,病院など地方公営企業に長期かつ低利の資金を供給し,地方債を引き受けてきた。公営企業金融公庫は財政投融資計画の一環としての政府保証債を発行することで資金を調達し,また2001年度からは財投機関債も発行してきた。また競輪やオートレースからの納付金もあり,公営公庫の資金調達は多様である。公営公庫はこうして資金を調達し,地方債を引き受けてきた。1990年度には地方債における公営企業金融公庫の引受シェアは15.3%であったが,1995年度には13.6%へ低下し,2003年度には12.8%へ低下した。公営企業金融公庫は調達が10年を基本としているが,運用の貸出期間は平均で25年となっており,期間リスクを抱えている。また公営企業は病院や交通を中心に大

きな赤字構造となっている。これらの要因が，地方債引受における公営公庫のシェア低下に関連していると見られる。

　第三に，市中銀行による引受シェアは傾向的に上昇してきた。1990年における市中銀行のよる引受シェアは14.4%であったが，1995年には23.2%へと10ポイント近く上昇し，1998年には24.8%へ達した。すなわち1990年代の前半から半ばにかけて，銀行により引き受けられる地方債（縁故債）が急増したことになる。この時期は政府によって公共事業が増やされた時期であり，地方財政による単独事業も増加した。したがって市中銀行により引き受けられた地方債で，単独公共事業がファイナンスされたことになる[4]。地方公共団体には，政府資金による地方債発行が狭隘化するなかで，地方単独の公共事業を遂行するため，地方銀行を中心とした市中銀行に依存する事情があった。他方，市中銀行においても，バブル崩壊後に不良債権が増加し，また優良企業は銀行離れをしており，貸出が伸び悩む環境にあったことが大きい。地方債は，地方交付税交付金によって国が実質的に「政府保証」しており，銀行にとっては「無リスク」資産と認識されていたためである[5]。したがって地方公共団体と地方銀行など市中銀行の利害が一致していたといえよう。

　しかし市中銀行の地方債におけるシェアは1998年における24.8%をピークとして，低下に転じた。2003年現在，市中銀行のシェアは21.5%となった。しかし銀行等引受による地方債発行額自体は2000年から2004年にかけて増加しており，評価が難しい。ひとつの論点は2000年以降，地方銀行と地方公共団体という両者の利害が変化したと見るべきか，否かであろう。2005年以降，財政指標が悪化する地方公共団体への貸出や地方債引受に，市中銀行が慎重になり始めたと見られる。また地方公共団体としても，公債費（利払い費）に苦しんでおり，市中銀行からの借り入れは条件次第といった面がある。

　他方で，公的引受分が減少しており，今後地方公共団体による地方銀行への依存度は高まる，という評価もある。また地方企業に対し，大手メガバンクが融資攻勢しており，地方銀行としては貸出先確保のためにも，地方公共団体向け貸出を維持する，といった可能性もある[6]。

第7章 ■ 地方債の改革と公的資金

　第四に，市中公募債も地方債において比率を高めた。市場公募の比率は90年代後半までは7%台であったが，2000年以降に急速に上昇し，2003年現在では10%台に達した[7]。公募団体は東京都や横浜市など独自の発行条件で地方債を発行できる地方公共団体から，総務省が一括してシンジケート団と交渉し，同一の発行条件で地方債を発行する団体まである。しかし公募団体数は増加してきた。公募地方債は1952年度に東京都，大阪府など8団体によって発行開始となったが，2003年度には19団体，そして2006年度には35団体へ増加してきた。このほかにも，公募団体が共同して発行する共同発行市場公募債が開始されている。これは地方債のロット（発行金額）が小さいといった弱点を改善し，発行条件を地方公共団体に有利にするためと言われる。さらに住民参加型市場公募地方債が加わった。病院などの特定プロジェクトのため，建設資金を住民から公募する地方債である。

　このほか，保険会社や共済による地方債保有も増加している。以上見てきたように，地方債残高の増加を資金別に見ると，大きくは政府系資金など公的資金の比率低下，銀行や公募など民間資金の比率上昇と言えよう。地方債残高は，民間資金のシェア上昇と同時進行で増加してきた。

## （3）　地方財政の歳出構造

　次に地方債残高の増加をもたらした背景として，地方財政の逼迫について検討しておきたい。まず地方財政の歳出額は，1990年代を通じて，ほぼ一貫して増加基調であった。図表7－2の合計額で見ても，1997年度に対前年度比で減少となったことを除くと，すべての年度において対前年度比増加であった。このため，1990年度に78兆4,732億円であった歳出額は1999年度に101兆6,291億円に達し，9年間で29.5%増となった。これは同時期の国の一般会計が28.5%増となっていることをも上回っており，90年代を通じて地方財政の膨張が続いた一面を示している。地方財政では対前年度比マイナスとなった歳出は97年度だけであったが，国家財政では97年度以外にも92と94年度においてマイナスの

図表 7-2 地方財政の歳出構造

(単位：％，億円)

| | 1990 | 1991 | 1992 | 1993 | 1994 | 1995 | 1996 | 1997 | 1998 | 1999 | 2000 | 2001 | 2002 | 2003 |
|---|---|---|---|---|---|---|---|---|---|---|---|---|---|---|
| 人件費① | 222,679 | 233,436 | 241,194 | 246,431 | 252,731 | 258,283 | 264,208 | 269,287 | 270,451 | 270,475 | 268,775 | 268,383 | 263,942 | 259,323 |
| 物件費 | 51,681 | 56,173 | 61,251 | 65,122 | 68,369 | 75,343 | 74,142 | 75,890 | 78,302 | 79,873 | 77,022 | 78,884 | 79,510 | 78,937 |
| 扶助費 | 41,665 | 43,924 | 47,065 | 49,322 | 52,483 | 55,251 | 57,821 | 61,621 | 65,445 | 69,127 | 60,964 | 64,746 | 67,424 | 70,349 |
| 補助費等 | 44,303 | 49,125 | 52,947 | 55,135 | 56,672 | 58,815 | 60,117 | 61,527 | 61,455 | 70,707 | 66,266 | 67,464 | 68,601 | 70,514 |
| 普通建設事業費② | 225,846 | 245,145 | 285,684 | 307,061 | 293,170 | 311,131 | 299,067 | 277,492 | 282,874 | 261,119 | 239,017 | 225,313 | 208,242 | 182,503 |
| 補助事業 | 85,021 | 88,020 | 102,436 | 114,929 | 111,836 | 125,473 | 119,151 | 110,607 | 119,447 | 116,504 | 105,138 | 99,588 | 92,339 | 78,735 |
| 単独事業 | 129,917 | 146,735 | 170,645 | 178,736 | 170,455 | 171,043 | 167,375 | 154,521 | 146,497 | 128,886 | 118,570 | 110,546 | 101,270 | 91,077 |
| 国直轄事業 | 10,908 | 10,390 | 12,603 | 13,396 | 10,879 | 14,615 | 12,541 | 12,364 | 16,930 | 15,729 | 15,309 | 15,179 | 14,633 | 12,691 |
| 積立金 | 50,821 | 46,769 | 36,109 | 25,261 | 22,816 | 19,239 | 20,277 | 15,528 | 13,213 | 25,141 | 19,474 | 20,242 | 13,641 | 15,642 |
| 貸付金 | 38,819 | 45,578 | 50,247 | 56,120 | 59,292 | 67,781 | 62,667 | 58,732 | 63,594 | 63,744 | 59,892 | 59,837 | 54,990 | 53,528 |
| 繰出し金 | 21,324 | 24,807 | 27,254 | 26,448 | 28,109 | 30,368 | 31,742 | 31,083 | 32,621 | 32,462 | 39,367 | 40,898 | 42,505 | 44,645 |
| 公債費③ | 65,081 | 68,198 | 70,828 | 78,857 | 80,485 | 86,127 | 94,417 | 102,660 | 108,634 | 117,560 | 123,462 | 128,207 | 130,365 | 131,549 |
| その他 | 22,513 | 24,910 | 22,961 | 24,945 | 23,993 | 28,851 | 25,740 | 22,918 | 25,386 | 25,676 | 21,827 | 20,047 | 20,888 | 18,560 |
| 合計④ | 784,732 | 838,065 | 895,597 | 930,764 | 938,178 | 989,445 | 990,261 | 976,738 | 1,001,975 | 1,016,291 | 976,164 | 974,317 | 948,394 | 925,818 |
| 人件費比率①÷④ | 28.37 | 27.85 | 26.93 | 26.47 | 26.93 | 26.10 | 26.68 | 27.57 | 26.99 | 26.61 | 27.53 | 27.54 | 27.83 | 28.01 |
| 建設費比率②÷④ | 28.78 | 29.25 | 31.89 | 32.99 | 31.24 | 31.44 | 30.20 | 28.41 | 28.23 | 25.69 | 24.48 | 23.12 | 21.95 | 19.71 |
| 公債費比率③÷④ | 8.29 | 8.13 | 7.90 | 8.47 | 8.57 | 8.70 | 9.53 | 10.51 | 10.84 | 11.56 | 12.64 | 13.15 | 13.74 | 14.20 |

注：都道府県と市町村の合計。
(出所)『地方財政要覧』等から作成。

歳出となっていた[8]。

　第二に，人件費については，地方財政の歳出で一定の比率を占めているものの，ほぼ歳出額に対し26〜28％の構成比率で推移しており，歳出額を押し上げた要因とまでは言いがたい。むしろ国家公務員の給与との比較指数である，ラスパイレス指数を見ると，1990年度の102.8からほぼ一貫して低下し，2003年度には100.1，2004年度には97.9にまで低下した。現在では，地方公務員の給与水準は国家公務員よりも低くなっている[9]。また地方公務員数は2005年4月現在，262万人（一般会計分）であり，1995年比で8％減少となった。なお，地方公務員数のなかで，警察と消防については10年間で増加しており，教育と一般（つまり小中高校教職員と一般職）分野で減少となっている。したがって地方公務員は給与水準が抑制され，人数も大枠で減少となり，結果として地方財政全体の歳出抑制のなかで構成比率を一定としている，と言えよう。

　第三に，普通建設事業費については，1990年代前半を中心として，地方財政の歳出において，相対的にも絶対的にも増加した。歳出における普通建設事業費の比率は1990年度に28.78％であったが，1993年度には32.99％まで上昇した。同じ期間で金額としては，22兆5,846億円から30兆7,061億円へと，約8兆円増加した。この期間で地方財政の歳出増加額は約14兆円であり，普通建設事業費の増加が過半を占めていた。

　普通建設事業費は，補助事業費，単独事業費，国直轄事業負担金からなる。1990年から2003年に至るまで，常に単独事業費が最大であり，補助事業費を上回っている。単独事業費は国からの補助なしに，地方公共団体が実施する建設事業である。また補助事業費は国から補助金や負担金を配分されて実施する建設事業である。しかし両者の目的別内訳を見ると，土木費の構成比が単独事業費で56.7％，補助事業費で55.9％とさほど変わらない[10]。要は国からの補助金がつくか，つかないか，といった財源面の違いである。

　単独事業費は1990年度における12兆9,917億円から，1993年度には17兆8,736億円に増加し，その後94から95年度にかけても17兆円台が継続した。単独事業の財源は40％以上が地方債によってまかなわれており，地方債増発の大きな要

因となってきた。補助事業の財源では，国からの補助金が50％程度を占め，地方債は30％程度である[11]。したがって地方単独の建設事業は90年代から地方債累積の大きな要因といえる。後にやや詳しく検討するように，地方債の一般会計債は一般公共事業債と一般単独事業債からなるが，圧倒的に単独事業債が中心となっている。

　第四に，公債費であるが，公債費比率は1990年代後半以降最も上昇している[12]。1990年代の前半では7～8％台にあったが，1996年に9.53％，1997年に10.51％へと上昇し，2000年には12.64％に達した。2003年には14.2％となっている。こうした公債費比率の上昇は，基本的には地方債残高の増加が最も影響している。もともと90年代における建設事業費の増加により地方債が増発され，その後の地方財政逼迫のなかで地方債の純償還が進まなかったので，公債費増加の基本要因は建設事業費増加に求めねばならないだろう。

　第五に，金額的に大きな費目ではないが，物件費，扶助費，補助費も一様に増加してきたことも無視できない。これら三費目の合計は1990年には約13.8兆円であったが，2003年には約22兆円にまで増加している。扶助費は社会保障費といった性格であり，児童福祉費，生活保護費が中心となっている。児童手当の支給対象年齢拡大，被生活保護者の増加などが影響している[13]。物件費は旅費，役務費，委託料等からなるが，近年民間委託の増加に伴い，民間委託料が増加している。補助費等は補助金等からなるが，地方公営企業への補助金，負担金が増加要因と見られる。病院，交通，下水道など地方公営企業の経営は赤字が多く，地方公共団体は負担を余儀なくされている[14]。

　以上，見てきたように，地方財政の逼迫を歳出面からもたらした要因としては，単独事業費を中心とする普通建設事業費が大きく，これに規定された公債費負担が中心である。さらに物件費，扶助費，補助費などの増加が多様な要因で加わったものと言えよう。

　地方財政の歳出構造にかかわって，公共事業の内容について若干掘り下げておきたい。わが国の公共事業に関して，地方財政も含めて，比較的包括的な資料として，『行政投資実績』がある。これは国民経済計算におけるすべての公

的固定資本形成を原則として対象としており，国と地方の公共事業を包括している。同資料によると，行政投資の合計額は1993年度に51兆1,270億円，1995年度に50兆8,944億円とピークをつけ，2001年度に38兆4,492億円と減少してきた。

行政投資の減少に伴いいくつかの傾向が読み取れる。第一に，行政投資の金額が最も高まった1993年度から1996年度にかけて，行政投資における国の比率は21〜22％と低めで推移した。他方において都道府県による比率は34〜35％，市町村による比率は44〜46％であった。これは，いわゆる内需拡大策としての公共事業（行政投資）が，主として市町村や都道府県によって担われたことを示している。

第二に，主要事業別に見ると，道路がずば抜けて高く，かつその比率が上昇傾向にある。1993年度から1996年度にかけて，道路が占める比率は25〜26％であったが，2001年度には28.5％まで上昇した。下水道，国土保全，農林漁業等を含み，10％を超える事業はない。また詳細は定かではないが，国土保全や農林漁業といった事業のなかにも，実質的に道路事業が含まれていると見られる。

第三に，住民1人あたりの行政投資額で見た場合，もともと都道府県別の格差が大きかったが，さらに拡大したことである。全国平均を100とした場合，島根県の住民1人あたりの行政投資額の指数は1990年度に150であったが，2001年度には237まで上昇した。このほか，全国平均に対し200近い指数を示す県として，高知，鳥取をあげることができる。さらに北海道，岩手，秋田，石川，山梨，徳島も2001年度に150以上の指数となっている。こうした県に共通することは，有力政治家の選挙区ということである。公共事業の総額が削減されるなかで，有力政治家の選挙区では削減幅が縮小され，結果として対全国平均指数が上昇したと見られる[15]。この問題との関連で注目すべき論点は，公共事業の落札率であるが，島根での落札率は100％に近い状態となっていた[16]。

145

### （4） 地方財政の歳入構造

　歳出面では地方財政に1990年代を通じ，常に増加バイアスがかかってきたといえるが，次に歳入面から地方財政がどのように資金を調達してきたか，検討する。すでに三位一体改革で繰り返し指摘されているところであるが，わが国の税収は地方対中央で3対7となっているが，支出では4対6となってきた。このため中央政府から地方政府に対し，地方交付税交付金や国庫支出金（補助金）が交付され，財源格差を埋めてきた。この交付税交付金や国庫支出金が多

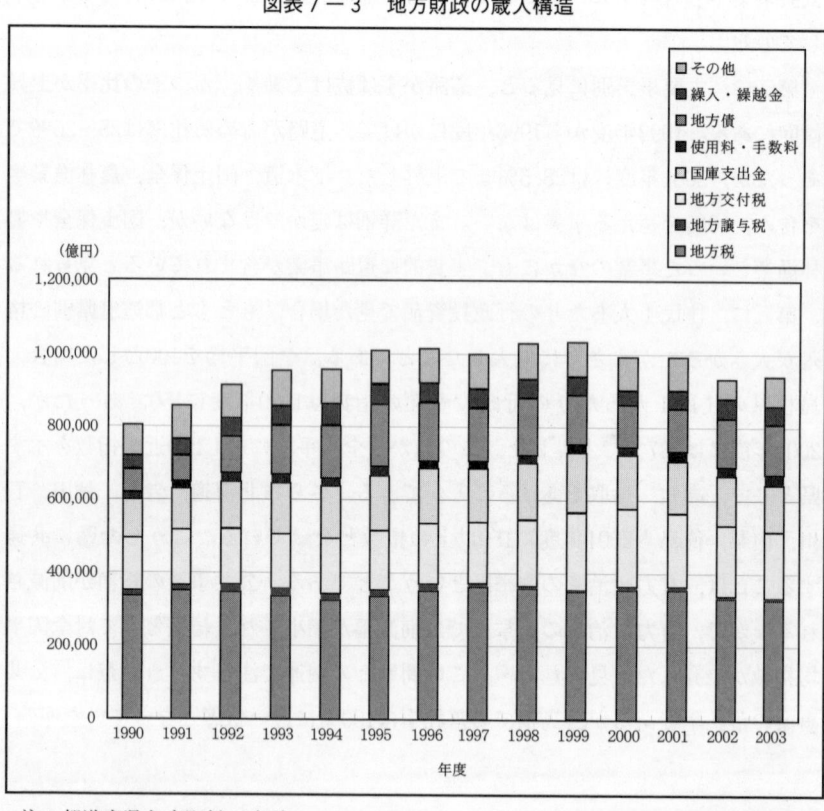

図表7－3　地方財政の歳入構造

注：都道府県と市町村の合計。
（出所）『地方財政要覧』等から作成。

様な問題点を内包してきた。いずれにせよ，地方財政の税収基盤は脆弱であった。三位一体改革においても，交付税交付金や国庫支出金の削減が先行し，地方への税源移譲については本格的には進んでいない。図表7－3が歳入構造を示している。

第一に，1990年度に地方税税収合計は33兆4,504億円であったが，バブル崩壊に伴い1994年度に32兆5,391億円へ減少した。しかし1997年度に36兆1,555億円へ増加し，この年度をピークとして減少し，2003年度には32兆6,657億円となった。道府県の場合，構成比として道府県民税（個人，法人）が23.5％，事業税（個人，法人）が30％，地方消費税が18％，自動車税が11.8％等といった税収が主要税収である。また市町村の場合，同じく固定資産税46.2％，市町村民税（個人，法人）40.3％，都市計画税6.5％，たばこ税4.6％が主要税収である[17]。

第二に，地方交付税交付金については，1990年から2000年まで増加したが，2000年の21兆7,764億円をピークとして減少に転じ，2003年には18兆693億円へ減少した。地方交付税の総額は基本的に国税五税にリンクしており，1998年には所得・法人・酒税の32％，消費税の29.5％，たばこ税の25％の合計であった。2000年以降では，法人税については35.8％と引き上げられた。しかし国税五税の税収が伸び悩んでおり，交付税総額も抑制されてきた。地方交付税は，普通交付税と特別交付税からなり，普通交付税は基準財政需要額から基準財政収入額を差し引いた不足額について交付される。また特別交付税は災害等に対し交付される。しかし，国が補助金などの負担を軽減しつつ，地方公共団体に単独公共事業を増加させる手段として，地方交付税交付金と地方債が動員されてきた。地方公共団体に単独事業を地方債発行によって増加させ，交付税交付金の算定にあたり公債費が算入されてきた。したがって地方交付税は減少しつつ，国の政策誘導の手段とされてきた[18]。

第三に，国庫支出金も1990年から1995年までは増加し，96，97年に減少した。しかし98，99年に一時的に増加したが，その後は抑制されてきた。交付税の場合，ピークの1999年に比べ，2003年には約2.8兆円（13.4％）減であったが，国庫支出金の場合には同じ期間において約3.5兆円（20.9％）減で，大きく削減さ

れている。公共事業の場合にも、国の補助金や負担金を減らし、地方の単独事業を地方債と地方交付税交付金のセットで増加させてきた。こうした背景からすれば、国庫支出金の削減が大きいことは国の財政事情を優先させる限り、当然とも言えよう。

第四に、以上のように地方税が伸び悩み、かつ国庫支出金や地方交付税が抑制ないしは削減され、結果として地方債への依存が高まることとなった。地方債の発行額は1995年には約17兆円まで膨れ上がった。その後、発行額は抑制されているものの、償還額を上回り、結果として図表7－1で見たように、地方債の残高は増加を続けている。

すでに、借入先（資金）別の地方債残高の推移は図表7－1で検討したので、ここでは地方債計画ベースの発行会計別の地方債発行額を検討する。地方債を発行会計別に区分すると、大きくは一般会計債と公営企業債に区分される。一般会計債は一般会計で発行される地方債であるが、主要な一般会計債として、一般公共事業債と一般単独事業債がある[19]。

一般公共事業債は、国が主体となる公共事業の地方負担に対して起債されるものである。国が主体となる公共事業については、国の財源が税収であることから、地方負担についても地方税や地方交付税交付金等の一般財源でまかなうことを原則としている。このため一般公共事業債の通常充当率についても20～40％と低めに抑制されている。また道路のように、特定財源がある場合には、原則として対象外とされてきた。しかし1994年度以降、地方の財源不足に対処すべく、通常分の充当率を引き上げ、また対象も道路を含めている。

一般単独事業債は1949年度に地方債計画が開始された時点から存在してきた。当初、一般単独事業とは、災害以外の普通建設事業のうち、国庫補助金を伴わない地方単独事業を指していた。しかし現在では、地方財政法第5条に規定する適債事業のうち、他で措置されないすべての一般事業を対象としている。充当率は、事業ごとに規定されており、県や市の庁舎については65％であるが、都市再開発については100％となっている。また最近の市町村合併についても、充当率は95％とされている。また単独事業債については、元利償還金に地方交

付税交付金が措置されている。一例として，都市生活環境整備特別対策事業では，「元利償還金の40％について事業費補正」とされ，係数を乗じて交付税がついている。市町村合併については，「元利償還金の70％について基準財政需要額に算入」と手厚い優遇がなされている。

図表7－4は地方債計画における地方債発行内訳を見たものである。これによると，1990年度から1993年度まで，一般公共事業債の発行額は3,000億円程度であったが，1994年度から急増した。一般公共事業債の発行額は1994年度に1兆9,000億円を超え，さらに1995年度から2001年度まで2兆5,000億円程度の発行が続いた。2002年度以降はやや抑制されるようになった。1994年度から一般公共事業債の発行が急増した背景は，内需拡大という政策課題のもとで公共事業が膨張したためである。

しかし一般公共事業債の増加より，単独事業債の増加は一段と急速であった。単独事業債は1990年度にすでに2兆2,000億円以上発行されていたが，1993年度に3兆3,558億円，1994年度に約5兆円に増加し，1996年度から2000年度まで6兆円程度の発行が継続した。すでに明らかにしたように，地方財政の歳出

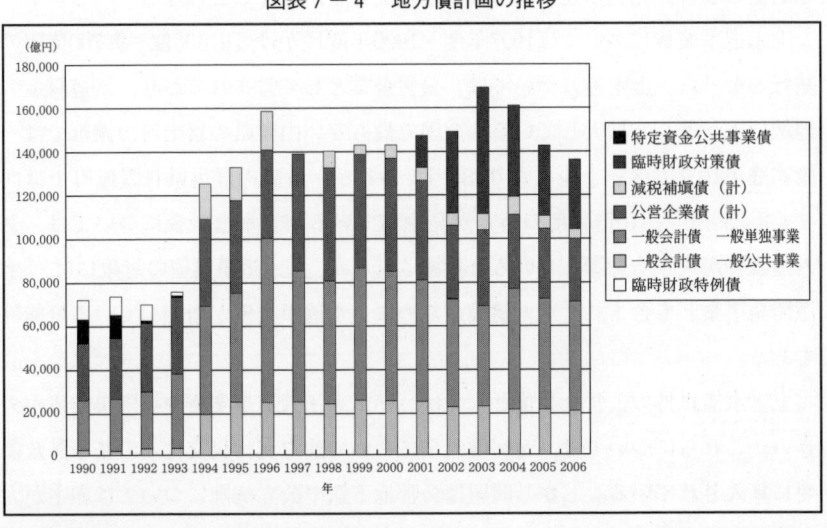

図表7－4　地方債計画の推移

(出所)『地方債統計年報』から作成。

において，普通建設事業費は1993年度から1995年度にかけて約30兆円といった水準で推移した。とりわけ単独事業費は1992年度から1996年度にかけて約17兆円であった。すでに国の財政は厳しくなっており，国が主体となる補助事業は制約があった。そこで国の負担なしに地方が実施する単独事業が重用され，財源は単独事業債でまかなわれた。すでに指摘したように，単独事業債は地方交付税交付金がセットとなっており，地方公共団体も単独公共事業の増加と単独事業債増発に応じたのである。

公営企業債は上下水道，交通，病院などの公営企業会計で発行される。金額的には下水道の公営企業債が中心である。公営企業債は1990年度に2兆6,482億円であったが，1996年度から2000年度にかけて約5兆円といった発行が続いた。このうち下水道事業債が最も大きな構成となっており，1990年度には1兆3,222億円と公営企業債の約50％を占めていた。また下水道事業債は1995年度にも2兆2,838億円と，概ね公営企業債の50％程度で推移してきた。公共下水道の場合，地方債（公営企業債）による充当率は単独事業で95％，補助事業で85％と高くなっている。下水道事業債の場合，公的資金，市場公募資金，銀行等引受の場合，元利償還の50％に交付税交付金がつくことになっている。

上水道事業債については1997年度～1999年度にかけて9,600億～9,700億円の発行となった。上水道については，公営企業として営まれており，水道料金の地域格差が著しく拡大している。全国で最も安い山梨県の富士河口湖町では一般家庭用10立方メートルあたり335円であるが，最高の群馬県長野原町では同じく3,255円と，10倍程度の格差が発生している[20]。水道料金については，ダム建設費が大きく影響していると指摘されるが，上水道事業債の対象には，「水源開発事業」も含まれ，ダム建設のために上水道事業債が増加している可能性もある。

上下水道以外の公営企業債としては，都市高速鉄道事業債や病院事業債が大きい。これらについては，元利償還金について地方交付税交付金の基準財政需要に算入されている。しかし問題は公営地下鉄や公立病院については赤字が大きく，公営企業はもとより地方財政の大きな赤字要因となっている[21]。都市高

速鉄道については，2004年度の場合，全国で9事業だが約600億円近い最終赤字となっている。また公営病院についても2004年度で728病院（うち黒字は256病院）だが，1,261億円の赤字である[22]。公営病院はこうした赤字を背景に，統廃合など再編が急速に進んでいる。5年で300施設減少とも言われ，地域医療が深刻な事態に陥っている[23]。

さらに2001年以降，実質的に赤字地方債である臨時財政対策債が急増している[24]。以上のように地方債の増加と累積は，単独事業など公共事業のために発行された一般会計債，上下水道や都市高速鉄道，病院などのため発行された公営企業債，さらには臨時財政対策債が主要な背景となっている[25]。

最近，北海道の夕張市が財政再建団体としての申請を決めた[26]。この夕張市の財政で注目された負債が，「一時借入金」である。この「一時借入金」は年度内に返済しなければならないが，返済することで一般会計は表れないオフ・バランスとなる。しかも，夕張市の場合，4月1日以降に前年度残高を返済し，同時に今年度分を借り入れるといった「両建て」取引をしていた。観光事業等の事業会計に対し，一般会計から貸付し，その貸付金原資が一時借入金であった[27]。

都道府県と政令指定都市について毎月公表されている，一時借入金残高（2006年3月現在）によると，最高額は兵庫県であり，一時借入金残高は2,063億円となっている。この他に，地方債残高として2兆5,309億円あり，債務負担行為を除いても，2兆7,372億円となる。兵庫県の税収は年5,000億円程度であり，税収の5倍以上の負債を抱えている。

## II 政府系資金の資産運用

### (1) 簡易保険の資産運用

地方債は従来，簡易保険や郵便貯金といった政府系資金によって支えられてきた，と言っても過言ではない。さらに公営企業金融公庫を含むと，公的資金

と呼ばれるが，こうした公共性の強い資金が地方債発行を可能にしてきた。ここでは簡易保険を中心として，政府系資金の資産運用と地方債について概観しておく。

簡易保険の運用資産額は約120兆円である。これは世界的に見ても，機関投資家として非常に大きな運用資産額であり，簡易保険はアメリカのカルパース（カリフォルニア州公務員年金基金）などとならび，海外の雑誌でランキング上位に位置付けられている。

この120兆円のうち，約70％が有価証券であり，特に国債が48％を占めている。財政投融資改革までは，簡易保険の資産において，財政投融資預託金は一定の比率を占めていた。しかし改革後，財投預託は減少し，代わって国債の比重が上昇した。さらに郵政公社成立時点で，簡保資産において国債は39.6％であったが，2年ほどで48％へと8ポイントも上昇した。この点が現在の簡保の運用において，大きな問題であろう。

第一には，日銀が量的緩和政策を解除するなかで，今後長期金利の上昇が見込まれ，長期国債の価格が下落し，損失発生の可能性が否定できないからである。景気は地域格差を伴いつつ，2006年現在では全国的には上向いており，日本銀行は量的緩和政策を解除した。急激な利上げはないにせよ，長期的には金利は上向くと推定される。この場合，長期国債の評価損が発生しよう。ただし，満期保有する場合には，日本では債券の評価損を計上する必要はない。とはいえ，時価では損失が生まれることに違いはない。

第二に，簡保は長期契約を主とする公的保険であり，負債と資産の期間対応が必要だからである。簡保にとって負債（資金調達）である保険契約は約30％が10年超の契約である。また7年超の保険契約は約46％になる。負債（保険契約）が長期であれば，資産運用でも長期が望ましい。一般に短期金利は低く，長期金利は高いため，負債に高い金利を払い，運用からは低い金利を受け取り，逆ざやとなるからである。しかし現在の簡保が保有する資産で10年超は17％にすぎない。こうしたリスクは「利差損」（調達金利が運用金利より高いことでの損失）として，近年の簡保に現実化してきた。

簡易保険の資産において，2004年現在，国債が50％に迫っており，国債の比重が上昇しすぎることには，こうしたリスクを伴う。このため，簡易保険の資産構成において国債，特に長期国債の比重を引き下げ，資産構成の多様化を図ることが望ましい。その場合，従来は簡易保険本体による株式保有は不可能であった。民営化といった方向性のなかで，今後は株式保有も選択肢のひとつであろう。簡易保険による株式投資に関しては，簡易保険の社会性に鑑み，ＳＲＩ（社会的責任投資）などの観点を踏まえることが望ましいであろう。ＳＲＩとは，株式投資にあたり，企業の利益など収益性だけを投資指標にするのではなく，環境問題や法令順守（コンプライアンス）など社会性を投資基準とすることを意味する。

しかし従来ゼロであった株式投資が，簡易保険の資産選択において有力な選択肢となるまでには時間が必要であろう。そこで，国債に代わる，簡易保険の資産選択においては，地方債や地方公共団体貸付など地方向けが有力な選択肢と考えられる。ただし，1999年度に簡易保険の資産において，地方債は6.5％であったが，2004年度には5.4％まで構成比を低下させている。また運用利回りでも，国債が0.66％であるのに対し，地方債は0.33％と運用利回りのうち最低となっている（2004年現在）。そもそも国債よりも，地方債が原理的には信用度が劣るわけで，残存期間の差異があるにせよ，国債と地方債の「運用利回り逆転」は経済原理に即していない。他方，地方公共団体貸付は1999年度の簡易保険資産において，14.7％であったが，2004年度に16.1％と構成比を上昇させている。地方公共団体貸付は運用利回りが3.01％と高くなっており，簡易保険にとって運用上有利である。民営化という流れのなかで，簡易保険が運用利回りを重視していくことは自然な流れであろう。以下では，簡易保険にとって重要な資産運用対象であった地方債の最近の動向と問題点を検討しておきたい。

## （２） 政府系資金と公募地方債

地方債は引受資金別に区分すると，公的資金と民間資金に区分される。民間

資金は市場公募資金（市場公募地方債）と銀行等引受資金（縁故地方債）に区分される。民間資金引受分は証券形式が中心であるが，公的資金引受分は証書形式だけである[28]）。

　証書形式による公的資金引受分は，政府資金（郵貯・簡保）と公営企業金融公庫による部分である。簡保など政府資金の特質としては，年限が5～30年であるが，20年といった超長期が中心である。民間資金については5～10年が中心であり，政府資金は長期性資金を提供してきた。政府資金の利率については，「固定金利方式」と「利率見直し方式」からの選択であるが，地方債協会によるアンケート結果ではほとんどが固定金利方式を選択している。簡保など公的資金引受分は証書形式だけであり，簡易保険の資産構成においては，地方公共団体貸付となろう。簡保など政府資金引受分は20年物が中心であり，1990～1992年には5～6％台で利率が決まっており，このため現在でも比較的高い運用利回りが達成される一因と見られる。

　この簡易保険による地方公共団体貸付は，証券形式での地方債を発行できないような市町村等が中心と推定される。近年，地方債にも関連しつつ，地方公共団体への破綻法制導入が議論されている。他方，地方債の累増のなかで，大規模な地方公共団体には市場原理と財政規律を課すが，小規模な過疎地の市町村には政府の関与が必要，といった議論もある[29]）。

　簡易保険の資産構成において地方債として分類されるものは，証券形式の地方債であり，証書形式の地方債は「地方公共団体貸付」である。地方債のなかで，簡保など政府資金引受分は証書形式であり，これは簡易保険の資産構成では地方公共団体貸付となる。

　簡易保険が保有する地方債(証券形式)とは，市場公募債や縁故地方債であり，一旦銀行や証券会社によって引き受けられたものを，簡易保険が購入している。市場公募債の引受シェアでは証券会社（52％）と都市銀行（24％）が高い[30]）。また縁故地方債の引受シェアでは地方銀行（44％）と都市銀行（34％）が高くなっていた（いずれも2001年度）。しかし地方債の保有構造（図表7-5参照）では都市銀行，地方銀行のシェアは合計15％（2004年度，内訳を見ると地方銀行のシェア

第7章 ■ 地方債の改革と公的資金

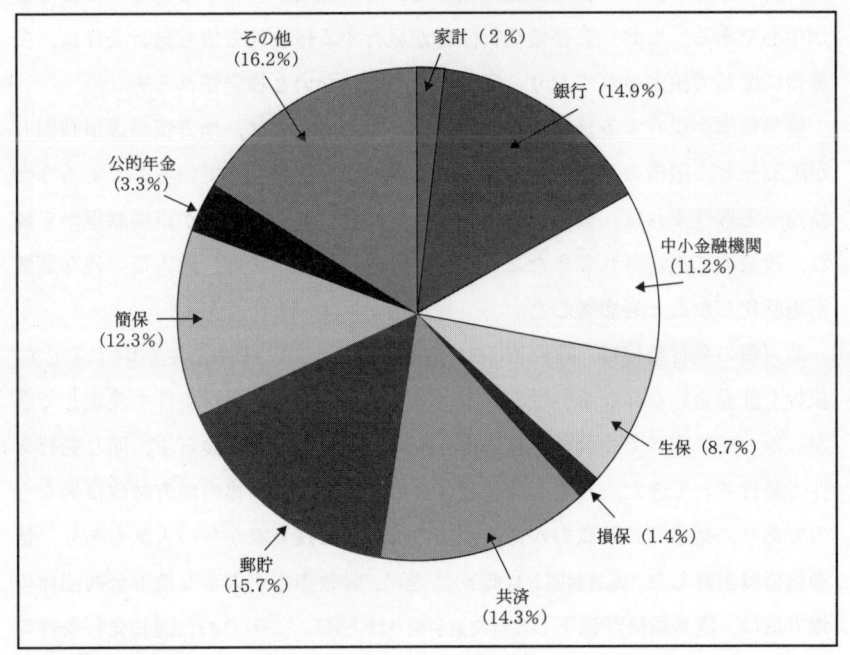

図表7－5　地方債の保有構造

その他（16.2%）
家計（2%）
銀行（14.9%）
中小金融機関（11.2%）
公的年金（3.3%）
簡保（12.3%）
生保（8.7%）
損保（1.4%）
郵貯（15.7%）
共済（14.3%）

注：証書分を除く。
（出所）　日銀，全銀協資料から作成。

が高く，都市銀行は低い）と高くなく，代わって郵貯が16％，簡保が12％と高くなっている。また最近ではＪＡ共済などの共済が地方債の保有シェアを高めており，14％（同）となっている。簡易保険などは銀行，証券など引受金融機関から，地方債を購入している。しかしすでに指摘したように，簡易保険による地方債保有は総資産における比率を低下させている。

簡易保険が保有する地方債を都道府県別に検討しておく。地方債総額6兆5,220億円のうち，東京都債が1兆7,583億円，大阪府債が1兆352億円と合計で約2兆8,000億円（42.8％）を占めている。このほかも，神奈川県，北海道などの都道府県名はすべて公募債発行団体である。共同発行地方債は，公募債発行団体が共同で発行している地方債である。その他の地方債が6,745億円あり，このなかには非公募の縁故地方債が含まれているが，構成比としては10％程度

155

で，高くはない。このように見てみると，簡易保険が保有する地方債は公募債が中心である。なお，公募債発行団体が発行する縁故地方債も発行条件は，公募債に準じて決定されており，実質的な差異はないと推定される[31]。

　簡易保険が保有する地方債が公募債中心であるならば，地方債の運用利回りが0.33%と，国債の運用利回りを下回る事態はなぜ発生しているのであろうか。結論を先取りすれば，公募地方債を含めて，発行条件の決定が市場原理から離れ，政策的に決定されてきたことも一因と見られる。また，地方債の残存期間が短期化したことも影響した。

　地方債の発行条件は，総務省（旧自治省）が統一して（地方公共団体を代表して）銀行や証券会社からなる引受シンジケート団と交渉し，発行条件を決定してきた。かつてはすべての公募団体の地方債は個別発行にかかわらず，同じ発行条件で発行されてきた。しかし公募団体といえども，各団体の地方財政は異なるのであり，結果的に財政力がある団体の地方債は投資家からの人気もあり，債券価格は上昇した（流通利回りは低下）。逆に，財政赤字が大きな地方公共団体の地方債は，債券価格が低下した（流通利回りは上昇）。このため，同じ発行条件の地方債にかかわらず，流通市場で価格差（利回り格差）が生まれてきた。

　図表7－6は2006年3月期の公募地方債の発行条件と流通利回りを比較したものである。発行はいずれも2005年8月であり，10年債であることから，償還は2015年で，東京，横浜が6月，その他は8月となっている。まず発行条件の決定であるが，東京と横浜を除いて，いずれも利率（利払い）は1.4%，発行価格額面100に対し99円60銭，応募者利回り1.445%となっている。これはしばしば指摘されるように，東京と横浜以外は，総務省や金融機関の代表との交渉により，統一条件決定方式で発行条件が決まるからである[32]。このため個別発行にもかかわらず，個別の地方自治体の財政状態は発行条件に反映されにくくなっている。

　しかし表の流通利回りを見ると，北海道債の流通利回りは1.731%であるが，埼玉県債は1.677%，神奈川県債も1.677%であり，5ベーシスポイント（1ベーシスポイントは0.01%）程度の格差が発生している。債券市場では本来，流通利

図表7－6　公募地方債の利回り格差 (単位：％，円，億円)

| | | 利率 | 発行価格 | 発行額 | 応募者利回り | 時価 | 流通利回り |
|---|---|---|---|---|---|---|---|
| 北海道 | 17年第6回 | 1.4 | 99.6 | 300 | 1.445 | 97.11 | 1.731 |
| 埼玉県 | 17年第4回 | 1.4 | 99.6 | 200 | 1.445 | 97.58 | 1.677 |
| 東京都 | 624回 | 1.5 | 100 | 600 | 1.5 | 98.71 | 1.65 |
| 神奈川県 | 134回 | 1.4 | 99.6 | 200 | 1.445 | 97.58 | 1.677 |
| 大阪府 | 281回 | 1.4 | 99.6 | 200 | 1.445 | 97.14 | 1.728 |
| 兵庫県 | 17年第7回 | 1.4 | 99.6 | 200 | 1.445 | 97.16 | 1.726 |
| 広島県 | 17年第1回 | 1.4 | 99.6 | 200 | 1.445 | 97.54 | 1.681 |
| 福岡県 | 17年第1回 | 1.4 | 99.6 | 200 | 1.445 | 97.53 | 1.682 |
| 横浜市 | 17年第2回 | 1.34 | 100 | 400 | 1.34 | 97.14 | 1.673 |
| 京都市 | 17年第1回 | 1.4 | 99.6 | 100 | 1.445 | 97.47 | 1.689 |
| 大阪市 | 17年第4回 | 1.4 | 99.6 | 200 | 1.445 | 97.15 | 1.727 |

注：時価と流通利回りは日本証券業協会の公社債店頭売買参考統計値（2006年3月3日）による。
（出所）『地方債月報』，『日経公社債情報』等から作成。

回りを反映して発行利回りが決められることが基本であり，北海道債の応募者利回りは低すぎると言える。さらに「夕張ショック」に加え，日銀によりゼロ金利政策が解除され，地方債の対国債スプレッド（利回り格差）は大阪府債で0.32％へ上昇した。こうした動向を受け，大阪府は2006年7月発行の5年債発行額を400億円から200億円へ減額せざるえなくなった[33]。

格付投資情報センター（債券格付機関）は地方自治体についても，財務ランクづけをしている[34]。財務ランクの格付けは，経済力関連分野，財政状態分野，債務水準分野といった三分野からなる指標に基づいている。例示を挙げれば，経済力としては住民1人あたり課税所得，債務水準分野では住民1人あたり実質債務残高といったような指標から算出されている。東京都や横浜市は最高ランクの「Ⅰ」である。しかし統一条件決定方式により同じ発行条件となっていた都道府県でも，大きな格差が発生している。埼玉，静岡，愛知県などは5段階評価の「Ⅱ」であるが，北海道や大阪市は「Ⅴ」とされている。このように，財政力には大きな格差があるが，従来は公募地方債の発行条件は統一条件とい

う同条件となってきた。そして地方債の流通利回りに格差が発生していた。

　地方債残高が増加してきたが，引受資金別では簡易保険など政府系資金の比率が低下し，銀行引受や市場公募など民間資金の比率が上昇してきた。地方債残高が増加した地方財政の構造的要因としては，1990年代における単独事業を中心とした普通建設事業費の増加とその結果としての公債費負担が基本であろう。他方，歳入面では最近までの不況で税収が伸び悩み，かつ国庫支出金や地方交付税交付金が削減されてきた。こうした結果，地方債は発行会計別に見ると，単独事業を中心とした一般会計債，水道や交通，病院などの公営企業債，さらには臨時財政対策債が主要な構成要因となっている。

　従来は，地方債は簡易保険など政府系資金が主要な引受先となってきたが，近年では低下傾向にある。簡易保険の資産構成において，地方債（証券）は傾向的に低下している。また簡易保険において地方債の運用利回りは低いものとなってきた。他方で，地方公共団体貸付は資産において一定の比率を占め，かつ運用利回りでも3％程度あった。しかしこの貸付も財政投融資改革との関連で，減少している。

　民営化という方向性が決まったこともあり，簡易保険の資産運用で運用利回りが重視されることとなるであろう。また地方債市場の育成という観点からも，地方債を発行する地方自治体の財政力が，地方債の発行条件に反映されるべきであろう。簡易保険の資産運用と地方債市場の育成は，矛盾するべきではなく，共存の方向が模索されるべきである。

〔注〕

1）　跡田直澄，『財政投融資制度の改革と公債市場』，税務経理協会，2003年，89ページ。
2）　宮脇　淳，「暗黙の政府保証からの移行プロセス」，『週刊　金融財政事情』，2006年4月3日号。
3）　地方債の許可制から事前届出制への移行に伴い，実質公債費比率による起債制限が導入された。実質公債比率は，分母が（税収＋交付税交付金），分子が（地方債返済額＋地方公営企業の借入額等）。20％を超えると，起債が制限される。日本経済新聞，2005年10月12日付。実質公債費比率が20％を超えているのは，神戸市の26％だけだが，福岡市，長野県，仙台市も17％台にある。また大阪府と大阪市はいずれも経常収支比

率が100％を超えている。日経金融新聞，2005年11月17日付。
4） 井手英策，「地方債制度の改革」，神野直彦編著，『自治体改革　8　地方財政改革』，ぎょうせい，2004年，124ページ参照。
5） 地方交付税交付金と地方債の関係については，秋山義則，「地方債制度の再編と改革課題」，岩波一寛編著，『どうする自治体財政』，大月書店，2001年を参照。
6） 民間銀行による縁故債が増加するなかで，民間銀行が売却し，地方債の国債に対する上乗せ利回り（スプレッド）が上昇しやすくなっている。日経金融新聞，2005年8月31日付。他方，全国銀行による自治体向け融資は2006年3月に約14兆1,000億円で，前年比7％増加となった。日本経済新聞，2006年7月2日付。なお，末澤豪謙，「平成18年　3－5月期の地方債の発行と債券市場」（『地方債月報』，2006年7月号，6ページ）は，2000年から2004年にかけての銀行等引受地方債の発行額増加の要因として，借換債と臨時財政対策債の増加，公的引受の減少を指摘している。
7） 2006年度地方債計画で，シェアが上昇した部分は，市場公募だけであり，3.5兆円（7.9％増）。銀行引受は5.3兆円（11.2％減）。市場原理が強まり，選別化が進むと見られている。日経金融新聞，2005年9月2日付。2006年度地方債計画において，155団体が公募を予定しており，島根県や堺市が新規発行する予定である。日本経済新聞，2006年5月26日付。
8） 都道府県だけの財政を2004年度決算についてみると，歳出は約48兆円で前年度比1.5％減。投資的経費が9.4％減で19.9兆円。日本経済新聞，2005年11月28日付。
9）『地方財政白書』，平成18年度版，74ページ。
10） 同上，87ページ。
11） 同上，88ページ。
12） 公債費増加の要因として，この他に，政府系資金から民間資金に借り換えることで，当面の返済額は減るが，補償金支払い等で支払い総額が増加する問題がある。日本経済新聞，2006年4月4日付。また団塊世代の大量退職に伴う，退職手当債発行といった要因もある。日本経済新聞，2006年5月21日付。
13） 扶助費に含まれる生活保護費の増加は地方財政にとって深刻な問題となっている。生活保護率が全国トップ（都道府県）は大阪府で2.32％，特に大阪市では3.81％。最低は富山県で0.22％と，10倍近い格差がある。首都圏，関西圏で高い。高齢化など受給者増加が背景にある。朝日新聞，2006年2月5日付。大阪府守口市など企業城下町でも，企業業績悪化から，生活保護費は最近10年で2倍以上に増加した。日本経済新聞，2005年11月24日付。東京都特別区も例外ではなく，台東区の保護率は3.88％，足立区でも2.97％へ上昇。足立区の生活保護費支給額は345億円で，区税収入を超えた。高齢化のほか，離婚増加による母子家庭増加が影響していると言われる。日本経済新聞，2006年1月26日付。
14） 国民健康保険の財政難により，市町村の一般会計から税収が投入されており，2004年度には税負担は3,849億円となっている。退職高齢者の増加やフリーターによる未納率上昇が影響している。日本経済新聞，2006年3月18日付。また第三セクターの法的整理（民事再生法適用等）で，自治体が貸付金を債権放棄するケースが増加してい

　　　　る。自治体による第三セクターへの貸付金は2004年度末で5兆円ある。日経金融新聞
　　　　2006年2月14日付。東京都が臨海副都心の第三セクター3社に民事再生法適用した
　　　　ケースが典型であり、東京都の損失は今回だけで381億円。日本経済新聞, 2006年5
　　　　月13日付。
15）　島根県の2001年度の行政投資額は対前年度比で97.4％にとどまり、全国平均の
　　　　92.9％を5ポイント上回る。日本経済新聞, 2006年7月14日付は、島根県建設業協会
　　　　と青木幹雄参院議員会長との関係について報じている。また財政投融資の都道府県別
　　　　住民1人あたり残高でも島根県は全国1位で138万円, 最下位の東京都は28.7万円で,
　　　　5倍近い格差がある。日本経済新聞, 2005年8月19日付。住民1人あたりの行政サー
　　　　ビス額でも、全国1位は島根県の32.6万円で、最下位の埼玉県の12.9万円とは、2.5
　　　　倍の格差がある。これは地方交付税交付金による再分配効果である。日本経済新聞,
　　　　2006年4月7日付。
16）　落札率は、地方公共団体の落札上限価格に対する落札価格の比率。公共事業と入札
　　　　の改革を進めた長野県では、70％台へ低下したが、島根県では100％に近い状態が継
　　　　続している。日本経済新聞, 2005年2月8日付
17）　『地方財政白書』、平成18年度版、47ページ。
18）　池上岳彦、「一般財源主義の限界と新たな一般税源主義の課題」、神野・金子編著、
　　　　『地方に税源を』、東洋経済新報社、1998年、102ページ。
19）　以下の説明は、平嶋彰英・植田　浩、『地方自治総合講座　9　地方債』、ぎょうせ
　　　　い、2001年、355ページによる。
20）　『週刊　東洋経済』、2006年7月1日号、53ページ。
21）　横浜市では、2005年に市立病院を民間委託したが、医師の退職が発生した。他方、
　　　　市営地下鉄の累積債務は2005年3月時点で5,000億円を超え、さらに新地下鉄が2007
　　　　年に開通する予定(総事業費約2,500億円)。横浜市の税収は年間6,000億円程度である。
　　　　朝日新聞, 2006年3月8日付。また、全国的に自治体病院の再編, 撤退が増加して
　　　　おり、5年で300施設減少したと言われる。日本経済新聞, 2006年3月27日付。
22）　『地方財政白書』、前掲、146ページ。
23）　日本経済新聞, 2006年3月27日付、「自治体病院　再編進む」。
24）　臨時財政対策費は赤字地方債であり、2004年度までは約5兆円発行され、約3割が
　　　　財政投融資で引き受けられていた。日本経済新聞, 2004年10月31日付。また臨時財政
　　　　特例債は交付税がセットでついている。朝日新聞, 2006年4月18日付。
25）　市町村合併を政策誘導するため、合併する市町村には「合併特例債」が認められ、
　　　　元利償還の約7割に地方交付税交付金がついた。朝日新聞, 2006年4月24日付。
26）　日本経済新聞, 2006年6月20日付。一時借入金は約288億円。この他、地方債を含
　　　　む長期借入金が約261億円、債務負担行為が約82億円あり、負債総額は632億円となっ
　　　　た。日本経済新聞, 2006年6月29日付。
27）　日本経済新聞, 2006年6月30日付。
28）　『総合的な地方債管理の推進と商品性の向上　地方債に関する調査研究委員会報告
　　　　書』、㈶地方債協会、2005年3月、23ページ。

29) 宮沢尚史,「地方自治体への破綻法制導入」,『週刊　東洋経済』, 2006年4月1日号。
30) 丹羽由夏,「地方債市場の現状」(『金融市場』, 農林中金総合研究所, 2003年2月),同「公募地方債にみる各地公体間の価格差」(同, 2002年8月), 同「特殊法人改革下の公営企業金融公庫」(同, 2002年5月) 参照。
31) 跡田直澄,「郵政事業資金における地方債運用の現状と課題」(『郵政研究所月報』, 2001年12月号) は実質同一としている。しかし稲生信男,『自治体改革と地方債制度』, 学陽書房, 2003年, 54ページは, 相対（あいたい）であり, 縁故債の条件は個々に異なる, としている。実態としては, 公募債と同じであろう。
32) 「地方債制度改革における論点～財政規律の強化と市場からの資金調達可能な地方債制度の確立に向けて～」(『みずほレポート』, 2005年10月21日, みずほ総合研究所), 16ページ。
33) 日経金融新聞, 2006年7月14日付。
34) 『Ｒ＆Ｉレーティング情報』, 格付投資情報センター, 2005年9月号。

# 第8章 アメリカ国債と外国人投資家

## はじめに

　アメリカ国債は，日本のそれと比較すると，圧倒的に外国人の保有比率が高い。2005年末で比較すると，日本の国債発行残高に占める外国人比率は5％にすぎないのに対して，米国債は43％となっている[1]。このことはアメリカ国債が，2つの赤字ファイナンス機能をもっていることを表わす。1つは言うまでもなくアメリカの財政赤字ファイナンスである。そして，もう1つは経常赤字のファイナンスである。1980年代以降，アメリカ家計部門の貯蓄率は低下傾向にあり，ついに1999年には資金不足主体となった[2]。そこに不況期は財政赤字の拡大が，好況期には企業の投資増加がそれぞれ加わることで，国全体としてのアメリカは80年代以降，経常赤字を拡大させ，それをファイナンスするため海外からの資金を必要とした。米国債は，そうした国内資金不足に悩むアメリカが，海外資金を呼び込む際の有力な資金調達手段となっている。
　財政赤字，経常赤字が急激に拡大した1980年代には，ドルの急落と外国資本のアメリカからの逃避により世界経済が不況に陥ってしまうのではないか，といういわゆるハードランディングの危機感が広がった[3]。それに対して，国際協調という形でいかに外国の協力を取り付けるのか，という点が重要な問題として議論され，その結果1985年のプラザ合意，87年のルーブル合意が実現した。

しかし，逆に90年代は，アメリカがＩＴ産業を中心とした10年に及ぶ好景気に沸くなかで，不況に悩む日本やヨーロッパから米国債投資などを通じて大量の資金を吸収することで経常赤字のファイナンスを難なく実現し，しかもこうして吸収した資金を今度はアメリカ自身の対外投資として還流させる国際資金仲介を行うようになった。そして，アメリカ家計部門が資金不足主体となった今日，外国人による米国債投資は，財政赤字，経常赤字のファイナンスを通じて，アメリカ全体の過剰消費，過剰投資を支えている。

　本章での課題は，アメリカが財政赤字，経常赤字，２つのファイナンスを実現する上での米国債の位置づけを明らかにすることである。1980年代の双子の赤字，90年代の国際資金仲介，そして99年以降に見られた家計部門の資金不足主体への転換というそれぞれの状況下で，外国人による米国債投資が果たした役割について検討する。

# Ⅰ　アメリカの財政赤字ファイナンスと外国人投資家

　第１節では，アメリカの財政赤字，国債発行残高の規模を確認しながら，その赤字をファイナンスしている投資家について明らかにする。

## （１）　財政赤字と国債発行残高の拡大

　図表８－１は，アメリカの財政収支と種類別の国債発行残高を示している。発行残高全体は，1980年代から90年代前半までと2002年以降に拡大している。90年代前半までは，レーガン政権の大型減税，高齢化に伴う医療支出の拡大によって財政赤字が拡大している。その後，90年には好景気による税収拡大とソーシャル・セキュリティ（Social Security＝年金や医療などの社会保障）保険料収入の増加が原因となって財政収支が急激に改善し，国債発行残高も一時は減少

第8章 ■ アメリカ国債と外国人投資家

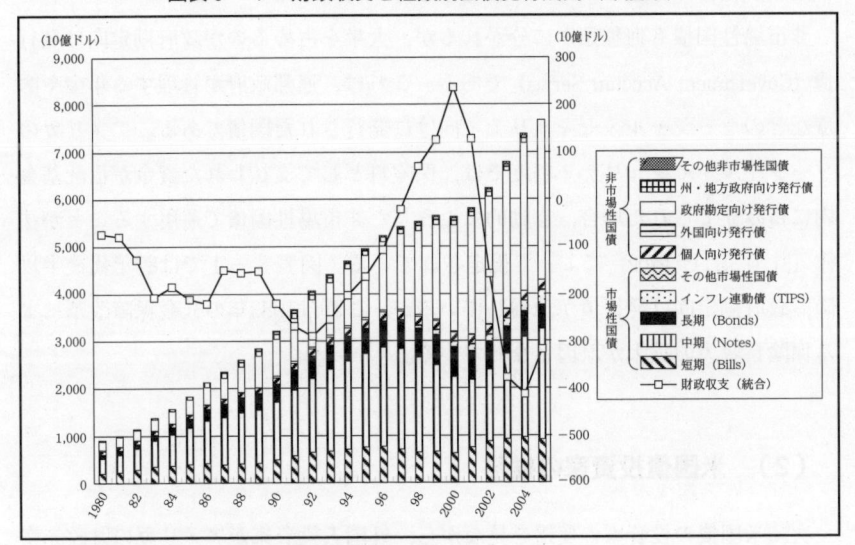

図表 8 − 1　財政収支と種類別国債発行残高（年度末）

凡例:
- 非市場性国債
  - その他非市場性国債
  - 州・地方政府向け発行債
  - 政府勘定向け発行債
  - 外国向け発行債
  - 個人向け発行債
- 市場性国債
  - その他市場性国債
  - インフレ連動債（TIPS）
  - 長期（Bonds）
  - 中期（Notes）
  - 短期（Bills）
- 財政収支（統合）

注：財政収支は右目盛、国債発行残高は左目盛。
(出所)　Monthly statement of public debt, Summary table 1.（国債発行残高）
　　　　Office of Management and Budget, *Budget of the United States Government, FY 2007*, Historical tables, Table 1.1.（財政収支）

に転じた。しかし，2002年以降は再び財政赤字になり，それ以降赤字額，国債発行残高ともに拡大している。対GDP比では，2005年の財政赤字は3％，国債発行残高（年度末）は64％となっている[4]。

以下，アメリカの国債について簡単に説明しておこう[5]。米国債は，市場性国債と非市場性国債に分かれる。市場性国債は償還前に流通市場で売却できるのに対して，非市場性国債は譲渡不可能である。80年代前半は市場性国債が70％以上を占めていたが，後半以降徐々に比率が低下し，2005年度末には51％となっている。市場性国債の中心となっているのが，満期期間2年から10年の中期債（Treasury Notes）である。償還期間1年以下の短期債（Treasury Bills）は，80年代前半まで国債発行残高全体の20％以上を占めていたが，80年代後半から中期債や非市場性国債の拡大によりその比率は10％強まで低下している。期間30年の長期債（Treasury Bonds）は，90年代後半の財政再建により2001年に

165

一旦新規発行が停止されたが，2006年2月に再開した。

非市場性国債も何種類かに分かれるが，大半を占めるのが政府勘定向け発行債（Government Account Series）である。これは，連邦政府が管理する年金や医療などのソーシャル・セキュリティ向けに発行された国債である。アメリカのソーシャル・セキュリティ制度では，保険料として支払われた資金が信託基金内に積み立てられた場合，自動的にこうした非市場性国債で運用することが法律（31 U.S.C.9702）によって規定されている。図表8－1では80年代後半以降，政府勘定向け発行債が急増しているが，これは1983年の社会保障改革による保険料収入の拡大が原因となっている。

## （2） 米国債投資家の推移

次に米国債の投資家の変遷を見ながら，外国人投資家がアメリカの財政赤字ファイナンスに果たした役割について検討する。

図表8－2は，1980年以降の米国債保有者を表わしている[6]。1980年代における米国債の主な投資家は，家計，預貯金取扱金融機関，連邦準備銀行，州・地方政府，海外である。80年代前半には，これら投資家がそれぞれ全体の10－20％程度を保有していた。その後，80年代後半から90年代前半まで，家計部門を中心にそれぞれ保有額を増加させている。この時期には財政赤字とともに経常赤字が拡大しファイナンスに対する危機感が広がるが，その中でも国債発行の拡大に応じるように外国人を含めた各投資家が安定的に国債を購入している状況が見られる。

90年代後半に入ると保有者構造に明確な変化が表われる。特に海外の保有残高拡大は，国内投資家と比較すると顕著である。90年代前半まで全体の20％程度であった海外の保有比率は，2005年度末には46％まで上昇している。財政収支が黒字に転換し98年からは市場性国債を中心とした国債発行残高が減少するなか，家計や預貯金取扱金融機関は保有額を大きく減らしているが，海外のそれは小幅にとどまる。そして，2002年以降再び国債発行残高が増加するが，そ

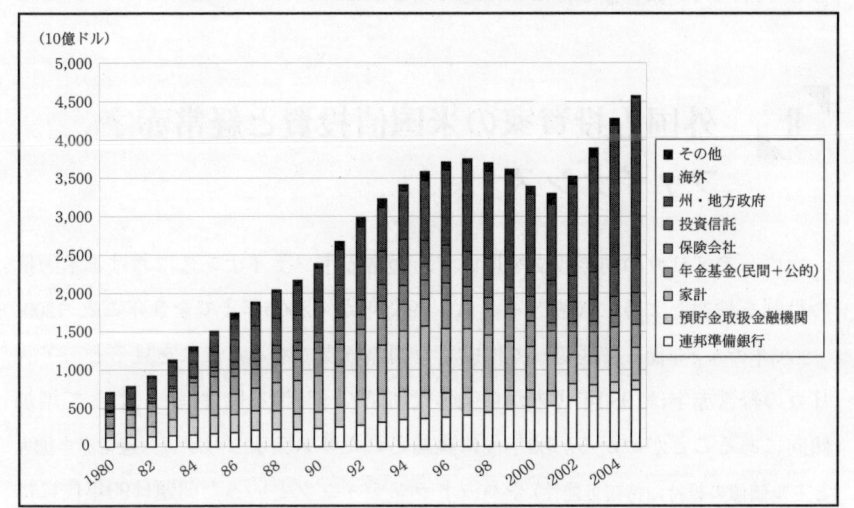

図表8−2　米国債保有者の推移（年度末保有残高）

凡例：
- その他
- 海外
- 州・地方政府
- 投資信託
- 保険会社
- 年金基金（民間＋公的）
- 家計
- 預貯金取扱金融機関
- 連邦準備銀行

注：連邦政府および関連の信託基金が保有する米国債は除く。詳しくは本文注釈6）を参照。

（出所）　F.R.B., *Flow of funds accounts of the U.S.*, various issues, Table L 209.

の増加分のほとんどが外国人によって購入されている。連邦準備銀行も引き続き保有額を増やしているが，これは連銀の金融政策の一環である公開市場操作の結果として形成されるものであるため，金融政策の独立性を鑑みれば財政赤字が拡大したからといって自動的に連銀保有分も増加するという性格のものではない。

　以上のとおり，90年代前半までは外国人の米国債保有比率は20％程度で安定的に推移していたが95年以降急速に拡大した。これは第3節で検討する家計部門の貯蓄率低下がかかわっている。家計部門の貯蓄率は1980年代前半には9％前後であったがそれをピークに下落し，ついに1999年には負債増加が金融資産増加を上回る資金不足主体となった[7]。本来，家計部門は資金余剰主体となり企業の設備投資や政府の財政赤字をファイナンスするが，ここが資金不足になることで政府や企業はそれに代わる資金提供者を確保する必要に迫られた。図表8−2を見てもわかるように，国債市場では家計部門に代わる主要な投資家

として外国人が保有額を伸ばしたのである。

## II　外国人投資家の米国債投資と経常赤字ファイナンス

　次に，アメリカの国際収支を用いて，経常赤字ファイナンスにおける米国債の役割を検討しよう。図表8－3は，1983年から2005年までを3年ごと（2004－2005年のみ2年間）に区切って作成した国際収支である。これを見ると，アメリカの経常赤字は1980年代末から90年代初頭の一時期を除けば，一貫して増加傾向にあることがわかる。80年代に議論されたサステナビリティ（経常赤字拡大とドル価値の維持の持続可能性）やハードランディングといった問題は90年代にはあまり顧みられることはなかったが，経常赤字ファイナンスの必要性は減少するどころか，かえって拡大する一方であった。

　80年代から歴史を追ってみていこう。80年代前半（1983－85年）の赤字ファイナンスの中心となっているのは民間部門の対米証券投資と在米銀行の債務増加である。同期間の経常赤字2,512億ドルに対して，在米銀行の債務増分が1,252億ドル，対米証券投資が1,238億ドルとなっており，両者の合計が経常赤字の金額にほぼ匹敵する。この中で外国民間部門の米国債投資は521億ドルとなっており，対米投資全体の15％，経常赤字の21％に相当する。外国民間による米国債投資拡大の背景には，80年代前半のレーガン大統領による「強いドル」政策とアメリカにおける相対的な高金利がある。図表8－4によれば，1980－85年までドルが急激に上昇しており，さらに，アメリカの金利がドイツやオランダ，日本より高い水準にあったことがわかる。また，外国公的部門も米国債投資を行っているが，その規模は108億ドルにとどまっている。

　80年代後半（1986－88年）に入ると，証券投資，銀行債務に加えて直接投資が大きな流入を計上するようになる。日米間の貿易摩擦を回避するために日本企業が相次いで米国進出した結果として直接投資も経常赤字ファイナンスに寄与

第8章 ■ アメリカ国債と外国人投資家

図表8－3　アメリカの国際収支　　　　（単位：10億ドル）

| SCBライン | | 1983-85 | 1986-88 | 1989-91 | 1992-94 | 1995-97 | 1998-2000 | 2001-2003 | 2004-2005 |
|---|---|---|---|---|---|---|---|---|---|
| 76 | 経常収支 | −251.2 | −429.0 | −175.6 | −256.5 | −378.7 | −928.5 | −1,388.9 | −1,456.8 |
| 40 | 資本収支 | 201.1 | 427.6 | 156.3 | 304.8 | 445.3 | 792.3 | 1,441.8 | 1,367.9 |
| | 対外 | −151.5 | −297.6 | −321.0 | −453.9 | −1,251.1 | −1,418.4 | −1,003.7 | −1,294.6 |
| 55 | 対米 | 352.6 | 725.2 | 477.3 | 758.7 | 1,696.5 | 2,210.7 | 2,445.4 | 2,662.5 |
| | 民間投資収支 | 214.7 | 299.3 | 111.7 | 147.5 | 195.7 | 722.8 | 1,026.1 | 756.4 |
| | 対外 | −130.0 | −305.1 | −305.8 | −459.4 | −1,245.2 | −1,421.5 | −997.0 | −1,318.8 |
| | 対米 | 344.7 | 604.4 | 417.5 | 606.9 | 1,440.8 | 2,144.3 | 2,023.2 | 2,075.2 |
| | 直接投資 | 6.7 | 70.1 | 21.4 | −95.1 | −45.6 | 263.0 | −131.4 | −10.3 |
| 51 | 対外 | −47.9 | −81.6 | −118.5 | −212.4 | −295.4 | −526.8 | −446.7 | −253.2 |
| 64 | 対米 | 54.6 | 151.6 | 139.9 | 117.3 | 249.9 | 789.8 | 315.4 | 242.9 |
| | 証券投資 | 104.8 | 138.3 | 24.9 | 4.3 | 322.4 | 448.8 | 789.4 | 831.4 |
| 52 | 対外 | −19.0 | −17.5 | −96.5 | −258.6 | −388.6 | −380.3 | −285.9 | −326.7 |
| 65+66 | 対米 | 123.8 | 155.8 | 121.4 | 262.9 | 710.9 | 829.1 | 1,075.4 | 1,158.1 |
| 65 | 国債 | 52.1 | 16.4 | 45.9 | 95.8 | 369.0 | −85.9 | 177.5 | 302.4 |
| | 政府関連企業債(1) | 6.3 | 17.1 | 28.2 | 61.3 | 61.4 | 148.8 | 127.8 | 139.7 |
| | 民間債券(2) | 56.4 | 90.1 | 45.4 | 87.7 | 187.0 | 415.2 | 560.2 | 570.6 |
| | 株式(3) | 9.0 | 32.3 | 1.9 | 18.2 | 93.5 | 351.1 | 209.8 | 145.3 |
| | 非銀行アメリカ企業 の非関連外国人取引 | 5.6 | 4.6 | 19.7 | −10.6 | −23.5 | −4.6 | 181.1 | −40.9 |
| 53 | 債権 | −20.8 | −50.0 | −44.4 | −36.0 | −253.4 | −274.7 | −77.4 | −164.2 |
| 68 | 債務 | 26.4 | 54.6 | 64.1 | 25.4 | 229.9 | 270.1 | 258.5 | 123.4 |
| | 在米銀行の取引 | 82.9 | 71.0 | 5.6 | 193.2 | −112.1 | −28.7 | 125.0 | −58.1 |
| 54 | 債権 | −42.4 | −156.0 | −46.4 | 47.6 | −307.8 | −239.6 | −187.0 | −574.6 |
| 69 | 債務 | 125.2 | 227.0 | 52.0 | 145.6 | 195.7 | 211.0 | 312.0 | 516.6 |
| | 公的投資収支 | −13.6 | 128.3 | 44.6 | 157.3 | 249.7 | 69.5 | 415.6 | 611.5 |
| 41+46 | 在外アメリカ公的資産 | −21.5 | 7.5 | −15.2 | 5.5 | −6.0 | 3.1 | −6.7 | 24.2 |
| 56 | 在米外国公的資産 | 7.9 | 120.8 | 59.8 | 151.8 | 255.6 | 66.4 | 422.3 | 587.3 |
| 58 | 国債 | 10.8 | 119.3 | 44.6 | 98.2 | 178.0 | −2.9 | 279.1 | 335.1 |
| 70 | 誤差脱漏 | 49.4 | 0.3 | 30.0 | −44.7 | −63.9 | 143.0 | −46.8 | 95.5 |

注：1) Table 7 a, line B30, Table 7 b, line B12.
　　2) Table 7 a, line B16, Table 7 b line B11, 13.
　　3) Table 7 a, line B4, Table 7 b, line B2.
　　4) SCBラインは米商務省が公表する国際収支の各項目を表わす。
（出所）U.S. Department of Commerce, *Survey of Current Business,* various issues.
　　　　(http://www.bea.gov/bea/international/bp_web/list.cfm?anon=71&registered=0, 2006年7月19日)

図表8－4　各国の金利とドルレートの推移
（各国金利は短期金融市場金利）

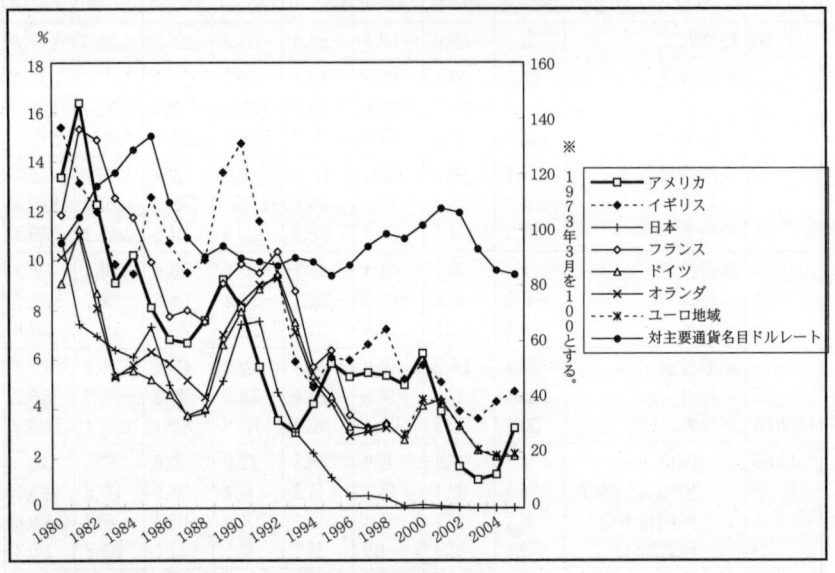

注：各国金利は左目盛，ドルレートは右目盛。
（出所）　各国金利はIMF, *International Financial Statistics*, ドルレートはF.R.B., Federal reserve statistical release, G5.

することとなった。そのようななか，外国人の米国債投資は民間部門が164億ドル，公的部門が1,193億ドルとなっている。前半に比べると，民間が3分の1以下に減少しているのに対して，逆に公的部門は10倍以上に拡大している。こうした民間と公的部門の米国債投資における主役交代は，85年のプラザ合意とその後の急激なドル安が原因となっている。80年代後半でも依然としてアメリカの金利は日本やドイツより高い水準にあったが，こうした金利差を吹き飛ばすほどの激しいドル安（85-88年で32％の下落）が発生したため民間部門は一斉に米国債投資を手控えた。逆に日本を中心とする公的部門は，急激なドル安（自国通貨高）を抑えるために為替介入を行い，結果として米国債投資を増やすことになった。公的，民間の両者を合計すると，外国人全体の米国債投資は1,357億ドルとなり，対米投資の19％，経常赤字の32％にまで拡大している。

第8章 ■アメリカ国債と外国人投資家

　80年代の米国債投資は，前半には民間部門が，後半には公的部門がそれぞれ入れ替わりながらも，外国人全体としての米国債投資は拡大傾向にあり，増加する経常赤字の一定割合（20-30%）を継続的にファイナンスしていると言えよう。

　80年代末から90年代初頭（1989-91年）になると，これまで拡大してきた経常赤字が減少しはじめ，1991年にはわずかであるが黒字に転換する。国内の不況による投資縮小がその原因であるが，これによって一時的にアメリカは経常赤字ファイナンスから逃れることになる。そのため外国人による対米投資全体も縮小傾向にある。米国債投資についても，民間部門がやや回復するが，公的部門はドルレートが落ち着きをみせるなか，446億ドルまで減少している。両者の合計額は905億ドルであり，対米投資の19%，経常赤字の51%となっている。アメリカの経常赤字が縮小するなかで，外国人の米国債投資も規模を縮小するが，対米投資全体に占める比率としては一定の割合を維持している。

　アメリカの経常赤字はその後，90年代半ば以降，再び拡大に転じている。これにより経常赤字のファイナンス問題が再燃するかと懸念されたが，実際には，対米投資が急激に拡大したため，80年代に議論されたサステナビリティ問題はほとんど顧みられなかった。対米投資の拡大は，単に経常赤字をファイナンスしただけでなく，アメリカが対外投資を増大させる原資となったのである。特に外国人による対米投資は米国債を中心に，逆にアメリカの対外投資は株式や直接投資が多かったために，この時期のアメリカが国際資金仲介を行っている，と議論された[8]。アメリカが米国債を通じて外国から長期の安定した資金を吸収し，逆によりリスクの高い投資を行うといった資金仲介である。図表8-3からもそうした状況が読み取れる。1995-97年には対米証券投資が7,000億ドルを超える規模まで拡大し，国債投資は3,690億ドルとその半分以上を占めた。これは対米投資全体の22%，経常赤字の97%に達する規模である。外国民間部門の米国債投資だけで経常赤字をほとんどカバーしていたのである。逆に，アメリカの対外投資は直接投資や株式投資，銀行の対外債権増が中心となっていた。

　こうした民間部門による米国債投資の拡大は，80年代前半同様，やはりドル

の上昇とアメリカの相対的な金利高が背景にあった。図表8－4をみれば90年代前半，緩やかながら下落を続けていたドルが，95年以降一転して上昇しているのがわかる。また，金利水準もアメリカが94－95年と上昇傾向にあるのに対して，イギリスを除くヨーロッパ主要国や日本は下落を続けていた。また，この時期には，公的部門の米国債投資も拡大し，民間部門，公的部門を合計した米国債投資は，1995－97年で5,470億ドルに上った。これは，対米投資全体の32％，経常赤字の144％に相当する。特に95年以降の外国人の米国債投資拡大は，前節で検討したとおり，アメリカ国内の家計部門による国債の売却と重なることで，米国債残高に占める外国人比率を急激に上昇させた。

　1998年以降になると，それまでの国債を中心とした経常赤字ファイナンスがまったく異なった様相を見せることになる。まず，この時期以降の経常赤字額がそれまでと比較にならないほどの規模に拡大している。よって経常赤字ファイナンスの必要性は拡大する一方であったが，もう一方の財政赤字が急速に縮小し，98年以降は単年度で黒字に転じたのである。新規で発生する財政赤字のファイナンスが一時的に必要なくなったアメリカは，長期債（Treasury Bonds）をはじめとする数種の国債の発行を停止すると同時に，一部の国債の発行回数を削減した[9]。これにより，それまで米国債を主な対米投資先としてきた外国人は，その変更を迫られることになる。また，アメリカ側の経常赤字ファイナンスの面から見ても，米国債発行残高が減少するなか，他の手段によって外国資本の流入を確保する必要があった。折しも，91年から続いてきたアメリカの好景気は株価の上昇をもたらしていた[10]。こうしたなかで，外国人は，その投資先を国債から米国株式，民間債券，直接投資へと急速に転換させていった。そのことは図表8－3に明瞭に表われている。1998－2000年には，一転して外国人は米国債を売り越しているのに対して，対米株式投資と対米直接投資は90年代後半（1995－97年）の3倍以上に，また，対米民間債券投資も2倍以上に拡大している。これらが米国債に代わって1998－2000年の経常赤字ファイナンスの主要な項目となった。

　しかし転機は再び訪れる。米国債が経常赤字ファイナンスの手段として再登

場したのである。2000年のITバブル崩壊と株価下落，2001年の景気後退によって，対米株式投資，直接投資が減少に転じるなか，米国債投資が着実に回復した。図表8－4を見れば2001年以降アメリカの金利が低下し，また2002年以降はドルも下落しているため，民間部門の米国債投資は大きな利益をもたらすようなものではなかったと考えられるが，90年代末の売越の反動からか投資を増加させている。2004年には再びアメリカの金利が上昇し，ドルの下落もストップしたため，さらに民間の米国債投資が拡大した。また，この期間には，公的部門の米国債投資が，民間部門以上に急激に増加している。これは特に日本の為替介入が大きな割合を占めていると推測できる。日本は2002年から継続していた円高ドル安に歯止めをかけるために，2003年には1,773億ドル，2004年には1,378億ドル（いずれも推計値[11]）のドル買い介入を行った。日本のドル買い介入のすべてが米国債投資に向かったと仮定すると，外国公的部門の米国債投資に占める日本の比率は50－90％にも上る。こうして再び拡大した外国人（公的＋民間）による米国債投資は，2001－2003年で対米投資全体の20％，経常赤字の33％と民間債券投資に次ぐ経常赤字ファイナンス項目にまで回復した。そして，2004－2005年では対米投資の24％，経常赤字の44％に拡大し，ついに民間債券を抜いて最大の経常赤字ファイナンス項目となった。

　以上をまとめると次の通りである。80年代には外国公的部門，民間部門両者をあわせた米国債投資が対米投資全体の一定割合を占め，経常赤字を安定的にファイナンスしていた。90年代に入るとその役割がさらに拡大し，対米投資全体に占める比重は95－97年で30％以上に上昇した。こうした状況は，95年以降のアメリカ家計部門による国債投資売越という対照的な行動と重なることで，米国債発行残高に占める外国人保有比率を急激に上昇させた。90年代末にはアメリカの財政黒字への転換とIT部門を中心とした株高によって一時的に外国人による米国債投資が売越に転じるが，好景気の終焉と再度の財政赤字への転落によって，再びその投資が拡大している。特に2002年以降の財政赤字拡大期には，家計部門をはじめとする国内投資家の国債購入が停滞するなか，外国人が国債発行残高増加分の大半を購入するという構造になった。国内投資家の国

債購入が伸び悩むなか,なぜ外国人のそれが急激に拡大したのか。また,外国人による国債保有比率の上昇がアメリカ経済にもたらしたものは何なのか。次節では,こうした点について検討する。

## Ⅲ 外国人の米国債投資と家計部門の過剰消費

　本節では,米国債発行残高に占める外国人比率が急激に上昇する1995年を境として,それ以前（1985年）とそれ以降（2003年）のマネーフローを検討することで,その投資がもつ意味の違いを明らかにしていく[12]。

　1985年のマネーフローから見ていこう。全体的に見れば,1985年には,資金余剰主体の家計部門,海外部門から,金融仲介機関や証券市場を通じて,資金不足主体の非金融企業,連邦政府へと資金が流れている。資金余剰主体としては,家計の純金融資産投資（金融資産増分－負債増分）が2,090億ドルで最大の資金を出しており,海外部門が拠出する1,010億ドルの2倍以上となっている。また資金不足主体としては,連邦政府の純資金調達（負債増分－金融資産増分）が2,460億ドル,非金融企業が2,380億ドルとなっており,両者がほぼ同程度の資金を吸収している。

　次に国債市場を検討しよう。連邦政府は,国債市場を通じて2,260億ドルの資金を吸収している。このうち,最大の資金提供者は保険・年金・投資信託であり,全体の36％を占める。その次に海外,家計と続く。ただ,保険・年金・投資信託は,あくまでも金融仲介部門であり,これらに最終的に資金を提供しているのは,やはり国内家計部門ということになる。図表8－5を見ても,保険・年金・投資信託の資金調達のうち家計からの資金が全体の83％を占めている。よって,海外の米国債購入分200億ドルを除けば,最終的に国債市場に資金の大半を拠出しているのは国内家計部門ということになる。

　また,海外部門の対米投資ということでは,国債投資が全体の16％を占めている。最大の投資項目は事業債であり,これが非金融企業を中心としたアメリ

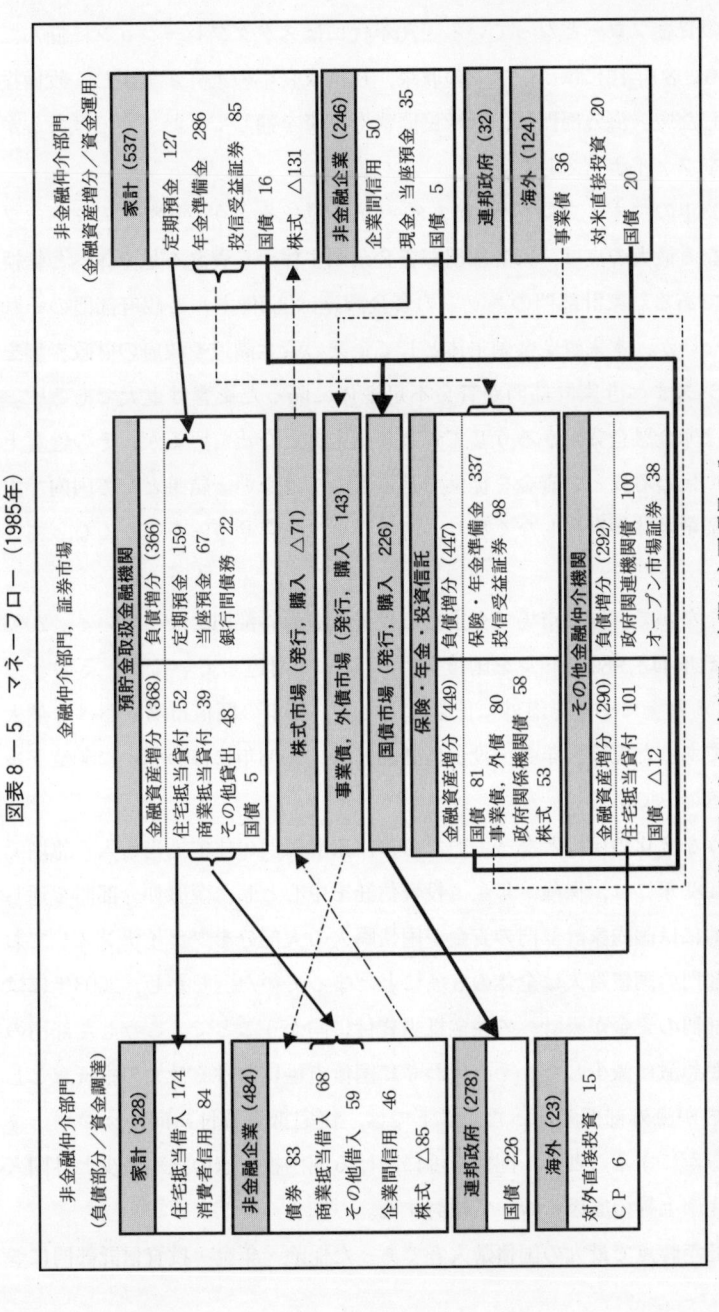

第8章 ■ アメリカ国債と外国人投資家

図表 8-5　マネーフロー（1985年）

金融仲介部門、証券市場

非金融仲介部門
（金融資産増分／資金運用）

家計 (537)
- 定期預金　127
- 年金準備金　286
- 投信受益証券　85
- 国債　16
- 株式　△131

非金融企業 (246)
- 企業間信用　50
- 現金，当座預金　35
- 国債　5

連邦政府 (32)

海外 (124)
- 事業債　36
- 対米直接投資　20
- 国債　20

預貯金取扱金融機関 (366)
- 金融資産増分 (363)
  - 住宅抵当貸付　52
  - 商業抵当貸付　39
  - その他貸出　48
  - 国債　5
- 負債増分 (366)
  - 定期預金　159
  - 当座預金　67
  - 銀行間債務　22

株式市場（発行，購入　△71）
- 事業債，外債　80
- 国債　購入　143

国債市場（発行，購入　226）

保険・年金・投資信託 (449)
- 金融資産増分 (447)
  - 国債　81
  - 事業債，外債　80
  - 政府関係機関債　58
  - 株式　53
- 負債増分
  - 保険・年金準備金　337
  - 投信受益証券　98

その他金融仲介機関
- 金融資産増分 (290)
  - 住宅抵当貸付　101
  - 国債　△12
- 負債増分 (292)
  - 政府関連機関債　100
  - オープン市場証券　38

非金融仲介部門
（負債部分／資金調達）

家計 (328)
- 住宅抵当借入　174
- 消費者信用　84

非金融企業 (484)
- 債券　83
- 商業抵当借入　68
- その他借入　59
- 企業間信用　46
- 株式　△85

連邦政府 (278)
- 国債　226

海外 (23)
- 対外直接投資　15
- CP　6

注：1）簡略化のため、地方政府、通貨当局を省略。各部門の内訳は主要項目のみ。
　　2）1985年、10億ドル、マイナスは△で表示。括弧内の数値は金融資産増分、負債増分を表わす。
（出所）F.R.B. (2006c) *Flow of Funds Accounts of the U.S., 1985–1994*, Sep. 19, 2006.

カ企業への資金フローとなっている。70年代にはスタグフレーションに悩んだアメリカも，80年代にはインフレの収束，経済成長率の上昇が実現し，設備投資が拡大した[13]。海外部門は，対米民間債券投資を通じて，わずかではあるが，その一部をファイナンスした。

次に2003年のマネーフロー図（図表8－6）を見てみよう。1985年のマネーフローと異なる最大の点は，家計部門が資金余剰主体から資金不足主体へと転換したことである。家計部門のネットの資金調達は960億ドルと政府部門のそれよりは少ないが，本来資金余剰主体として企業の資金調達や政府の財政赤字をファイナンスすべき家計部門が資金不足主体に陥った影響は重大である[14]。2003年には非金融企業がかろうじて資金余剰主体となっているが，その性質上，家計部門に代わるほどの資金を提供できるものではない。結果として国内で主たる資金余剰主体が存在しなくなり，海外資金に依存せざるを得なくなっている。

そうしたなかで，国債市場でも主たる投資家が海外部門となっている。2003年に連邦政府は3,980億ドルを国債発行によって調達しているが，そのうち2,760億ドルと実に69％を海外に依存している。85年の国債市場における最大の投資家であった保険・年金・投資信託部門は，2003年にはわずかに50億ドルを取得するのみである。

このような変化の原因となっていたのは，家計部門の住宅抵当借入の急増であった。1985年には，保険・年金・投資信託を中心とした金融仲介部門を通じて，最終的には国内家計部門の資金が国債購入の大部分をファイナンスしており，海外部門の国債購入は全体の8％にとどまっていた。しかし，2003年には金融仲介部門の資金が家計への住宅抵当貸付に向かうことで，こうした部門の国債投資が急激に減少した。その代わりに国債市場における最大の投資家として現れたのが海外部門であった。以下では，住宅抵当貸付に向かうマネーフローを明らかにすることで，国債市場における国内投資家の比率減少と外国人投資家の比率上昇の原因について検討する。

まず，85年時点で最大の国債購入者であった保険・年金・投資信託部門につ

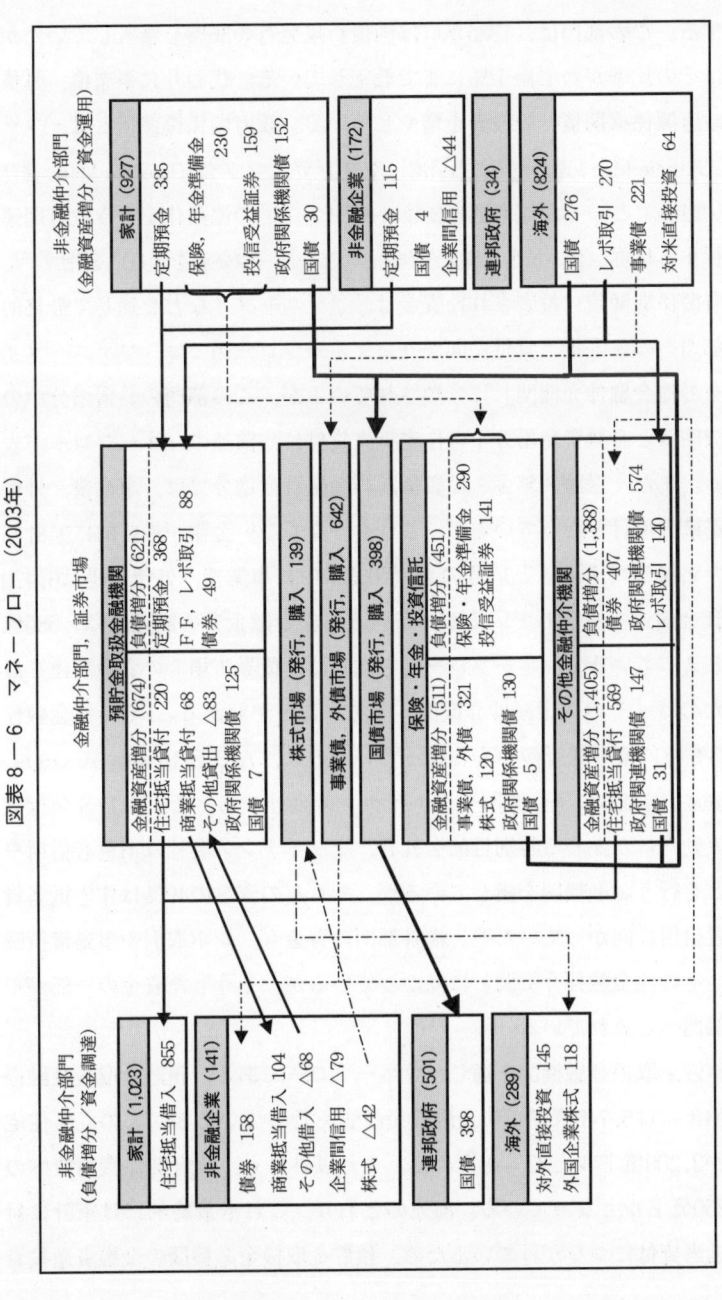

第8章 ■ アメリカ国債と外国人投資家

図表8-6 マネーフロー (2003年)

**非金融仲介部門（負債増分／資金調達）**

家計 (1,023)
- 住宅抵当借入 855

非金融企業 (141)
- 債券 158
- 商業抵当借入 104
- その他借入 △68
- 企業間信用 △79
- 株式 △42

連邦政府 (501)
- 国債 398

海外 (289)
- 対外直接投資 145
- 外国企業株式 118

**金融仲介部門、証券市場**

預貯金取扱金融機関
- 金融資産増分 (674)
  - 住宅抵当貸付 220
  - 商業抵当貸付 68
  - その他貸出 △83
  - 政府関係機関債 125
  - 国債 7
- 負債増分 (621)
  - 定期預金 368
  - FF、レポ取引 49
  - 債券 88

株式市場 (発行、購入 139)

事業債、外債市場 (発行、購入 642)

国債市場 (発行、購入 398)

保険・年金・投資信託
- 金融資産増分 (511)
  - 事業債、外債 321
  - 株式 120
  - 政府関係機関債 130
  - 国債 5
- 負債増分 (451)
  - 保険・年金準備金 290
  - 投信受益証券 141

その他金融仲介機関
- 金融資産増分 (1,405)
  - 住宅抵当貸付 569
  - 政府関連機関債 147
  - 国債 31
- 負債増分 (1,388)
  - 債券 407
  - 政府関連機関債 574
  - レポ取引 140

**非金融仲介部門（金融資産増分／資金運用）**

家計 (927)
- 定期預金 335
- 保険、年金準備金 230
- 投信受益証券 159
- 政府関係機関債 152
- 国債 30

非金融企業 (172)
- 定期預金 115
- 国債 4
- 企業間信用 △44

連邦政府 (34)

海外 (824)
- 国債 276
- レポ取引 270
- 事業債 221
- 対米直接投資 64

注：1）簡略化のため、地方政府、通貨当局を省略。各部門の内訳は主要項目のみ。マイナスは△で表示。括弧内の数値は金融資産増分、負債増分を表わす。
　　2）2003年、10億ドル、F.R.B. (2006b) *Flow of Funds Accounts of the U.S.*, 1995–2005.
（出所）F.R.B. (2006b) *Flow of Funds Accounts of the U.S.*, 1995–2005.

いて検討する。この部門は，1985年には国債新規発行の36%を購入していたが，2003年にはその比率がわずか1%にまで低下している。代わりに事業債，外債や株式，政府関係機関債への投資を増やしている。政府関係機関債とは，ファニーメイ（Fannie Mae：連邦住宅抵当公庫）やフレディマック（Freddie Mac：連邦住宅金融抵当金庫）といった住宅抵当債権（モーゲージ）の流動化を行う政府関連企業が発行する債券（住宅抵当債権を証券化したモーゲージ証券を含む）を指す[15]。よって政府関係機関債に投資された資金は，ファニーメイなどを通じて最終的には家計部門への住宅抵当貸付に向かう。マネーフロー図では，ファニーメイなどは「その他金融仲介機関」に分類されているが，この部門の負債増分中の政府関連機関債と金融資産増分中の住宅抵当貸付に，前述のマネーフローが表われている。また，保険・年金・投資信託の金融資産増分では，事業債，外債への投資が最大項目となっているが，これも少なくない金額が最終的に家計部門に回ったと推察できる。というのも，2003年中に事業債，外債市場は6,420億ドルの資金調達を実現しているが，このうち非金融企業の調達分は1,580億ドルにとどまっている。マネーフロー図を見れば，債券市場での資金調達を最も活用したのは「その他金融仲介機関」であることがわかる。「その他金融仲介機関」でも特に債券発行の中心となっていたのは，ＡＢＳ（Asset-Backed Securities＝資産担保証券）発行機関やファイナンス会社であった。ＡＢＳ発行機関は債権流動化にかかわる特別目的会社を，ファイナンス会社は消費者信用やリースなどを行う金融機関を指しているが，それらの資金の49%は住宅抵当貸付や消費者信用に向かっていた[16]。海外部門の資金も，レポ取引や事業債投資によって「その他金融仲介機関」に向かっているが，そうした資金の一部がやはり家計部門へと流れている。

　次に，預貯金取扱金融機関を通じたマネーフローである。預貯金取扱金融機関は，2003年には6,740億ドルの金融資産投資を行っているが，このうち住宅抵当貸付が2,200億ドルと33%を占める。これ以外にも，政府関係機関債への投資が1,250億ドルとなっている。前述のとおり，これも最終的には家計に対する住宅抵当貸付につながっているため，預貯金取扱金融機関の金融資産投資

のうち51％が家計部門へと流れていると言える。逆に，非金融企業などへの貸出は830億ドルの資金引き揚げとなっている。

家計部門の住宅抵当貸付に回った資金は，すべてが純粋に住宅投資に用いられているわけではない。特に近年，家計の住宅抵当借入が消費活動に結びついている点が指摘されている[17]。例えば，ホームエクイティローンといった住宅の純資産価値（住宅資産価値－モーゲージローン残高）を担保としながらも，そのローンが住宅購入以外のものに使用される商品がある。2003年の家計の住宅抵当借入増加は8,550億ドルであるが，このうち923億ドルがホームエクイティローンである[18]。他にも，キャッシュアウト型（現金化）の借換えがある。これは，通常の住宅ローンの借換え，例えば金利の低下局面において利払いを節約する，返済期間を変更する，といったことが目的ではない。既存の住宅の資産価格が上昇した場合，それは担保価値の増加となり，ローン残高の積み増しを可能にする。そのローンの積み増し分が現金化され，住宅改修や消費，債務返済などに用いられる。ホームエクイティローンやキャッシュアウト型の借換えは，住宅抵当借入でありながら，必ずしもその使途が住宅投資に結び付かず，家計部門の消費をファイナンスする役割を果たしている。2003年の家計部門による住宅抵当借入が8,550億ドルであったのに対して，同年の住宅投資額は5,724億ドルにとどまっており，この住宅投資額を上回る住宅抵当貸付の大部分は家計部門の消費に向かったものと考えられる[19]。

以上のとおり，2003年には金融仲介機関に集まった資金の多くが家計部門に対する住宅抵当貸付に向かった。こうしたマネーフローは，最終的に借入によって消費を拡大するというアメリカ家計部門の「過剰消費」を資金面から支える役割を果たした。国内資金の大部分が家計部門に吸収されるなかで，国内投資家による国債投資は先細っていく一方であった。そうしたなか，2002年以降，急激に拡大した財政赤字をファイナンスしたのが外国人である。家計部門の貯蓄率が傾向的に下落し，ついに99年に資金不足主体へと転換していくということは，今後，財政赤字が拡大したときにそれをファイナンスできる国内投資家が存在しないことを意味する。これは財政赤字のファイナンスを最終的に

外国人に依存せざるを得ないという状況を表わしている。外国人による米国債投資は，家計部門の過剰消費により慢性的な投資資金不足に陥ったアメリカ経済を機能させる基幹的なマネーフローとなった。

## Ⅳ　むすび
　　——過剰消費国アメリカとそれを支える日本

　外国人の米国債投資は，アメリカの財政赤字と経常赤字をファイナンスしている。80年代には，この2つの赤字が急激に拡大することで，ドルの急落やそれによる外国資本のアメリカからの引き揚げ，金利の急騰が懸念されたが，実際にはそうした危機的な状況には至らなかった。経常赤字ファイナンスという点から言えば，80年代後半にはプラザ合意後のドルの急落やブラックマンデーによって減少した外国民間部門による対米投資を補うように，外国公的部門による対米国債投資が拡大したことが大きい。また，財政赤字という点から見ても，国債発行残高の増加に対して，家計部門を中心とした国内投資家と海外投資家が両者共に安定した保有比率を維持し，それをファイナンスした。
　しかし，90年代特に後半以降になると変化が表われる。この頃から，家計部門の住宅抵当借入が増加し，国内資金が家計部門に集中的に吸収されるようになる。こうしたなか，外国人が国債保有比率を上昇させる。しかし，本格的な転換点は家計部門が資金不足主体に転じた1999年以降である。家計部門の住宅抵当借入は拡大を続け，2000年にはとうとう住宅投資額を上回る。これは，家計部門が住宅抵当借入を利用して過剰消費を行っていることを示す。アメリカの経常赤字は，これ以降爆発的に拡大し，さらに2002年以降は財政赤字が加わるなか，外国人による米国債投資は，この両赤字に対して最も重要なファイナンス項目となっている。
　家計部門は，本来ならば企業の設備投資や財政赤字をファイナンスする中心的な立場にあるが，そこが資金不足主体へ転換したことは，アメリカ国内にお

ける慢性的な投資金不足を意味する。ゆえに企業の投資や政府の財政赤字をファイナンスするためには，海外資金に全面的に依存せざるを得なくなった。これは2つの問題をもつ。1つは，アメリカ国内の投資に必要な海外資金の多寡が，ドルレートの変動や外国の景気循環，外国政府の金融・為替政策によって大きく変動する危険性が増すということ。もちろん，資本移動の自由化が進んだ今日，海外資金のみならずアメリカ国内の資金であっても，上記のような変化に敏感に反応することもある。しかし，それでも各国資金のホームバイアス（国内資産への投資選好）や為替政策の影響力を考慮すると，やはり，海外資金への全面依存は非常に不安定な状態にあることを意味する。2つ目の問題は，家計部門の過剰消費体質と外国資金の非生産的部門への流入である。2003年のマネーフロー図で確認したとおり，アメリカ国内の資金は大半が家計部門の住宅抵当借入に向かうことでその過剰消費をファイナンスしていた。他方，海外資金は，家計部門へと流れていくアメリカ国内資金と入れ替わるように国債市場での投資額を増加させた。80年代にも財政赤字，経常赤字が拡大したが，国債の大半を購入したのは家計部門を中心とする国内投資家であり，経常赤字ファイナンスは国債よりもむしろ対米民間債券投資や銀行取引を通じて行われており，それは企業の投資活動といった生産的活動に向けられていた。それに対して，90年代末以降の海外資金は，その大半が財政赤字と家計部門の過剰消費という非生産的な活動のファイナンスに回っている。こうした非生産的活動への海外資金の流入は，アメリカという国全体が過剰消費国として，そして，そこに資金を提供する日本を中心とした外国が過剰消費ファイナンス国として機能していることを意味する[20]。

〔注〕

1） 日本の国債は財投債を含む。『資金循環統計 2005年』，日本銀行，2006年。http://www.boj.or.jp/theme/research/stat/sj/index.htm，2006年9月15日。
　　アメリカ国債は連邦政府および関連の信託基金が保有する国債を除く。これらを含めた国債発行残高に占める外国人比率は25％。詳しくは注釈6）を参照。
　　(F.R.B. [2006a], *Flow of Funds Accounts of the United States,* Sep. 19, 2006,

Table L 209. http://www.federalreserve.gov/releases/z1/Current/, 2006年9月24日)

2) F.R.B. [2006b], *Flow of Funds Accounts of the United States, 1995-2005*, Sep. 19, 2006, Table F 100.

3) アメリカの経常赤字と外国の国債を含む対米投資全般の関係は，従来からサステナビリティ問題として議論されてきた。Mann, C.L. [2002]，石井菜穂子 [1990] 参照。ハードランディングについては，Marris, S. [1985] 参照。

4) Bureau of the Economic Analysis, *National Income and Product Accounts Tables*, (以下，NIPA) Table 1.1.5. http://www.bea.gov/bea/dn/nipaweb/SelectTable.asp?Selected＝N, 2006年9月28日。

5) 国債についての説明は，U.S. Department of Treasury, Bureau of the Public Debt, Treasury Direct ホームページ参照。(http://www.treasurydirect.gov/indiv/products/products.htm, 2006年9月16日) 政府勘定向け発行債については，渋谷博史，渡瀬義男，樋口　均編，「第3章　アメリカの財政再建と福祉国家の関係」，2003年，pp.100－103参照。

6) 図表8－2の米国債は，連邦政府とその関連のソーシャル・セキュリティ信託基金が保有する国債を除く。これらの連邦政府が保有する国債は国債市場全体の43％に上るが，この内訳を見ると99％は政府勘定向け発行債となっている（2006年8月末残高。Bureau of the Public Debt (Aug. 31, 2006) *Monthly Statement of the Public Debt of the U.S.*, Table 1.）。図表8－2の出典であるF.R.B.の資金循環表は，同部門内の債権・債務を相殺する。よって，政府勘定向け発行債などの連邦政府が保有する米国債は連邦政府の債務であると同時に債権でもあることになり，同統計では計上されない。(F.R.B. [2000] *Guide to the Flow of Funds Accounts*)

7) 貯蓄率は Bureau of the Economic Analysis, NIPA, Table 1, 5. より計算。資金循環は，F.R.B. [2006a] Table F 100を参照。

8) IMF [1997] pp.2－7, 奥田宏司 [2002] pp.79－99。

9) 武田洋子 [2003] 図表6参照。

10) 1995年頃から株価が急上昇しはじめる。95年に4,000ドル前後だったダウ工業平均は，2000年には12,000ドルに迫る勢いで上昇した。(http://bigcharts.marketwatch.com/, 2006年9月21日)

11) 日本の財務省は1991年以降の為替介入の金額や売買通貨についてホームページで公表している。ただし公表値は円建てであるため，介入当日の円ドル相場の終値よりドルでの介入額を推計。http://www.mof.go.jp/1c021.htm, 2006年9月22日。

12) 1985年と2003年は，財政赤字と経常赤字がともに拡大しており，なおかつ1985年は家計部門が資金余剰，2003年は資金不足であった。2つの赤字を同時にファイナンスしなければならないなかで，家計部門が資金余剰から資金不足へ転換した影響を検討するには，両年が適当であると判断した。

13) 70年代の実質経済成長率は平均で3.3％であったのに対して，84年には7.2％まで上昇した。また，1982年11月からレーガン政権期の景気拡大がスタートするが，82年

第8章■アメリカ国債と外国人投資家

から85年の間に国内民間総投資（実質）は40％増加した。(Bureau of the Economic Analysis, NIPA, Table 1.1.1, 5.2.3)
14) 家計部門は1999年にはじめて資金不足となり，その後も不足額を拡大させている。2005年の家計の資金不足額は6,000億ドルを超え，連邦政府（3,470億ドルの不足）を遥かに上回る最大の資金吸収体となっている。(F.R.B.[2006b]Table F100, 101, 106)
15) 以下，住宅抵当借入（モーゲージローン）については，片桐　謙［1995］参照。
16) F.R.B.[2006b]Table F 126, 127.
17) 住宅抵当借入と消費との関係については，Canner, G., Dynan, K., Passmore, W.［2002］。
18) ホームエクイティローンの貸付額は，F.R.B.[2006a]Table F 218。
19) 住宅投資は，Bureau of the Economic Analysis, NIPA, Table 5.3.5。
20) 外国人が保有するアメリカ国債で最大のシェアを占めているのが日本である（2005年現在。2008年には中国が1位）。2005年末で外国保有額全体の33％を占める。(Department of the Treasury, F.R.B.[2006] *Major Foreign Holders of U.S. Treasury Securities,* Sep.18, 2006, http：//www.ustreas.gov/tic/mfh.txt, 2006年9月27日）

# 第9章

# 国債と地方債の削減に向けた政策提言

## はじめに

本章では、以上の検討を踏まえ、総括的な章として政策を提言したい。7項目にわたる政策提言を、あらかじめ示せば、以下のようなものである。

(1) 国債の発行額減額は可能
(2) 地方債の削減は税源移譲で
(3) 公的金融の存在価値は残る
(4) 特別会計の剰余金を活用する
(5) 日銀の国債買い切りオペを減額し、公募地方債をオペ対象とする
(6) 郵貯・簡保の国債引受を減額し、資産運用を多様化
(7) 地方債の引受先として公営企業金融公庫等を活用する

以下では、それぞれの項目ごとに政策としての背景を説明する。

## (1) 国債の発行額減額は可能

2007年度の国債発行額は2年連続で前年度水準を下回る公算が大きい、と新聞報道されている。背景には、借換債の発行額抑制、安倍内閣発足に伴う政策、

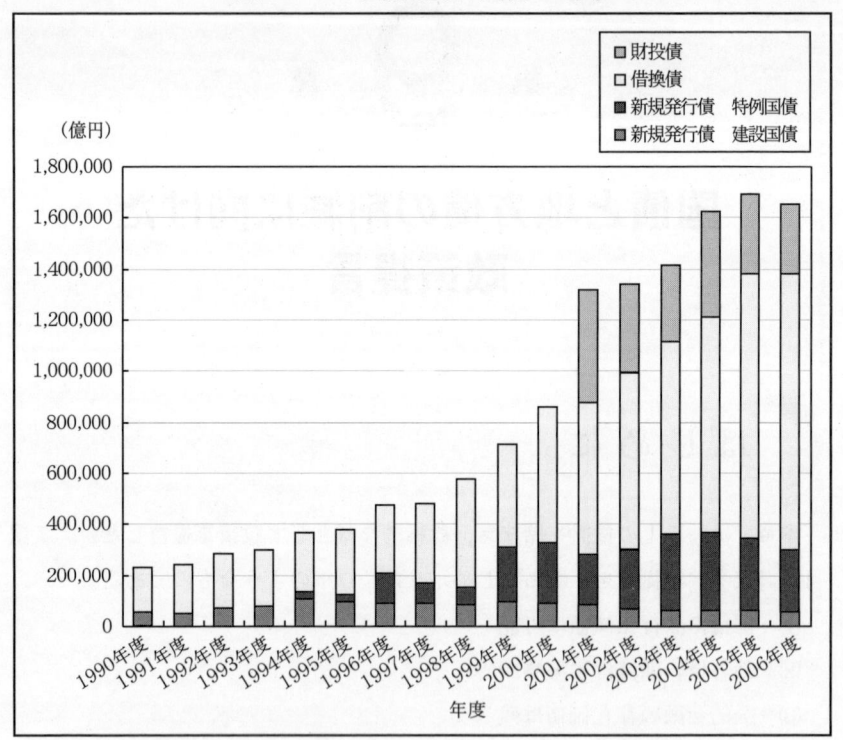

図表9－1　国債発行額（当初）の推移

(出所)　財務省ホームページから作成。

景気回復による税収増などがある，とされる[1]。特に新規発行債については，30兆円以下が目標とされている。

図表9－1は，1990年代以降における国債発行予定額（当初ベース）の推移を示している。1990年代前半には，借換債と新規の建設国債が中心で，発行予定額も30兆円以下であった。しかし1994年度から新規の特例国債発行が増加し，1990年代後半には50兆円台を超えることとなった。これは本書においても分析したように，アメリカからの内需拡大要求に対応するため，国と地方のいずれでも公共事業が増加され，地方への交付金や補助金が増加したほか，国の公共事業も増加したためであった。この1990年代後半に発行された新規の特例国債

は，2000年代後半に償還を迎えるため，すでに借換債が前倒しで発行されてきた。また2001年度からは，財政投融資の改革によって財政融資特別会計債（財投債）の発行が開始された。財投債の発行は2001年度に43.9兆円といった高水準であったが，2006年度の予定額では24.5兆円まで減額されている。

　第一には，この財投債のさらなる減額は十分に可能である。本書における分析が示すように，公庫など財投対象機関の貸付抑制によって，財政融資資金には資金余剰が発生しており，計画外短期運用によって政府短期証券（外国為替資金証券が発行根拠の中心）の受け皿となっている。政府短期証券（FB）は原則として市中公募発行となっており，市場資金で消化されるべきである。財政融資資金は政府短期証券には振り向けず，その分で財投債を減額すべきである。また財投計画としては，財投機関債の比重を高め，財投債や政府保証債の減額を進めるべきである。また後述するように，地方債改革のなかで，公募債が発行できないような市町村に対し，財政投融資計画外短期運用などが活用されるべきである。

　第二には，一般会計での経費削減によって，国債発行が抑制可能である。現在，一般会計での経費削減は主として社会保障関係が中心となっている。しかし社会保障関係の削減には限界があるし，削減を強行すると，深刻な矛盾が発生する。まず直接的には地方財政の負担となる生活保護世帯が全国で100万世帯を突破したと言われ，景気回復と言われる一方で，格差が拡大している。しかも生活保護費が引き下げられている。年金とのバランスがその根拠とされている。財政再建団体となった夕張市では生活保護率が25％であり，生活保護削減等は地域経済の活力をそぎ，いずれ国を含む財政負担にはねかえる可能性がある。

　また医師の診療報酬引き下げ等の医療関連削減も，深刻な影響となっている。地方での公立病院は急速に減少している。また都市部でも小児科や産婦人科など，訴訟リスクが高かったり，報酬が見込めない診療科目を中心に，勤務医不足が指摘されている。これは小泉政権による医療改革の負の遺産であろう。社会保障関係の削減は慎重な対応が必要である。

他方，国の財政において，依然として無駄が多いことは否定できないところであろう。上記のように，社会保障関係や地方交付税交付金など地方関係が削減の中心となってきた。しかし，削減すべき歳出は他の領域であろう。一例としては，政府系金融機関への一般会計による負担がある。国際協力銀行は2005年度当初ベースで2,044億円の補助を一般会計から得ている。国際協力銀行の融資先は，大手総合商社や大手空運会社などである[2]。海外リスクや長期リスクを勘案するにせよ，大手総合商社や大手空運会社への融資を公的金融によって実施することには問題がある。民間銀行で融資は可能であり，もしくは証券発行でも十分可能である。そしてその国際協力銀行に一般会計から2,000億円を超える補助が交付されていることに，国民は納得しないであろう。

　また2006年に発覚した，防衛施設庁の談合問題は記憶に新しい。しかも官製談合とされている。官の側での「天下り先確保」というニーズと，民の側での「高価格での受注」というニーズが一致して，結果としては国民の税収が浪費されてきた[3]。談合による税金浪費体質の改善が，国債発行削減のためにも，まず求められる。

## （2）　地方債削減は税源移譲で

　現在の自治体が抱える地方債の多くは，本書で分析したように，一般会計債のうち地方単独事業債などである。90年代にアメリカの内需拡大要求に対応すべく，国策に沿って地方公共事業が増加し，その財源として「許可」された地方債である。したがって，本来，地方債の多くは，形を変えた「国債」である。確かに2000年代以降，臨時財政対策債が増加したが，それは90年代における地方債増加によって公債費負担（利払い費）が増加したことへの対応といった側面が強い。したがって，地方交付税交付金によって地方債の償還が「保証」されてきたことには，一定の合理性がある。しかし，現在，三位一体改革によって，大幅に地方交付税交付金や国庫補助金が削減されている。その一方で，地方への税源移譲は進展をみていない。2007年度から，4兆円の地方向け補助金が削

減され，1兆円については地方の歳出削減を図り，3兆円について所得税から住民税に振り替えられる予定であった。この3兆円分の振替だけでは不十分である。地方交付税交付金が削減された分，税源移譲を推進すべきである。ただし，地方公共団体が入札等の情報公開を進めること，県知事の不祥事防止のためガバナンスを強化することが前提条件となろう。

### （3） 公的金融の存在価値は残る

　財政投融資の改革が実施された2001年前後の論調としては，財政投融資が時代のニーズに対応しなくなったことから，財投の縮小や解体が主張されることが多かったと言える[4]。他方では，財政投融資の意義を擁護する議論も見られた[5]。こうした議論の結果，政治主導で財政投融資が改革された。

　本書も財政投融資など公的金融の縮小が必要である，という結論である。日本政策投資銀行の大口融資先が，上場電力会社や上場電鉄会社であることがわかっている[6]。戦後のインフラ整備が遅れていた時期（1950～1970年代）ならば，こうした公的金融の役割も認められよう。しかし，東京電力などはずば抜けて高い財務体質を有し，民間銀行も競って融資することは自明である。また，すでに指摘したが，国際協力銀行の融資先も大手総合商社や大手空運会社である。三井物産や全日空には，民間銀行ならば，積極的に融資するだろう。したがって，こうした公的金融は縮小するべきである。

　しかし，公的金融の存在価値が否定されるわけではない。第一に，教育分野である。私立大学の年間学費は文科系でも100万円に近い。国公立大学ですら，50～60万円と安くはない。さらに下宿や寮など住居費が必要とされる場合，生活費として親が大学4年間で負担する総額は1,000万円程度と推定される。他方で，親がリストラされ，大学を中退していく学生数は各大学で高止まりしている。こうした学生や家庭に対しては，公的金融が支えるべきである。具体的には，日本学生支援機構への，財投資金増額であろう。

　日本の政府財政の特質は，公共投資の比重が高い半面，公教育への支出が著

しく低い（OECD加盟国では最低の水準）ことにある。多くのEU諸国では，最近まで大学の学費は無料であった[7]。

　第二に，低所得層向けの分野である。2006年に，貸金業の金利規制が大きな社会問題となった。いわゆるサラ金（さらにはヤミ金）などの金利規制である。サラ金等の多くの借り手が生活保護世帯であること，借り手が自殺し生命保険金でサラ金業者が回収していること，が指摘されている[8]。国民生活金融公庫（現日本政策金融公庫）の今後のあり方も議論されようが，低所得層向け分野で公的な対応策が必要であろう。生活保護世帯数が100万世帯を超え，また生活保護を受給できない事例が急増している。社会的なセーフティーネット（安全網）として，公的金融は必要性が高い。

　第三に，環境分野である。環境対策は巨額の資金が必要であり，しかも長期性資金である。また採算に乗りにくく，公的な主体が取り組む必要がある。一般会計など財政資金で対応できれば望ましいが，主要国は各国とも財政赤字に苦しんでいる。こうした条件において，公的金融が環境問題に融資することが望ましい。

　EU諸国は旧ソ連と地理的に隣接している。特に中東欧諸国は背中合わせである。旧ソ連が原子力施設を放置し，深刻な環境汚染をもたらしたことは周知の事実である。こうした環境汚染に対し，EUの公的金融機関（欧州投資銀行や欧州復興開発銀行）は融資しており，日本でも公的金融のあり方として参考になる[9]。

　第四には，小規模な市町村向けである。この点については，後述する論点と重複するので，ここでは指摘する程度にとどめる。公募地方債を市場で発行できる都道府県はともかく，公募債など発行できない小規模市町村が多数存在している。しかも財政逼迫が著しい[10]。こうした地方公共団体の地方債（証書を含む）は公的資金が引き受けるべきであろう。公営企業金融公庫は統廃合されたが，地方公営企業等金融機構として存続した。

## （4） 特別会計の剰余金を活用する

わが国の国家財政には，一般会計と財政投融資の他に，特別会計が存在する。この特別会計の規模は非常に大きく，2004年度の場合，31の特別会計の合計で歳入は419兆円，歳出は376兆円となっている。このため，決算剰余金として，43.4兆円もの資金が発生している。塩川元財務相が「母屋でおかゆをすすっているが，離れですき焼きを食べている」とした問題である。従来からも，一般会計と特別会計，財政投融資と地方財政の関係は複雑で，しかも問題があることは指摘されてきた[11]。

特別会計のうち，「3年間連続して剰余金が500億円以上発生し，かつ剰余金率が30％以上」のものを図表9－2が示している。剰余金率とは，歳入額に対する剰余金の比率である。特別会計のなかでも，外国為替資金特別会計の剰余金は莫大である。2003年度には3.6兆円，2004年度には2.2兆円の余剰金が発生している。外国為替資金特別会計でこれだけの剰余金が発生しているにもかかわらず，同特別会計は外国為替を発行根拠とする政府短期証券（FB）を大量に発行し，財政投融資の計画外短期運用に保有させている。しかも2004年4月以降，日銀の為替介入は停止されてきた。これは財政投融資や特別会計の資金

図表9－2　特別会計と剰余金　　　（単位：億円，％）

| 特別会計 | 2002年度 | | 2003年度 | | 2004年度 | |
|---|---|---|---|---|---|---|
| | 決算剰余金 | 剰余金率 | 決算剰余金 | 剰余金率 | 決算剰余金 | 剰余金率 |
| 農業経営基盤強化措置 | 1,169 | 79.20% | 1,003 | 72.50% | 807 | 65.10% |
| 特　　　許 | 933 | 48.20% | 934 | 47.30% | 826 | 38.80% |
| 自動車損害賠償 | 677 | 90.20% | 717 | 90.80% | 689 | 89.80% |
| 外国為替資金 | 17,353 | 91.30% | 36,456 | 99.40% | 22,255 | 98.80% |
| 電　源　立　地 | 1,901 | 55.80% | 1,599 | 45.60% | 1,030 | 32.40% |
| 電　源　利　用 | 1,139 | 37.20% | 1,193 | 36.00% | 1,197 | 36.30% |
| 貿易再保険 | 1,639 | 67.60% | 2,484 | 92.50% | 3,403 | 93.30% |

注：3年間連続して剰余金500億円以上、かつ剰余金率30％以上の特別会計。
（出所）　会計検査院ホームページ。

余剰を示す典型例であろう。このように政府財政や財政投融資のなかで，資金余剰が発生しており，地方債の引受先がないとか，国債の削減が進まないといったことは，本末転倒であろう。

特別会計全体での43.4兆円の剰余金（2004年度）については，翌年度歳入へ繰入36兆円，積立金へ5.9兆円，翌年度の一般会計への繰入1.4兆円と処理されている。しかし36兆円のなかには，使途未定額が2.4兆円含まれていた。これは少なくとも国債返済に充当されるか，一般会計に繰り入れられるべきであろう[12]。

このほか，各特別会計は剰余金を積み立てた積立金を持っているが，この総額は201.4兆円（財政融資特別会計と外国為替資金特別会計を除く）に達している。この201.4兆円の中身は，厚生年金で約137兆円，国民年金で約10兆円等が中心になっている。厚生年金の積立金は1989年度に約66兆円であったが，2004年度には約137兆円に積み上がっている。公的年金の財政危機と言われ，賦課方式に近いはずにもかかわらず，積立金が倍増した事態をどう理解したらいいのか。

## （5） 日銀の国債買い切りオペを減額し，公募地方債をオペ対象とする

世界の主要な中央銀行が金融政策の手段として，公開市場操作を軸足としていることは自明である。しかも，国債を中心とする売買操作であることも共通している。しかし，日米が買い切りオペを実施しているのに対し，イギリスなどEUの中央銀行はレポ（売り戻し条件付の買いオペ等）オペが中心となっている。

そもそも，中央銀行の金融政策は短期金利に働きかけることを通じて，短期金融市場での金融調節が課題である。このように考えるからこそ，EU諸国の中央銀行は，レポオペなどで短期金利に影響を与えるようオペを実施している。この場合，長期金利は長期資本市場の問題であり，中央銀行が関与すべき問題ではない，と考えられている。すなわち長期資本市場は長期債券や株式の市場であり，中央銀行がかかわるべきではない，と考えられる。こうして中央銀行がオペで売買する場合も，残存期間が短い（1～2週間）債券か，レポオペで反

対売買している。

　買い切りオペは日本とアメリカにおいてのみ実施されている。これは「成長通貨の供給手段」として理解されている。しかしアメリカの場合には，国債の個別銘柄で連邦準備の保有比率について上限規制されており，特定銘柄について中央銀行の保有比率が高くならないようにされている。他方，日本の場合には，本書第2章でも明らかにされたように，日銀の保有比率が60～70％に達している事例が散見されている。このため，日本では金利の期間構造（イールド・カーブ）に中央銀行の買い切りオペが人為的な影響を与えた可能性が否定できない。またイールド・カーブがフラット化して，長期金利が低くなっていたならば，長期国債の発行コストが軽減された可能性は否定できない。日銀の買い切りオペで長期国債の発行コストが軽減されたとすれば，財政負担軽減のために金融政策が従属したこととなる。これは1951年にアメリカでアコードが成立した以前の状況である。日銀が金融政策を正常化すべく，国債買い切りオペの漸次的抑制を進めるべきであろう。

　また買い切りオペの対象が，長期国債に偏重していることも問題である。イギリスではレポオペが中心であるが，地方債についてもレポオペの対象とされている[13]。地方債が中央銀行のオペの対象となることで，地方債の流動性が高まることに疑いはない。また長期国債以外にもオペ対象を増やすことは，中央銀行の資産構成からも望ましいことである。適格性の基準を決めて，日銀も適格地方債についてオペ対象とするように検討すべきではないか。もちろん，当面は公募地方債が検討対象であり，かつ発行量（ロット）や格付け基準からも検討されるべきことは言うまでもない。しかし，地方債をオペ対象とすることは，地方自治体と日銀の双方にとって一定の利点があると考えられる。

## （6）　郵貯・簡保の国債引受額を減額し，資産運用を多様化

　図表9－3は郵貯（現ゆうちょ銀行，以下同じ）と簡保（現かんぽ生命保険，以下同じ）による国債保有額の推移を示している。ここから明示されるように，郵

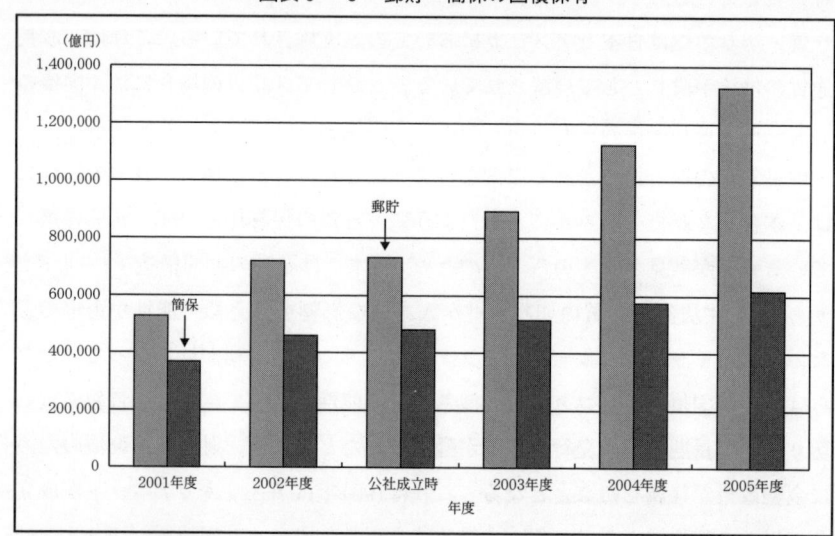

図表9－3　郵貯・簡保の国債保有

（出所）　日本郵政公社ホームページから作成。

貯と簡保による国債保有額は公社移行後も増加し続けている。2001年度から財投改革によって，郵貯と簡保の財投委託は終了した。この時，「マネーを官から民へ」というキャッチフレーズのもと，財投改革が推進された。

しかし，財投債の発行について，経過措置として郵貯・簡保・年金が引き受けることとなった。この結果，2005年度末時点で郵貯は実に132.6兆円もの国債を保有するに至っている。2006年度の国債発行予定額（当初ベース）では財投債の経過措置分として，郵貯が11兆円，年金が3.2兆円，簡保が1兆円をそれぞれ引き受けることとなっている。こうして，キャッチフレーズとは逆に，「マネーはますます官へ」となっている。郵貯と簡保が受け皿となり，国債（財投債）が発行され，財政融資を介して，政府部門経由で運用されている。

すでに本書で指摘したように，現在，財政投融資計画では政府系金融機関の縮小によって，資金余剰が発生している。この資金余剰は財投の計画外短期運用などに向けられているが，政府短期証券（実態は外国為替証券）保有などに使われている。しかし政府短期証券はすでに市場での公募発行とされており，財

投資金が向けられることは望ましくない。こうした部分を抑制することで、財投債の発行は減額可能であり、ひいては郵貯・簡保・年金の経過措置分も減額の余地がある。

日本の国債保有構造は、著しく公的金融部門の比重が高い。結果として、財政当局の要望が国債管理政策に反映しやすい。こうした問題を解決するためにも、国債保有構造を多様化することが必要である。その場合、外国人や個人がキーポイントとなろう[14]。

また郵貯・簡保は資産の分散化のためにも、国債保有を減額することが望ましい。国債保有を減額する部分には、運用規制の緩和もありえよう。従来、郵貯や簡保は本体での株式運用が禁じられてきたが（信託勘定を除く）、株式での運用も検討課題となろう。特に簡保は生命保険業であり、長期性資金を受け入れており、株式運用が選択肢である。ＳＲＩ（社会的責任投資）やご当地ファンド（地域密着型投資信託）などは簡保の社会性にも合致するであろう。また、民間金融機関の中小企業向け貸出債権を証券化し、郵貯・簡保が買い取ることも一考である。

## （7） 地方債の引受先として地方公営企業等金融機構を活用する

公募地方債の発行条件については、すでに横並び発行方式が終焉し、発行体によって格差が生まれている。市場原理導入で問題のすべてが解決するものではないが、従来の横並び発行方式よりは改善されると見られる。公募団体は、こうした公募発行を軸として地方債を発行できる。問題は、公募債を発行できない、多数の市町村である。

これら多数の市町村は、従来簡易保険や郵便貯金など政府系資金から借り入れてきた。しかし2007年度から簡易保険と郵便貯金が、地方債を新規引き受けしないことが決定されている。この点は地方公共団体にも責任の一端があり、自主運用となった簡保、郵貯にとって、地方債は運用対象として魅力に乏しいのである。

いずれにせよ，公募発行できない市町村は厳しい局面に置かれている。一手段は地元の地方金融機関からの借入である。しかし，夕張市と北洋銀行，みずほ銀行の事例もあり，民間金融機関は今後慎重になっていこう。そこで，やはり財政投融資資金や地方公営企業等金融機構など公的資金が，重要性を高めると見られる。当面は同公庫債に対し，政府保証を与え，市町村に貸出するスキームを残すべきである。多くの市町村は市場型金融には対応できず，公的金融の必要性が継続するだろう。

〔注〕

1) 日本経済新聞，2006年10月1日付。
2) 朝日新聞，2005年11月15日付。国際協力銀行の上位融資先は，三井物産2,141億円，三菱商事1,850億円，全日空997億円等である。
3) 日本経済新聞，2006年9月29日付。
4) 川北英隆，『財政投融資ビッグバン』，東洋経済新報社，1997年，pp.40－60。
5) 富田俊基，『財投解体論批判』，東洋経済新報社，1997年。
6) 日本経済新聞，2005年11月27日付。政策投資銀行の融資リストには，上場電力会社，ＮＴＴ，上場電鉄会社，ＪＲなどがずらりと並ぶ。東京電力には6,687億円など電力会社には1社あたり約3,000億円以上が融資されている。
7) ＥＵの公的金融については，代田　純，「ヨーロッパの公信用」，龍　昇吉編著，『現代の財政金融』，日本経済評論社，1995年，pp.159－182を参照されたい。
8) 朝日新聞，2006年10月19日付。
9) 欧州投資銀行はＥＵの公的金融機関であるが，環境関連で多くを貸し出している。代田　純，『現代イギリス財政論』，勁草書房，1999年，「第7章　ＥＵ統合下のイギリスと公的金融」を参照されたい。
10) 2004年度に財政赤字割合が30％を超す町村の多くが町村合併している。日本経済新聞，2006年9月29日付。
11) 吉田和夫・小西砂千夫，『転換期の財政投融資』，有斐閣，1996年，pp.181－200。
12) 「特別会計の状況に関する会計検査の結果についての報告書（要旨）」，会計検査院，2006年10月。
13) Bank of England, *Operation in the Sterling Money Markets,* 15 October 1998.
14) ドイツでは90年代に東西統一などから財政需要と国債発行額が急増した。この時，ドイツでは為替自由化が進められ，結果として非居住者（外国人）の保有増加によってファイナンスされた。代田　純，「ＥＵ統合下の為替自由化と国債保有構造の変貌」，『現代の財政危機と公信用』，中央大学経済研究所，2000年，pp.123－152。

# 参考文献

## 第1章

新藤宗幸『財政投融資』東京大学出版会，2006年
OECD, *Economic Outlook*, various issues
(社)金融財政事情研究会『金融財政事情』〔各号〕
東洋経済新報社『週刊　東洋経済』〔各号〕
(財)日本証券経済研究所『証券経済研究』〔各号〕
日本経済新聞社『日本経済新聞』
日本経済新聞社『日経金融新聞』

## 第2章

Sill, D. K. "Managing the Public Debt," *Federal Reserve Bank of Philadelphia Business Review*, July-Aug: 3-13, 1994
須藤時仁『イギリス国債市場と国債管理』日本経済評論社，2003年
須藤時仁「最適満期構成の理論的考察－新発国債の需要と供給－」『証券経済研究』第47号，2004年，pp.1-29
武田洋子「近年の米国財政収支の変化が米国債市場に与えた影響」日本銀行国際局，*International Department Working Paper Series*, 2003年
UK Debt Management Office (DMO), "The UK Government's Debt Management Strategy," *DMO Annual Review 2003/2004*, Chapter 7
財務省『日本国債ガイドブック』2006年

## 第3章

伊藤隆敏『デフレから復活へ』東洋経済新報社，2005年
加藤　出『日銀は死んだのか？』日本経済新聞社，2001年
日本銀行企画局「主要国の中央銀行における金融調節の枠組み」，2006年6月
アンマリー・ミュレンダイク著，立脇和夫・小谷野俊夫訳，『アメリカの金融政策と金融市場』東洋経済新報社，2000年
中島将隆「四〇年の歴史を閉じた国債シ団引受発行」『証研レポート』財団法人日本証券経済研究所大阪研究所，2006年8月
日本銀行企画室「日本銀行の政策・業務とバランスシート」，2004年
*Bank of England operations in the sterling money markets, Operational Notice*, appli-

cable from 14 March 2005

*A Report Prepared for the Federal Open Market Committee by the Markets Group of the Federal Reserve Bank of New York,* February 2006

Reform of the Bank of England's operations in the money markets, *Bank of England Quarterly Bulletin,* Summer 2004

Sterling wholesale markets: developments in 1998, *Bank of England Quarterly Bulletin,* February 1999

*The Framework for the Bank of England's Operations in the Sterling Money Markets,* Bank of England, May 2006

日本銀行ホームページ（http://www.boj.or.jp/）

ニューヨーク連邦準備銀行ホームページ（http://www.newyorkfed.org/）

## 第4章

日本銀行金融市場局「国債市場と日本銀行」，2004年

財務省「債務管理レポート2004－国の債務管理と公的債務の現状－」，2004年

日本銀行企画室「日本銀行の政策・業務とバランスシート」，2004年

Financial Statistics，各号

日本銀行ホームページ（http://www.boj.or.jp/）

イングランド銀行ホームページ（http://www.bankofengland.co.uk/）

## 第5章

吉野直行・高月昭年『入門・金融』有斐閣，2003年

内堀節夫『公的金融論』白桃書房，1999年

龍　昇吉『現代日本の財政投融資』東洋経済新報社，1988年

宮脇　淳『財政投融資の改革』東洋経済新報社，1995年

(財)郵貯資金研究協会編『郵便貯金資金運用の概説』2001年

財務省『日本国債ガイドブック』2005年

林　栄夫編『現代財政学体系　I』有斐閣，1974年

財務省「債務管理レポート2004－国の債務管理と公的債務の現状－」2004年

代田　純『日本の株式市場と外国人投資家』東洋経済新報社，2002年

公社債引受協会『公社債年鑑』〔各年版〕

(財)日本証券経済研究所『証研レポート』〔各号〕

財務省「財政融資資金　資金運用報告書」〔各年版〕，財務省ホームページ

日本郵政公社「簡易保険」，2005年

格付投資情報センター『年金情報』〔各号〕
(財)日本証券経済研究所編『図説　イギリスの証券市場』2005年

## 第6章
宮脇　淳『財政投融資と行政改革』ＰＨＰ研究所，2001年
財務省『国債統計年報』〔各年版〕
会計検査院「国庫金の状況」会計検査院ホームページ
金融学会『金融学会会報』，2005年
八代尚宏『「官製市場」改革』日本経済新聞社，2005年
総務省「簡易生命保険資金の運用状況について」総務省ホームページ，2003年
日本郵政公社「簡易保険　資料編」2004年
衆議院『財政金融委員会　議事録』2005年

## 第7章
跡田直澄『財政投融資制度の改革と公債市場』税務経理協会，2003年
神野直彦『自治体改革　8　地方財政改革』ぎょうせい，2004年
岩波一寛編『どうする自治体財政』大月書店，2001年
総務省『地方財政白書』〔各年版〕
神野直彦・金子　勝編『地方に税源を』東洋経済新報社，1998年
平嶋彰英・植田　浩『地方自治総合講座　9　地方債』ぎょうせい，2001年
(財)地方債協会『地方債に関する調査委員会報告書』〔各年版〕
農林中金総研『金融市場』〔各号〕
郵政研究所『郵政研究所月報』〔各号〕
稲生信男『自治体改革と地方債制度』学陽書房，2003年
みずほ総研『みずほレポート』〔各号〕
格付投資情報センター『R＆I　レーティング情報』〔各号〕

## 第8章
Bernanke, B.S. "The Global Saving Glut and the U.S. Current Account Deficit," Speeches of Federal Reserve Board Members, Apr.14, 2005. (http://www.federalreserve.gov/boarddocs/speeches/2006/default.htm, 2006年9月16日)

Canner, G., Dynan, K., Passmore, W. "Mortgage Refinancing in 2001 and Early 2002", *Federal Reserve Bulletin*, Dec. 2002.

IMF, *International Capital Markets ; Developments, Prospects and Key Policy Issues*,

Nov. 1997.

Mann, C. L. "Perspectives on the U.S. Current Deficit and Sustainability," *Journal of Economic Perspectives*, vol. 16:3, 2002, pp. 131−152.

Marris, S. "Deficits and the Dollar : The World Economy at Risk," Political Analyses in International Economics, Institute for International Economics, 1985. (大来佐武郎監訳『ドルと世界経済危機』東洋経済新報社，1986年)

石井菜穂子『政策協調の経済学』日本経済新聞社，1990年

板木雅彦『国際過剰資本の誕生』ミネルヴァ書房，2006年

奥田宏司『ドル体制とユーロ，円』日本経済評論社，2002年

片桐　謙『アメリカのモーゲージ金融』日本経済評論社，1995年

武田洋子，前掲，2003年。

渋谷博史・渡瀬義男・樋口　均編『アメリカの福祉国家システム－市場主導型レジームの理念と構造－』東京大学出版会，2003年

松村文武『体制支持金融の世界　ドルのブラックホール化』青木書店，1993年

### 第9章

川北英隆『財政投融資ビッグバン』東洋経済新報社，1997年

富田俊基『財投解体論批判』東洋経済新報社，1997年

龍　昇吉編『現代の財政金融』日本経済評論社，1995年

代田　純『現代イギリス財政論』勁草書房，1999年

代田　純『図説　やさしい金融財政』丸善，2006年

吉田和夫・小西砂千夫『転換期の財政投融資』有斐閣，1996年

中央大学経済研究所『現代の財政危機と公信用』中央大学出版部，2000年

# 索　引

〔A～Z〕

ALM（資産・負債管理）……………110
BIS規制………………………………12
CP等買現先オペ……………………48
EU加盟国………………………………3
ISバランス……………………………4
MBS（モーゲージ担保証券）………54
SOMA……………………………10, 55
SRI……………………………………131
VAR…………………………………127

〔あ行〕

アウトライト…………………………10
アウトライトオペ……………………52
アコード…………………………56, 193
後積み方式……………………………58
天下り問題……………………………90
暗黙の政府保証………………………17
医師の診療報酬……………………187
一時借入金…………………………151
一般会計債…………………………148
一般政府支出…………………………5
入口の有償性…………………………84
イングランド銀行……………………57
インターバンク市場…………………43
売りオペ………………………………40
売り切りオペ…………………………41
売現先オペ……………………41, 120
運用部による国債引受………………82
エージェンシー債……………………54
縁故地方債…………………………154
オペレーション（公開市場操作）…39

〔か行〕

買入消却…………………………71, 96

買いオペ………………………………40
買い切りオペ………………………9, 41
買現先オペ……………………………41
外国為替資金証券…………………116
外国人投資家…………………………14
外部効果………………………………81
価格変動準備金……………………130
隠れ債務………………………………2
貸金業………………………………190
貸出債権……………………………111
貸出難…………………………………11
貸し剥がし……………………………99
過剰消費……………………164, 179, 180, 181
過剰投資……………………………164
借換債………………………………186
為替介入……………………………119
環境対策……………………………190
環境問題……………………………153
簡保事業団…………………………125
かんぽ生命……………………23, 122, 135, 193
簡保の運用利回り…………………126
期間のミス・マッチ………………128
基準財政需要…………………………8
期待効果………………………………47
キャッシュアウト型………………179
協議制………………………………137
行政投資……………………………144
共同発行地方債……………………155
許可制…………………………136, 137
ギルト債………………………………58
金融政策………………………………39
金融政策委員会（MPC）……………61
金融調節………………………………40
金利の期間構造……………………193
金利の期間構造に関する期待理論…45
国直轄事業……………………………7

201

| | |
|---|---|
| 計画外短期運用 | 109, 114 |
| 経過措置 | 194 |
| 現先オペ | 121 |
| 建設国債 | 186 |
| 地方公営企業等金融機構 | 91, 139, 190, 195 |
| 公営企業債 | 148, 150 |
| 公営病院 | 150 |
| 公開市場操作 | 192 |
| 公共財 | 81 |
| 公共事業 | 138 |
| 公共投資 | 8 |
| 公債残高 | 1 |
| 公債費 | 144 |
| 公定歩合 | 44 |
| 公的金融の縮小 | 189 |
| 公的部門発行方式 | 94 |
| 国債売現先オペ | 50 |
| 国債買い切りオペ | 49 |
| 国債買現先オペ | 47 |
| 国際資金仲介 | 164, 171 |
| 国債の残存期間別構成 | 104 |
| 国債利子課税 | 92 |
| 個人向け国債 | 15, 19 |
| 国庫支出金 | 146 |
| 固定資産税 | 147 |
| 固定利付国債 | 19 |
| コンバージェンス | 4 |
| コンプライアンス | 153 |
| コンベンショナル方式 | 94, 120 |

〔さ行〕

| | |
|---|---|
| 歳出削減 | 16 |
| 財政需要の代替 | 83 |
| 財政投融資 | 83 |
| 財政投融資の財政化 | 82 |
| 財政投融資預託金 | 103 |
| 財政融資資金 | 86 |
| 財政融資資金乗換 | 95 |
| 財投機関債 | 114 |

| | |
|---|---|
| 財投協力 | 110 |
| 財投債 | 23, 86, 113, 187 |
| 財投債経過措置分 | 95 |
| 財投の国債保有 | 87 |
| 財投の対一般会計比 | 88 |
| 財投の使い残し | 90 |
| 財投の預託・貸付金利 | 91 |
| 財投預託金利 | 105 |
| 債務管理庁（DMO） | 35 |
| 債務負担行為 | 151 |
| 財務ランク | 157 |
| サステナビリティ | 168, 171 |
| 産業投資特別会計 | 84, 114 |
| 三位一体改革 | 6, 135 |
| 時間軸効果 | 45 |
| 事業税 | 147 |
| 資金運用部 | 112 |
| 資金管理短期証券（CMB） | 21 |
| 自主運用 | 110 |
| 市場公募 | 140 |
| 市場性国債 | 19, 165, 166 |
| 市場の欠陥 | 81 |
| 市場分断仮説 | 46 |
| シ団引受手数料 | 93 |
| シ団引受方式 | 91 |
| 指定単 | 126 |
| 住宅金融支援機構 | 89 |
| 住宅抵当貸付 | 176, 178, 179 |
| 住宅抵当債権 | 178 |
| 充当率 | 148 |
| 住民参加型市場公募地方債 | 141 |
| 準国債 | 86 |
| 償却原価法 | 72 |
| 証券化 | 132 |
| 証書形式 | 154 |
| 上水道事業債 | 150 |
| 剰余金率 | 191 |
| 信用保証協会 | 132 |
| 生活保護世帯 | 187 |

索　引

税源移譲 …………………………189
税制改革 …………………………17
政府関係機関債 …………………178
政府勘定向け発行債 ……………166
政府資金 …………………………139
政府短期証券（ＦＢ）…………20,116
政府保証債 ………………………114
政府向け一時貸付金 ……………58
責任準備金対応債券 ……………129
ゼロ金利政策 ……………………9,44
ソーシャル・セキュリティ ……164,166
即時グロス決済システム（ＲＴＧＳ）……58

〔た行〕

ダッチ方式 ………………………94
短期買入オペ ……………………48
短期国債（ＴＢ） ………………20
短期売却オペ ……………………50
談合 ………………………………188
単独事業 …………………………7,140
単独事業債 ………………………149
単独事業費 ………………………143
担保価値 …………………………12
地域密着型投資信託 ……………195
遅行レポオペ ……………………59,63
地方交付税交付金 ………………140
中小企業向け貸出 ………………132
「使い残し」問題 ………………89
定額貯金 …………………………12,100
手形売出オペ ……………………50
手形買入オペ ……………………48
出口の社会性 ……………………84
統一条件決定方式 ………………156
特殊法人 …………………………112
特定郵便局 ………………………123
特別会計 …………………………191

〔な行〕

2008年問題 ………………………118

日銀券ルール ……………………49
日銀の政府預金 …………………117
日銀乗換 …………………………70,94
日本政策金融公庫 ………………90,132,190
入札制 ……………………………92
ニューヨーク連邦準備銀行 ……52
年金積立金管理運用独立行政法人 ……97
年金福祉事業団 …………………98

〔は行〕

ハードランディング ……………163,168
破綻法制導入 ……………………154
非市場性国債 ……………………19,165,166
評価損 ……………………………129
ファニーメイ ……………………178
フェデラル・ファンド …………52
負債の満期構造 …………………128
扶助費 ……………………………144
札割れ ……………………………42
普通ギルト債 ……………………35
普通建設事業費 …………………143
物価連動国債 ……………………19
物件費 ……………………………144
プライマリーディーラー ………53,92
プライマリー・バランス ………2
プラザ合意 ………………………163,170,180
ブラックマンデー ………………180
不良債権問題 ……………………11
フレディマック …………………178
変動利付国債 ……………………19
ポートフォリオ・リバランス …46
ホームエクイティローン ………179
ホームバイアス …………………181
補助事業 …………………………7

〔ま行〕

無担保コール翌日物金利 ………39,43
モーゲージ担保証券（ＭＢＳ） …37

〔や行〕

郵政民営化 …………………………………122
ゆうちょ銀行………………………23, 122, 193
郵貯金利 ……………………………………102
郵貯の集中満期 ……………………………120
郵便貯金特別会計 …………………………100
ユーロ導入……………………………………2
養老保険 ………………………………13, 123
預金保険制度 ………………………………122
預託・貸出金利 ……………………………13

〔ら行〕

落札率 ………………………………………145
ラスパイレス指数 …………………………143
リオープン …………………………………21

利差損 ………………………………………152
利子源泉課税 ………………………………15
利付金融債 …………………………………30
リバースレポオペ …………………………52
流動性プレミアム仮説 ……………………45
量的緩和政策 …………………………9, 44, 152
臨時財政対策債 ……………………………151
ルーブル合意 ………………………………163
レポオペ ……………………………17, 52, 192
連邦準備銀行 ………………………………52
連邦準備制度 ………………………………51

〔わ行〕

割引金融債 …………………………………30
割引国債 ……………………………………19

## 執筆者紹介

**代田　純**（しろた　じゅん）
第1，5，6，7，9章担当
1991年　（財）日本証券経済研究所大阪研究所研究員
1994年　立命館大学国際関係学部助教授
2000年　同教授
2002年　駒澤大学経済学部教授
博士（商学）
主著（単著）
『ロンドンの機関投資家と証券市場』（法律文化社，1995年）
『現代イギリス財政論』（勁草書房，1999年）
『日本の株式市場と外国人投資家』（東洋経済新報社，2002年）
『図説　やさしい金融財政』（丸善，2006年）
地方債に関する研究により，大阪銀行協会（大銀協）フォーラム特別賞を2007年受賞。

**須藤　時仁**（すどう　ときひと）
第2章担当
（財）日本証券経済研究所主任研究員
駒澤大学，青山学院大学非常勤講師
博士（学術）
主著（単著）
『イギリス国債市場と国債管理』（日本経済評論社，2003年）

**小西　宏美**（こにし　ひろみ）
第8章担当
駒澤大学経済学部専任講師
博士（国際関係学）
主著（単著）
『1920年代アメリカの資本輸出』（関西学院大学オンデマンド出版，2003年）

**勝田　佳裕**（かつた　よしひろ）
第3，4章担当
駒澤大学経済学部・経営学部非常勤講師
主要な論文
「日本銀行の国債オペレーションによるイールドカーブへの影響」
（駒澤大学『経済学論集』第38巻第1・2合併号）

編著者との契約により検印省略

| | |
|---|---|
| 平成19年2月20日　初版第1刷発行 | 日本の国債・地方債と公的金融 |
| 平成21年4月20日　初版第2刷発行 | |

編著者　　代　田　　　純
発行者　　大　坪　嘉　春
印刷所　　税経印刷株式会社
製本所　　株式会社　三森製本所

発行所　東京都新宿区　　株式　税務経理協会
　　　　下落合2丁目5番13号　会社
郵便番号 161-0033　振替 00190-2-187408　電話(03)3953-3301(大代表)
　　　　　　　　　FAX(03)3565-3391　　　(03)3953-3325(営業代表)
URL　http://www.zeikei.co.jp
乱丁・落丁の場合はお取替えいたします。

©　代田　純　2007　　　　　　　Printed in Japan

本書の内容の一部又は全部を無断で複写複製(コピー)することは、法律で認められた場合を除き、著者及び出版社の権利侵害となりますので、コピーの必要がある場合は、予め当社あて許諾を求めて下さい。

ISBN978-4-419-04879-2　C3033